互联网+房地产
战略创新与管理升级

段传斌 著

中国建筑工业出版社

图书在版编目（CIP）数据

互联网+房地产　战略创新与管理升级/段传斌著.—北京：中国建筑工业出版社，2016.5
ISBN 978-7-112-19371-4

Ⅰ.①互…　Ⅱ.①段…　Ⅲ.①互联网络—关系—房地产企业—企业管理—研究—中国　Ⅳ.①F299.233.3

中国版本图书馆CIP数据核字（2016）第081948号

本书汇集了大量的"互联网+"案例，旨在从公司创立者的角度切入，来分析和研究"互联网+"房地产行业的现状，以及未来可能的发展趋势。并从管理的本质上解读"互联网+房地产"，为什么要加？怎样加？其中的关键是什么？

全书共七个篇章：分别为第一篇：思维要颠覆；第二篇：战略要创新；第三篇：文化要革命；第四篇：执行要给力；第五篇：极致体验好场景；第六篇：降本增效尖刀连；第七篇：黄埔西点铸千军。本书通过重构西方现代管理模型，实现了与东方管理智慧的无缝对接。从战略、文化、执行三个层面为企业的经营和管理搭建导航系统，以帮助读者更容易看清"互联网+"的本质，以及更有效地制定应对策略。

本书适用于投资人、创业者、培训师、企业高管等一系列对互联网和房地产感兴趣的读者。

责任编辑：封　毅　毕凤鸣
书籍设计：京点制版
责任校对：李欣慰　刘　钰

互联网+房地产
战略创新与管理升级
段传斌　著

*

中国建筑工业出版社出版、发行（北京西郊百万庄）
各地新华书店、建筑书店经销
北京京点图文设计有限公司制版
北京云浩印刷有限责任公司印刷

*

开本：787×1092毫米　1/16　印张：23　字数：474千字
2016年6月第一版　2016年6月第一次印刷
定价：68.00元
ISBN 978-7-112-19371-4
　　（28628）

版权所有　翻印必究
如有印装质量问题，可寄本社退换
（邮政编码 100037）

序一
"互联网+"将催生精彩的新世界

毛大庆
优客工场创始人、董事长兼 CEO
亿润投资高级合伙人
前万科高级副总裁、万科外部合伙人

按照常人的思维,已经 46 岁的我,完全可以在万科待到退休。

做了 22 年的房地产从业者,我们太习惯原来的舒适空间了。以致于在行业发生翻天覆地的变化,面临前所未有的挑战之时,我们还是下意识的用自己驾轻就熟的那一套逻辑去处理,当发现行不通时,就会有行动上的搁浅与心理上的焦虑,都会让我们恐惧,甚至无所适从。

当互联网袭来的时候,我仿佛看到了一种希望,一种给了我无限想象空间的希望。我们得走出去,因为我很想看看房地产之外的世界什么样。在万科的时候,我们就不断的走访,我们不但走访小米、百度、腾讯、还走访做服装的公司——我们曾去青岛看互联网工业定制西服的代表企业红领集团……在这样一个"互联网+"的时代,我们有幸可以亲身经历着互联网对传统领域的融合、改造、提升的过程,感受着互联网+在"衣、食、住、行"无孔不入的渗透以及对我们生活习惯的重塑。这背后,技术进步是融合的基础,发展思维与观念的改变才是真正的内核,正如作者强调的**"思维要颠覆"**。在共建共享的移动互联时代,如果你只是把互联网当工具,就仅仅是被动的应用,如果你借此改造自己的思维模式,就会主动的运用,顺应时代发展。

我有幸,生在了这样一个年代里,更有幸,与一波志同道合的同行者,开始属于自己的事业,优客工场就诞生在这样的一个契机中。自然的,我的创业团队分为两派,一派是传统经济出身的,一派是互联网公司出身的,到底优客工场是要做成向创业者出租桌子的传统房地产商业模式,还是创造出一种基于互联网的新商业模式?如果是互联网商业模式的话,那又是一种什么样的商业模式?这一系列的问题,逐渐演变为让我寝食难安,夜不能寐的三件事:1. 公司的 DNA:优客工场到底是一家什么公司?如果说只是出租桌子,赚差价,还不如去做房地产,留在万科也挺好的。如果我们嘴上喊着互联网,埋头干的全都是房地产的事情,没人会愿意跟着一起做。2. 团队:离开大企业的光环,其实别的什么都不害怕,我害怕的是这群人凭什么跟我"闹革命"。90 后不是不能奉献,是他们要觉得这个事情有意思,怎么让团队能够一起干下去。3. 钱:投资人真正关心的是优客工场到底有没有互联网思维。天使投资,投的是人。A 轮融资，投资人看重的是商业模式；B 轮融资，看重的是盈利数据。

为了这纠结的三座大山，为了什么叫互联网思维，我们争得一塌糊涂。在激辩的过程中，大家都毫无保留，坦诚相见，我也从来没有制止过，因为墨子已在几千年前就教导我们了："夫辩者，将以明是非之分，审治乱之纪，明同异之处，察明实之理。"在多次唇枪舌战的交锋、破题、颠覆、反复迭代的过程中，优客工场也逐渐探索出一条属于自己的互联网之道：桌子只是入口，优客工场的核心不是办公，是连接人和人、连接人和服务的联合办公平台。我们不是真正的创业者，我们是创业的服务者。在这个平台上，我希望创业者们能碰撞出新的火花，从而形成一个良好的发展圈子。在这个平台上，大家一起再造辉煌。

不管回头看我曾从事 20 多年的地产行业，还是我正在进行着的创业，在互联网化的今天，都需要理解新规则、寻找新伙伴、运用新工具，不断按照人的需求规律按图索骥、发现和设计场景，特别是理解在"互联网"环境下成长起来的新一代消费者的价值取向，一定会催生出五彩斑斓的新的经营模式。经历着虐心的 100 多个日日夜夜，面对无法回避的种种痛苦，我反而开始享受这个过程，因为正是那些闪烁着熠熠光辉的梦想，无时无刻不在为我们源源不断的注入鲜活的能量，让激情在全身的每一根神经末梢传递，潮水般覆盖住年轻的生命。

优客工场最开始做共享办公的运营服务平台，然后设立自己的传媒公司，以撮合的方式对优客工场生态体系中的推广和传播诉求予以满足，这就是在做营销推广平台。在有了当下规模的办公平台后，已经在实施并购一家有金融牌照的 P2P 公司。办公桌是入口，在这个平台上做资源整合，下一步要做数据和金融服务平台。优客工场的发展战略与作者提出的"平台三级跳"不谋而合：①**运营服务平台**；②**营销推广平台**；③**数据应用平台**。

优客工场筛选青年创业者入住创科空间的条件，第一需要有完整的创业计划以及创业动机；第二就是要务实，所有的出发点都需要脚踏实地，无论是任何领域的创业都要了解市场，找到需求；第三还要有扎实的技术团队，不能只是纸上谈兵，基本符合作者提出的和龙三元系统：**战略、文化、执行**。创业计划及创业动机属于战略层面，务实属于执行层面，扎实的团队属于文化层面。

本书作者站在企业创立者的角度，将互联网思维与房地产行业进行结合，从战略创新到文化革命，从思维转变到执行落地，作了全面系统的思考。对互联网＋房地产的现状进行了客观的分析，对未来进行展望。不仅值得地产同行们一读，创业者读一读也会开卷有益，在思想的激荡与碰撞中，说不定你会茅塞顿开，成为下一匹黑马。

序二
含着眼泪，和政策调情？

董藩
北京师范大学管理学院教授、北京师范大学房地产研究中心主任
土地资源管理、政府经济管理两个专业博士生导师
建设部专家委员会委员、北京房地产学会副会长

有人称我"人民公敌"，又被称为"学术界的彭德怀"，被誉为"国策高参"，又被斥为"4000万教授"。作为学者，我认为自己站在"科学的角度"，而不是向开发商靠，也没有标榜自己是老百姓的代言人。学者不是在玩跷跷板，不是站在一边为谁说话，而应该**站在一个球的上面，不偏不倚**，因为每个阶层都有各自的利益。

2015年去库存成为国家任务，领袖们讲话、会议一次连一次。不但对楼市态度大变，且要掏出真金白银讨好市场。但经济太衰，即使继续增加流动性，银行怕被套进去，不敢放贷，要补贴或减税，政府已没钱，都为难！

许多房企一直处在资本寒冬之中，除了一些品牌房企，普通的地产企业很难拿到贷款资金，他们被迫搞地下金融和民间融资，一旦市场波动，高企的财务成本将把企业拽向深渊。本书作者段传斌提出：**房企打通金融通道，要上升到战略层面**，我非常赞同。

作者提出房地产企业管理的升级路线：由粗放管理到规范管理，再到精细管理，大部分房企仍然处在由粗放管理向规范管理的过渡中，但是更多的企业想从粗放管理直接跳到精细管理。把"互联网+"当工具：身体过去了；把"互联网+"当思维：大脑也升级了。完成系统的升级最重要，大脑升级了，没有工具创造工具，大脑不升级，有工具也应用不好。市场的波动加上政府政策的反复无常，管理不升级的房企一定会被淘汰出局。我也说过七种开发商将被淘汰掉。①靠关系拿地，自己没有能力开发的。②知识陈旧、不学习。③技能单一、目光短浅。④反应迟钝。⑤自以为是。⑥心理脆弱。⑦智能低下。

我在《含着眼泪，与房地产政策调情》一文中写道，有的开发商输掉了，他们心中不服：如果没有限购限贷政策，市场状况不会变化得这样快，我不会走投无路。没办法，随着形势而起伏吧，跌倒了，爬起来，哭也没有用。成功者不是没有眼泪，而是含着眼泪在奔跑。我倒是建议大家更积极一点儿：学会忍住泪水，管理升级！

作者站在企业创立者的角度，在中体西用的思想指导下，重构西方现代企业管理模型，将企业文化提高到应有的高度，把东方的管理智慧，与西方的管理模式进行无缝对接，给出了系统解决方案："战略要创新、文化要革命、执行要给力"。

作者在企业经营和管理上的探索，值得大家借鉴，有一定的参考价值。

序三
"白银时代"更好地生存

戴亦一
厦门大学管理学院副院长
厦门大学教授 / 博士生导师

说起中国的经济,很多人并不乐观。因为中国的经济主要靠地产业来支撑,而刺激实体经济的方式,又不是通过内需而是通过金融的方式。未来十年,政府经济改革一定是市场化,因为中国目前的市场经济体系还没有达到市场经济国家标准。

从 2014 年下半年开始,政府开始对房地产市场进行**"低调的强刺激"**,这表现在限购政策的进一步放开、购房政策的优惠和舆论的转向。此后,更宽松的货币政策还将持续刺激行业的发展。而随着资本市场的疯狂,一些风险厌恶者会选择获利了结,这部分资金很可能流向房地产投资,推动房地产的复苏。

尽管行业发展开始逐渐走出低谷,但"黄金时代"已经远去,**如何能够在"白银时代"获得更好的生存**,是房地产从业者普遍面临的严峻问题。

企业不关注经济规律,不倒闭只是侥幸,**取经济运行之势,明市场现象之理,造一流企业之势**,是管理决策者的不二选择,就像作者在书中提出的:企业战略要观天时,要遵循市场竞争的升级路线:**卖产品、卖服务、卖品牌**。

作者提出房地产战略创新的模式:房地产 + 产业 + 金融 + 互联网,我非常赞同他的观点。我也曾提出**产业地产是中国房地产未来的新方向**,是继住宅地产和商业地产的发展新亮点。一个优秀的产业地产商应该是一个以地产为承载,以金融为驱动,能够综合服务于实体产业,从产业服务和投资中获取最大化收益,实现企业、政府与客户三方共赢的平台型服务运营商,中国产业地产还有一段很长的路要走。

厦门大学 EMBA 一直在为企业战略创新与管理升级而努力,开办房地产 EMBA 班就是努力的举措之一。EMBA 教育是有理想的企业家的一个新起点,而不是学习的终点。厦大 EMBA 秉持前瞻性的原创管理思维,依托深厚的财经管法学科优势,结合世界最前沿的金融动态和管理手法,以本土化为原点,以国际化为半径,以实战为辐射,以效果为根本,希望学员们在此基础上,结合自己的管理实践和企业实际需要,来构建和逐步完善自己的知识系统。

作者长期从事管理实践工作，并通过厦门大学 EMBA 对西方现代管理学进行了系统的学习。在中体西用的思想指导下，运用中国传统管理智慧，重构西方现代企业管理模型，回归商业本源，将管理系统化繁为简：构建指导企业经营和管理的**和龙三元系统**，并用国内外大量的管理实践案例和企业管理咨询案例进行印证。作者构建的这套系统取得了一定的成绩，具有一定的示范作用，值得大家参考，我作为他的导师也颇感欣慰。

序四
21世纪全世界都要到中国来学管理智慧

唐明邦
著名哲学家，武汉大学哲学院教授
中国周易研究会创始会长

我有一个预言：**21世纪，全世界都要到中国来学习管理**。因为历史证明中国人是最善于管理的。现代管理学尽管兴盛于西方，但是中国作为四大文明古国之一，自古就产生了丰富多彩的管理活动，积累了丰富的管理经验。

四大文明古国只有中华文明仍屹立于世界民族之林，五千年的管理智慧传承至今。

政治管理：中国自古幅员辽阔、人口众多、环境复杂，一个省相当于一个小国家，30多个省，管理难度异常巨大，中国人在治国理政的过程中，遇到的挑战、积累的经验，也是极为丰富多样的。

文化管理：由56个民族组成的中华民族大家庭，共同构成你中有我，我中有你的中华命运共同体。

项目管理：长城、秦始皇陵、都江堰、乐山大佛、坎儿井、京杭大运河等世界级大工程都是在中国人的管理之下完成。

组织管理：郑和下西洋所组织的远航船队是世界上最早建立的一支大规模远航船队，也是一支史无前例的海上特混舰队。由200余艘不同用途、不同船型的远洋海船组成，将士二万余名，规模宏大，人员众多，组织严密。

金融管理：在汇兑（交款于甲地，取款于乙地）方面的管理。汇兑业在唐代开始萌芽，宋代先后有便钱务、榷货务办理官营汇兑。明后期银钱并用，汇兑重新兴起，经营机构包括钱庄、典当、商店等等。到清乾隆、嘉庆年间，产生了经营汇兑为主的专业机构"票号"。

其他如：交通管理、制陶的管理、造船的管理、对祭祀的管理、对城市的规划管理……无一不是对管理的实践。

中国人在管理活动中孕育出了丰富多彩的管理思想和管理哲学。尤其是春秋战国时期的百家争鸣，涵盖了政治、军事、经济、社会、文化等诸多方面。

儒家：仁、义、礼、智、信、恕、忠、孝、悌。

道家：人法地，地法天，天法道，道法自然。

墨家：兼爱、非攻、尚贤、尚同、天志、明鬼、非命、非乐、节葬、节用。

法家：不别亲疏，不殊贵贱，一断于法。

兵家：不战而屈人之兵。

……

其间丰富而深刻的思想智慧成为此后两千多年来中国管理实践的源头活水。例如：

以人为本——本理则国固，本乱则国危（《管子》）；民为重社稷次之君为轻（《孟子》）

共同的愿景使命核心价值观——天火同人（《象辞》）；众志成城（《国语·周语下》）

风险管理——生于忧患，死于安乐（《孟子·告子下》）；思危、思退、思变、变则通、通则达（《周易·系辞下》）

治大国如烹小鲜（《道德经》）

天人合一——庄子

"物贱之征贵，贵之征贱"。"善者因之，其次利道之，其次教诲之，其次整齐之，最下者与之争"。"旱则资舟，水则资车"。"乐观时变，人弃我取，人取我与"。（《史记·货殖列传》）

君子和而不同，小人同而不和（《论语·子路》）

……

这些管理思想，一致而百虑，同归而殊途。归根结底就是"天行健君子以自强不息，地势坤君子以厚德载物"，这也是我们中华民族精神的核心。

20多年前，段传斌同志就易经在管理上的应用与我探讨，当时我用"崇德广业，探赜索隐"8个字来勉励他积极探索，今天这本书的出版算是他交出的一份答卷。面对当今纷繁复杂的管理流派，本书删繁就简、正本溯源，用东方管理智慧来重构西方现代企业管理模型，构建了"和龙三元"系统，正是《易经》的"不易、变易、简易"智慧体现。

"21世纪，全世界都要到中国来学习管理"，这个预言实现的前提是东西方文化的融合，本书提出的"和龙文化"是东西方管理智慧融合的结晶之一，值得我们关注。

2016年2月1日于云鹤书房

前言
供给侧改革、大众创业与平台战略

2015年春节期间，许多中国游客赴日疯抢"智能马桶盖"，拿回家后竟发现不少产品实际是中国制造。

在美国买回来两个好看的咖啡杯，回来才发现竟是山东淄博制造的。

不少有国外旅行经历的朋友都坦言，在国外想买件不是中国制造的商品都难。

德国人发明→美国人产品化→英国人投资→法国人名牌化→意大利人设计包装→日本人成功使其高性能或小型化→中国人生产→然后中国人再去国外买回来。

中国早已成为"世界的代工厂"，"中国制造"的标签也贴满了世界的每一个角落，但总体上还处于国际分工和产业链的中低端。"中国制造"名扬世界的背后是廉价的劳动力，可是自2010年以来，中国的制造业成本平均每年上涨约16%，超过世界上任何一个国家，到2020年中国将不再是"世界工厂"，巨大的产能如何消化？**"中国制造"所面临的困难与挑战如何破解**？

政府出台了一系列的政策，鼓励和支持企业自主研发创新。

在中央财经领导小组的会议上，习近平总书记提出了"供给侧结构性改革"的概念："在适度扩大总需求的同时，着力加强供给侧结构性改革，着力提高供给体系质量和效率，增强经济持续增长动力。"

近日，国务院印发《中国制造2025》文件，制造强国战略步入快车道，中国制造的未来规划初见端倪。作为制造强国战略的第一个十年行动纲领，不仅直面当前中国制造业现状，也正式吹响了中国制造迈向中国创造的号角。

政府扶持是外力，作为企业来说，打铁还需自身硬。**立足已有的生产能力，向微笑曲线的两端延伸，打通产业链，构建生态圈**，才是企业发挥自身潜力的正确途径（详见本书第二篇战略要创新，第7章 E+ 战略创新的逻辑：应天时）。

格力和同行企业的最大区别在于，格力多年来一直将科技研发与产品创新置于最高战略位置。依靠自主创新，格力从只有一条简陋的、年产量不过2万台窗式空调生产线的默默无闻小厂，到全球最大的空调制造商。从"中国制造"到"中国智造"，格力"掌握核心科技"赢领全球。

再比如制造业领军企业海尔，砍掉中层，推动员工内部创业，成立小微公司，打造了白色家电的创客平台。这个平台不只面向海尔内部员工，任何创客都可以来申请，海尔提供资金、系统和平台，汇聚了全球的各类资源，比如研发资源、供应链资源，还有极客粉丝和用户资源。在这个平台上，用户需求和资源方实现了零距离对接，这是海尔创客平台最重要的颠覆，对接了微笑曲线的两端。

其他如红领定制（西装定制）、自由筑屋（房屋定制）等定制平台，通过互联网实现微笑曲线两端的对接，创造更大的价值。

"互联网+"是产业升级的工具，要运用好这个工具，首先要颠覆旧有的思维模式，打造一个共建共享的创新平台。

有了平台就一定能成功吗？

这是一个大众创业，万众创新的时代，2014年的夏季达沃斯论坛上，李总理提出，要在960万平方公里土地上掀起"大众创业""草根创业"的新浪潮，形成"万众创新""人人创新"的新态势。

但是，**创业是成功率最低的"行业"，不到1%**。所谓一将功成万骨枯，只有极少数能够成功。

以最惨烈的洗车O2O为例，在火热时期，各个品牌纷纷打出1元、0元洗车的优惠，烧钱抢市场。然而，在不到一年时间里，e洗车、车8洗车、智富惠、云洗车、嘀嗒洗车等几十个上门洗车品牌接连关停，最短命的车8洗车上线仅4个月就惨遭淘汰。如今，洗车O2O仅剩呱呱洗车一根独苗。

其他如餐饮类、出行类、美业类、教育类……一批接一批的淘汰名单，触目惊心，失败的原因，总的来说有5大派：

1. 被动挨打派——也叫工具派，放不下身段的王爷大咖们，他们就像米缸里的老鼠，守着自己那一块地盘，坐吃山空，最后被时代淘汰。

2. 无头苍蝇派——这一派有互联网思维，也有很强的执行力，他们认为：专注某一点，把用户体验做到极致，就能活下来。很多投资人也是这个逻辑，但是他们致命的弱点是缺战略思维，认为移动互联时代极速变化，战略无用。等他们认识到战略的重要性后，开始制定战略，但是制定的战略与现有的体系不匹配，然后痛苦、纠结、被淘汰。

3. 脚底打滑派——这一派有互联网思维，但是没有执行力，既不能降本增效，也不能提升用户体验，他们过把瘾就死，昙花一现。

4. 精神空虚派——这一派有战略，有执行力，但是不注重企业文化，缺乏软实力。他们都是被熬死的，越熬越吃力，最后被淘汰。

5. 功败垂成派——这一派认识到企业文化的重要性，但是文化革命不彻底，文化基因存在缺陷，在决一死战的时候，壮烈牺牲，上演一出悲剧。

如何才能避开这些陷阱，成为那成功的1%？

十方婆伽梵，一路涅槃门。修行的路成千上万，只有一条路最后能成功。

在平台上创新后，如何持续保持竞争力？创业者必须要有管理升级的危机意识，否则再好的创新也只是昙花一现而已。本书旨在从公司创立者的角度切入，以房地产行业为例，来深度剖析和研究E+房地产行业的现状和未来可能的发展趋势。并从创新与管理的本质上解读E+地产，为什么要加？要怎么加？其中的关键是什么？

全书共七个篇章：

> **第一篇：思维要颠覆**　　**第五篇：极致体验好场景**
> **第二篇：战略要创新**　　**第六篇：降本增效尖刀连**
> **第三篇：文化要革命**　　**第七篇：黄埔西点铸千军**
> **第四篇：执行要给力**

在中体西用的思想指导下，我们重构西方现代企业管理模型，将企业文化提高到应有的高度，把东方的管理智慧与西方的管理模式进行无缝对接，"和龙三元"系统真正实现了管理学的中体西用（和龙三元：战略创新应天时，文化铸魂求人和，执行给力择地利。详见本书第一篇第6章）。

本书可以有不同的阅读重点和不同的阅读顺序。如果你是产品经理可以从《极致体验好场景》开始，如果你是企业大学校长可以从《黄埔西点铸千军》开始，如果你是大咖可以从《思维要颠覆》开始……欢迎大家对号入座：

投资人：找事业合伙人的试金石

草根：逆袭神器

创业者：大众创业，万众创新的葵花宝典

立业守业：GPS导航系统

大咖：跨界工具

培训师：智慧升级换代，从点子到系统

创业导师：辅导教材、从经验派到系统派

商学院教授：重构系统，回归本质

企业大学校长：完成对企业大学的系统思考，样板

企业高管：系统的知识体系，帮助完成系统思考

企业员工、产品经理、空降老总、老板、咨询师、EMBA……

中美关系：在和平共处五项原则的指导下，中国的和龙文化终将完胜美国的"强盗打劫"霸王文化

联合国秘书长：应用和龙文化，可在虚的职位上有所作为

中非关系：全面战略合作伙伴

一带一路、亚投行：共建共享共赢

供给侧改革、大众创业，让和龙智慧与你同行。

目　录

序一　"互联网+"将催生精彩的新世界　　　　毛大庆 / 003
序二　含着眼泪，和政策调情？　　　　　　　　董　藩 / 005
序三　"白银时代"更好地生存　　　　　　　　戴亦一 / 006
序四　21世纪全世界都要到中国来学管理智慧　　唐明邦 / 008
前言　供给侧改革、大众创业与平台战略　　　　　 / 011

引　言　草根逆袭　大咖跨界

草根逆袭、大咖跨界、大众创新、万众创业。一时间，诸侯纷争、群雄并起。

当今之世，到底是春秋五霸，还是战国七雄，或者三国演义？

产业界说"产业+互联网"，互联网界说"互联网+产业"，金融界说"金融+产业+互联网"，到底谁加谁？面对狂潮，地产大咖们，看不见？看不起？看不懂？

第一篇　思维要颠覆

E+转型学榜样？榜样也慌了！万科改改改，万达变变变。颠覆找死，不颠覆等死，你让我怎么活？

E+转型首先是思维方式的颠覆。传统思维、互联网思维、移动互联思维……纷繁复杂，化繁为简！用《周易》解码E+时代的变与不变，解读过眼云烟背后的永恒法则。

从天时地利人和，到战略文化执行，中体西用，"和龙三元"系统，实现了东方智慧与现代管理学的无缝对接，重构经典！

1　毁你三观 / 014
中欧商学院沦为马佳佳的秀场？万科沦为富士康？毁三观的颠覆，大咖们慌了神、焦虑、尝试：腾百万、万科云，E+会吹出地产界的小米吗？

2　互联网之争：工具派 VS 思维派 / 020
马云、雷军、王健林众说互联好困惑。大咖们还拎不清的时候，互联网的原住民90后，已经借助互联网High了起来：礼物说、超级课程表、兼职猫……移动互联是大咖跨界工具，草根逆袭神器。

3　乱乱乱！"E+"到处都是坑！ / 025
"E+"转型学榜样？榜样也慌了！万科改改改，万达变变变。颠覆找死，不颠覆等死，你让我怎么活？面对互联网，土豪为何总是叶公好龙？

4　颠覆，从思维方式开始 / 028
"E+"转型首先是思维方式的颠覆，有了新思维，还在走老路子？哪些要颠覆，哪些不颠覆？

5 《周易》智慧解码,"E+"时代的变与不变 / 034

Ebay、MSN、凡客等迷途羔羊,人在囧途!移动互联的变与不变,众说纷纭,让我们用5000多年来的华夏智慧《周易》解码,拨云见日。

6 和龙三元系统:"E+"之前,要回到本源,化繁为简 / 041

传统工商时代、互联网时代、移动互联时代、数字时代、信息时代……过眼云烟的背后一定有永恒的法则:从天时地利人和,到战略文化执行,中体西用,实现东方智慧与现代管理学的无缝对接,重构经典!

7 董事长的智慧:从《道德经》到和龙密码 / 058

诺基亚错失智能先机,王石有意和万科的管理层保持距离,任正非的"浆糊理论",这背后有什么奥妙?从《道德经》的智慧到和龙密码,为你解读三权分立。宋卫平董事们,别再抢产品经理的"饭碗"啦!

8 移动互联,助你飞越时空 / 061

在线购物,网络游戏,移动办公……从"家书抵万金"到随时随地沟通无障碍的微信,移动互联正在颠覆我们的生活,"天涯若比邻"的千年愿景,今朝实现。时代的弄潮儿,你要主动颠覆思维,拥抱变化。

9 "草根"逆袭神器,绝不是"王"的盛宴 / 064

"E+"颠覆的关键在跨界融合,融合就要放下身段,放下身段即为草根!

第二篇 战略要创新

> 房地产一囧再囧:限购限贷、哄抬地价、人工成本暴涨……原来的玩法没有生存空间了,再不创新,只有等死。可是创新的存活率低于5%,有活路吗?向死而生!
>
> 生死存亡的关键在哪里?没有真正的搞清楚战略三要素(方向、路径、商业模式)就盲目创新?
>
> 找到风口,立足产业(跨界),扎根痛点,运用移动互联与金融工具,打造极致体验,培育核心竞争力,打通产业链,形成新的生态圈。

1 "E+"旋风来袭,小猪快跑!/ 068

面对"E+"旋风,弱者们找个洞把头埋进去避风,曾经的王者毫不在意,结果被吹死,草根们却看到了希望,跑向风口。你的选择:避风 or 跑向风口?

2 中国经济怎么了?——当下政策解读 / 069

中国经济降速提质、大众创业、城镇化 VS "互联网+"、中国制造2025 VS 产业园区……正确解读时代的风向,找到适合我们的风口,成为时代的企业。

3 不创新就等死:房地产的"囧"境 / 074

房地产一囧再囧:限购限贷、哄抬地价、人工成本暴涨……好地块拿不到,老本也快吃完了,原来的玩法没有生存空间了,再不创新,只有等死。

4 创新找死,活路在哪里?/ 080

创客空间:房子+牌子就可以了?创新的存活率低于5%,国家鼓励创新,等于鼓励我们去找死,有活路吗?活路在哪里?向死而生!

目 录

5 战略设计，你懂的！确定？/ 084

做大 or 做强？多元化 or 专业化？竞争 or 合作？纠结取舍。最美味的蛋糕未必是最大的那块，如何度身打造独特的商业模式？

6 金融助你打通任督二脉 / 099

房企资金链断裂潮，万达十年上市坎坷路，Why？所有的竞争，到最后都是金融的竞争。如何构建房地产全产业链的金融模式？

7 "E+" 战略创新的逻辑：应天时 / 108

把握 E+ 地产的创新逻辑：立足产业，扎根痛点，找到风口，运用互联网工具，培育核心竞争力，打造极致体验，繁衍结果，形成新的生态圈。

8 E+ 地产创新案例解析：危与机 / 113

大咖在跨界，草根在逆袭：+ 创业、+ 移动 C2B、+ 金融、+ 社交、+ 智能系统、+ 社区 O2O、+ 养老、养生、文化旅游、+ 产业（工业类、制造类）等数十个案例，解析现状、危机和出路。

9 从 0 到 1 难在突破，从 1 到 0 更难，难在归零！ / 131

创新，是一朵带刺的玫瑰。哈佛 VS 西点：再 NB 的梦想也抵不住 SB 的坚持。归零心态是战略制胜法宝，世间本是有无相生，戒定方能生慧。

第三篇 文化要革命

> 德国大众数据造假，ICBC（工行）爱存不存，为人民币服务？易趣退出中国，MSN退出中国市场淡出江湖。诸多乱象的根本原因在于企业文化出了问题。
>
> 问题在于企业文化中的使命与核心价值观有没有起到应有的作用？文化革命不彻底，就是埋下定时炸弹，随时有引爆的可能，苹果你能封闭到几时？持续的自我批判才是拆弹神器。
>
> 不忘初心，方得始终，企业文化要回到"和"的原点，"E+"时代的"和"就是要开放透明、共建共享。

1 说一套，做一套，假大空，无人信 / 134

德国大众数据造假，ICBC 爱存不存，为人民币服务？好好的价值主张怎么就搞成这样？企业文化是噱头还是来真的？错就错在文化与执行两张皮。

2 企业文化不接地气，死得快 / 139

富士康"血汗工厂"？肯德基凭什么超越麦当劳？从南 COPY 到北，宁夏恒大 200 多套房滞销，某地 5 万平方米的别墅小区无人买。凝聚人心的企业文化，要符合企业实际，更要具有地域特色，本土化。

3 企业文化不接战略，走不远 / 143

"最懂政府的开发商"可能成为房企老大吗？三里屯 SOHO 大卖之后房价大跌，运营长尾如何化黑洞为金矿？没有长期做好客服运营的理念，城市运营商的战略怎么落地？

4 企业文化三要素，四层次 / 149

万科为什么能远超金地？华为与联想、IBM 与惠普,故事一直在重演。用显微镜来为你剖析企业文化的内核，还原其本来面目，并预判企业的未来。国际××，百年企业？中国××正德厚生？然并卵！

5 求人和：从软无力到软实力 / 163

小报告拍马屁、小圈子大锅饭、背国学拜佛祖，这就是你企业需要的文化？它凝聚的是什么心？树的是什么风？企业文化要顺天意顺众愿，才能得人心得天下。

6 人力资本 VS 人力资源 / 171

大风起兮云飞扬，安得猛士兮守四方！史玉柱东山再起，从顺驰到融创，人才是资本还是资源？千军易得一将难求，美团的"狼牙棒"和龙湖的"老房"，价值认同是关键。

7 "E+"时代，企业文化革命要彻底 / 176

微软是互联网企业？万科去"总"，万达赢了官司，还要赔钱？企业文化革命不彻底，就是埋下定时炸弹，随时有引爆的可能，持续的自我批判才是拆弹神器。开放透明、共建共享的"E+"时代，苹果你能封闭到几时？

8 以用户为中心，共建共享 / 181

天时不如地利，地利不如人和，企业文化的原点就是"和"；不忘初心，方得始终。众创空间、众筹买房、Uber模式来袭，大咖你准备好了吗？

第四篇 执行要给力

> 房地产的"好日子"已经结束，闭着眼睛都能赚钱的时代已经过去，要深耕细作了。重经营轻管理的房企们，在管理上欠下的债该还了。
>
> 管理不升级，互联网思维就是假大空。我们明确提出了管理执行给力的三个重要标准、集团管控的"三管""三抓"，执行系统如何打造？
>
> 是什么让万科的团队如狼似虎？猪八戒网修成正果靠什么？企业平台化，员工创客化，用户个性化，"E+"让你梦想成真！

1 执行出偏差，再好的战略也落不了地 / 186

谁来负责：某项目延期交房15个月违约赔偿2000多万元？客户买的房子不见了？没有执行力，战略如何落地！

2 执行与文化格格不入 / 188

打了胜仗还被处分的李云龙，爱屋吉屋被指"卸磨杀驴"？为达目的，不择手段？重结果，不重过程？行动是为了宣扬我们的价值观，面临生死关头，仍然坚持。长征是宣传机、播种机。

3 房企的"管理债"该还了 / 191

房地产的"好日子"已经结束，闭着眼睛都能赚钱的时代已经过去，要深耕细作了。重经营轻管理的房企们，在管理上欠下的债该还了。

4 管理不升级，互联网思维就是假大空 / 193

在管理上不升级，做微信平台就算"E+"了吗？在淘宝卖房就算互联网转型了吗？互联网思维说的再高大上，没有执行力，一切都归零！

5 择地利：执行给力的三个标准 / 196

小米遭遇质量冰山，创造极致体验的绿城，为何频现危机？执行给力的标准在哪里？万达恒大的高效执行力，你学不会？

目 录

6 丢掉 KPI 你敢吗？绩效管理方案设计 / 200

小米真的没有 KPI？让 KPI 去死？没有满意度忠诚度的尖叫度，你能持续多久？一味靠金钱补贴的转介绍，你能走多远？

7 一条龙：市场竞争 系统为王 / 207

是什么让万科的团队如狼似虎？"猪八戒网"修成正果靠什么？……给我们什么启示，执行系统如何打造？

8 驾驶舱让你闲庭信步 / 215

董事长兼总经理兼项目总，项目多，应酬多，紧急状况多，又要出国考察，疲于应付，董事长变消防队长，整天救火，焦头烂额。管理如何能做到闲庭信步？移动互联的驾驶舱系统，实现无人驾驶，自动驾驶。

9 大数据大平台，零距离零时差 / 220

企业平台化，员工创客化，用户个性化。"互联网+"让你梦想成真！

第五篇　极致体验好场景

号称"我抗摔抗摔抗摔"的诺基亚被苹果摔下神坛？誓不降价的绿城沦落到半价卖儿卖女卖项目。对市场要有敬畏之心，关注用户体验才能赢得市场。

用户体验是什么：产品？服务？品牌？都不是！这3个只是体验的媒介，不是体验本身；用户的主观感受才是用户体验！

锁定目标用户群（细分再细分），抓住他们的需求与偏好，让整个链条围绕用户的体验展开。让用户感受到个性化定制的温馨与体贴，粘住你的粉。

1 掉链子，踢皮球，项目管理难难难！/ 224

客户投诉到物业，物业踢给销售，销售踢给工程，工程兄弟累死了，还被客户给差评，冤冤冤，烦烦烦，你说难不难？

2 被五马分尸的项目 / 228

销售的要多，成本的要省，工程的要快……房地产项目本是一个有机的整体，却被人为地纵向分割，横向切分，惨不忍睹，项目被玩死！

3 从万众拥戴，到众叛亲离，WHY？/ 231

号称"我抗摔抗摔抗摔"的诺基亚被苹果摔下神坛？誓不降价的绿城沦落到"半价卖儿卖女卖项目"。对市场要有敬畏之心，关注用户体验才能赢得市场。

4 用户至上，体验为王 / 236

用户体验是什么：产品？服务？品牌？都不是！这3个只是体验的媒介，不是体验本身；用户的主观感受才是用户体验！

5 把自己逼疯，把对手逼死 / 243

万科物管龙湖体验，万达城市中心，众里寻他千百度，满意度忠诚度尖叫度，蓦然回首，你在哪一度？把握项目价值链的关键，六步打造极致体验。

6 从最痛的地方切入 / 259

借助移动互联的工具，可以迅速提升用户体验，E+地产案例扫描：彩生活、乐生活、小区无忧、房多多、好屋中国、乐居、平安、远大可建、自由筑屋、Elab……，下一个痛点在哪里？痛点转移有何逻辑？

7 特别的爱给特别的你 / 266

凉粉米粉脑残粉，谁是你的粉。锁定目标用户群（细分再细分），抓住他们的需求与偏好，让他感受到个性化定制的温馨与体贴，粘住你的粉。

第六篇　降本增效尖刀连

> 上门洗车APP、星河湾、绿城，环境好体验好，没有降本增效，遇到市场波动如何持续？
>
> SOHO卖得高卖得欢，买完房的煤老板没人管？碧桂园像卖白菜一样卖别墅，质量呢？降本增效为了谁？
>
> 成本降下去，效率提上来，体验还要有保障，如何破局？从特种兵、突击队、尖刀连再到整个组织，打造降本增效的金钢钻系统。

1 不能容忍的成本管控 / 270

火箭回收成本降低99%，龙湖时代天街成本尖刀干翻保利茉莉公馆，绿城成本管控不能容忍！去库存之战中，谁能把成本这把刀打磨得更锋利，谁就能在这场战争中活下来，否则就像洗车O2O演绎"全线阵亡"惨剧！

2 不怕神一样的对手，就怕猪一样的队友 / 274

万科突飞猛进，金地高层地震，三驾马车分崩离析；项目跑得快，全靠老总带，老总一离开，项目死得快；团队合作不是人多，是心齐！

3 降本增效为了谁 / 277

SOHO卖得高卖得欢，买完房的煤老板没人管？碧桂园像卖白菜一样卖别墅，质量呢？你把用户放在哪里？一切的提升，只为给用户更好的体验！

4 外拓疆域 / 279

星河湾龙湖扩张遇阻的同时，碧桂园一年时间从400多亿到1000多亿，恒大在150多个城市刮起了恒大旋风，万达广场为什么能开遍全国，拼什么？快速复制是降本增效的神器。

5 内挖潜力 / 284

公司干了10多年，老板为什么都还在头痛：管人难，事难管，找钱更难！如何破局？万科折腾事业部合伙人，海尔折腾公司平台化、员工创客化，三招打造金刚钻！

6 "E+"，让"多快好省"成为可能 / 295

房多多"一键直约"，Uber精英小团队，360摇一摇，成本要下去，效率要上来，体验还要有保障，无解！E+让你轻松解开千千结。

7 激活个体，引爆小宇宙 / 299

能力+动力=给力，能力好培养，动力难激发，激励机制首要任务是解决动力问题。事业部合伙人制的探索，初见成效。特种兵！突击队！！尖刀连！！！

第七篇　黄埔西点铸千军

留人难，用人难，招人难，育人更难！没有人才怎么扩张？学习成就未来，学习力才是企业的第一竞争力。建立学习型组织，建设人才培养基地，百年树人是基业长青的头等大事。

丰田大学、摩托罗拉大学关门大吉？企业大学如雨后春笋一般，如何办好企业大学？运用【和龙三元】模型轻松构建卓越的企业大学。

"E+"时代的魔课：移动互联让我们飞跃时空，降本增效。碎片化的时间学习系统知识，降低学习成本；跨地域的网上交流实战案例，提高学习效率。

1　世界那么大，我想去看看！留人难！/ 302
董明珠 VS 90 后，最难挖的阿里人 VS 最好挖的百度人，潘石屹现代城"挖人事件"。我把心都给你了，为什么还是留不住你！

2　无人可用，有人无用！用人难！/ 306
秦王招贤榜找才子。联想为什么 Hold 不住孙宏斌们？有能力更有个性。没能力的不顶用！懂人，方能用人；用人，方能成仁。万科：没有人才，再赚钱的项目也不做。

3　安得猛士兮，守四方？招人难！/ 310
万科实施海盗计划、雷军花 80% 时间找人，阿里空降兵全军覆没；招进来留不住；商场如战场，商战就是人才争夺战，数字时代的国际资本角逐，人才争夺更为惨烈！

4　育人更难！/ 314
顺驰一年从 80 家到 800 家的裸奔，极速扩张下，人才培养跟不上扩张速度；规模化扩张最大的不可控因素，是批量的人才培养，事关生死存亡。龙湖与飓风同样 18 年，差别何其大！

5　企业大学：学习力是第一竞争力 / 321
摩托罗拉大学关门大吉？华为大学、万达学院，企业大学大多沦为培训部门，学习力是第一竞争力，把企业建设成学习型组织，和龙商学院助你实现基业长青的愿景！

6　"E+"时代，学习随时随地 / 334
云课堂、MOOC 学院、宅客学院等在线学习模式兴起；企业大学 +E 转型成为必然，培养人才也要降本增效、超越时空、寓教于乐，提升学习体验。

7　"E+"商学院，定制你自己的企业大学 / 339
移动互联时代，海量的碎片知识扑面而来，如何建立系统的学习系统？在虚拟的学习场景中，学习实战案例？如何建立拥抱未来的学习型组织？E+ 和龙商学院定制属于你的企业大学！

后记 / 341

引 言
草根逆袭
大咖跨界

　　草根逆袭、大咖跨界、大众创新、万众创业。一时间,诸侯纷争、群雄并起。

　　当今之世,到底是春秋五霸,还是战国七雄,或者三国演义?

　　产业界说"产业+互联网",互联网界说"互联网+产业",金融界说"金融+产业+互联网",到底谁加谁?面对狂潮,地产大咖们,看不见?看不起?看不懂?

> 虽然地产界已有房多多、彩生活、爱屋吉屋等互联网企业，但运用互联网成功进行企业改造的案例并不多，大多房企名为互联网+，其实还是旧思维、走老路。互联网+需要对企业决策的思维和管理方式进行重构与再造：平等、共享、无界……，就像段老师对草根的总结：放下身段，即为草根！
>
> ——段宏斌（广州道本创造者）

1　小米、微信、余额宝的逆袭（看不见，看不起，看不懂，来不及）
2　地产界草根逆袭潮
3　从"万万慌了"到"万万和了"
4　这是一个打劫的时代？

◆ 1 小米、微信、余额宝的逆袭（看不见，看不起，看不懂，来不及）

小米：得草根者得天下

小米手机诞生以来，不断摧毁着中国互联网公司与手机制造商的三观。以超低价格为卖点的小米，十分符合草根手机的身份，当小米2出现的时候，疯抢潮开始出现，小米成为最炙手可热的国产手机品牌之一。"粉丝经济""专注极致快""口碑营销"等词也因小米的成功而火爆。小米赢得了众多的草根，也赢得了市场，小米也因此逆袭成为新一代高富帅，得以与苹果、三星等豪门一试高下。创始人雷军因此得到"雷布斯"的外号。

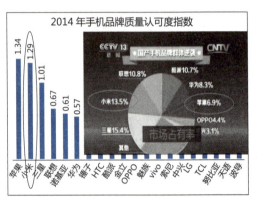

（数据来源：中国统计信息服务中心大数据研究实验室）

微信：消灭你 与你无关

在微信几乎革掉短信和手机QQ的命之后，微信的下一个目标就是抢占智能手机的桌面，卡住各大APP的咽喉。至于传统运营商？它们的命早已不在自己手中，革命只是早晚的事儿。

2011年诞生以来，微信用户群从2012年3月的1亿迅速增至2014年初的5亿。

有这样一个庞大的用户群，微信将来在上面嫁接O2O可以赚钱，嫁接电商可以赚钱，网上发一款游戏还导致全民都"打飞机"，也可以赚钱。所以，腾讯将来通过微信用户群，一年何止赚几百个亿？这比靠通信收费赚钱要容易得多。但最要命的是什么？很多运营商当初不承认微信有多大威胁，认为：微信是互联网公司，没有运营商搭路，哪有你们跑的车？

此话不假，但运营商没有发现，用户不再用他们的短信了，不再用他们的彩信了，不再用他们的语音了，他们使用的都是微信的服务，他们从运营商的用户，转变成了微信的用户。用户才不关心路是谁修的。传统运营商作为修路的价值固然还会存在，但没有了用户，或者用户无法感知到他们的存在，那他们的商业价值已经非常有限了。

余额宝：挟用户以令银行

从 0 到 2500 亿元的基金规模，支付宝旗下的"草根理财神器"——余额宝用了 200 多天时间。而从 2500 亿元到 4000 亿元，余额宝只用了大约 30 天。

2013 年，银行活期存款利率为 0.35%，余额宝等货币基金全年平均年化收益率达 4.27%，是前者的 120 多倍。

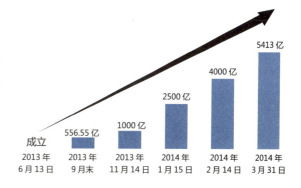

互联网的放大效应让广大个人投资者蜂拥而至。余额宝规模越大，银行丧失活期优质负债就越多，这种吸储效应已经传导到定期存款和理财资金。几年前，马云说如果银行不改变，我们将改变银行。那个时候的马云像朵无知无畏的奇葩，现在如果银行还不信，那银行就是奇葩了。

◆ 2 地产界草根逆袭潮

彩生活：羊毛出在兔身上

花样年控股集团创始人潘军对彩生活社区生活平台增值服务的定义为"羊毛出在兔身上的跨界拔毛"。他说："彩生活增值服务的道理很简单，通过物业服务获取海量客户，从而搭建商业平台作为流量资源，吸引周边商家及电商，从而通过客户流量来赚商家的钱。"

在外界依然认为物业管理属于微利

行业时，彩生活已经把物业服务做成了"暴利行业"，总市值超越多家香港上市房企。彩生活之前，万科是从来不对外接盘物业管理的，但是彩生活出现之后，万科全面对外接盘，由此可见一斑。

物业管理公司本来是非常好的营运模式，但很多开发商把它做成了赔钱的生意，原因是他们在用地产养物管。例如万科，原先他的管理处是服务自己的业主的，他承诺要做到让业主满意，所以他要用卖房子的钱去补贴物管公司。用这种模式来经营物业肯定是要亏损的。万科 10 年前的管理费是 3.5 元/（月·m^2），10 年后他的管理费还是 3.5 元/（月·m^2），但人工费却涨了好几倍。

2015 年，彩生活被中国指数研究院授予"2015 中国特色物业服务领先企业 ——智慧社区"，其重要因素就在于彩生活完成了将**对物的管理**转换成**对人的服务**，通过研发彩之云平台，把物业的品质、社区 O2O 的商务服务、社区邻里的关系进行了系统的连接，使业主、服务的提供者和物业，更加有效地融入这个社区生活的服务场景，而其"互联网 + 物业服务"的模式也成为行业内的先行典范。

彩生活不一定会笑到最后，但它一定会成为一个里程碑。

地产公司愿意做物业完全是为了提升地产附加值，相比投入大量设备、场地、人员的物业管理和线下服务模式，社区 O2O 通过互联网建立了一个社区生态圈，这是房地产公司以前从未想到的。虽然社区 O2O 依然存在诸多质疑与不成熟的地方，但不得不承认，它的出现让社区环境为之一新，让社区服务不再信息不对称。

与之形成对比的是，万科物业作为业内服务口碑和缴费情况最理想的企业之一，年报显示，2012 年和 2013 年物业管理业务的营业利润率分别为 4.71% 和 12.19%。按照传统物业模式经营的物业企业，在物业费上调难以实现的背景下，几乎都面临着人力成本上升和利润率下降的现实困境。

2014 年万科物业推出"住这儿"APP，线上满足万科业主的服务需求，将万科小区内的所有商家拉上线，联手百度启动了 O2O 大数据研究。进入 2015 年，相关 O2O 应用开始出现在多个项目，其中位于苏州的万科美好广场即联手大众点评网推出餐饮商户、洗车店、花店以及城市农场等服务以布局社区 O2O。

2015 年，王石表示，从今年开始，万科要做物业。"你知道万科物业很有名，过去我们从来不会接其他房地产项目的物业，但是从今年开始，将全面接受各开发商的物业业务。目前，仅仅万科自己物业服务客户数量有 250 万，10 年后，这个数字是 1000 万。但是这只是万科自己楼盘的物业客户数，如果接受其他楼盘的物业，万科 10 年后，预计有 6000 万～8000 万的物业客户数量。"

万科物业从"闭门谢客"到"开门接客"，源于彩生活横空出世。

随着彩生活的成功逆袭，一大波地产界的草根幡然醒悟，逆袭狂潮席卷而来：房多多、乐生活、爱屋吉屋、好屋中国、房宝宝、无忧我房……

◆ 3 从"万万慌了"到"万万和了"

赌局

生活中经常有些小赌约，比如朋友之间就某件事打赌，输的一方请吃饭，大家图个乐呵。

而商界大咖王健林和马云与众不同,他俩在争论10年后零售市场谁做主时,赌约1亿。赌注这么大,自然引人关注。

"2022年,就是10年后,如果电商在中国零售市场份额占到50%,我给马云一个亿。如果没到,他还我一个亿。"在2012年12月的央视中国年度经济人物颁奖晚会现场,面对马云"电商将基本取代实体零售"的言论,王健林在现场如此回应道。

一方是中国最大的电子商务平台老板,另一方是中国最大的商业地产商,两个中国最成功的商人,两个千亿级别的企业,在线上和线下,台前和幕后较起了劲。

以口才好著称的马云甚至将这个赌局放入了一个更大的主题中。**"如果王健林赢了,那我们整个社会就输了,是一代年轻人输了。"**马云在2013年"双11"期间说。

万万慌了

房地产行业黄金时代风吹云散后,再加上彩生活、房多多等"新贵"借助互联网优势对传统地产业的冲击,**转型**成了一线房企共同面临的话题。

为了挑战阿里巴巴,2014年8月29日,万达、腾讯、百度在深圳签署战略合作协议,宣布在香港注册成立万达电商公司(简称"腾百万"),注册资金50亿元,

万达集团持有70%股权,百度、腾讯各持15%股权,计划5年投资200亿元,打造全球最大O2O电商公司。

此次并不是万达第一次涉水电商业务。据公开资料显示,万达电商布局开始于2012年5月,当时其曾高调公布"万人招聘计划",王健林也将万达电商的发展方向定位为O2O,借助万达优势的商业地产项目,将线下业务打包上线,但到目前为止,该部分电商业务发展较为缓慢。

2013年12月,万达的另一电商项目"万汇网"上线,其PC端与APP主要提供包括商家资讯、广场活动、商品导购、打折优惠等服务。王健林曾对此表示:"这个电子商务绝对不会是淘宝,也不会是京东,而是完全结合自身特点的线上线下融为一体的O2O电子商务

模式。"

同时 2014～2015 年王健林不止一次提出万达转向轻资产化运营的想法。

转型的路径便是**轻资产模式**，就是从 2015 年开始，投资万达广场的钱不用万达出，都是投资机构出，万达负责选址、规划、设计、建造、招商、运营管理，使用万达的品牌。所有投资获得的收益，万达跟投资方 35/65 分成。王健林还说，这个模式现在已经正式在运行了。

而**万科的转型**则显得有点煎熬。

2014 年，万科先是请来 90 后卖成人用品的马佳佳来万科演讲，紧接着由郁亮带队频繁走访阿里、腾讯、小米、海尔等众多公司，彻底引爆互联网思维能否重构乃至颠覆房地产业的探讨。

在 2014 年被绿地抢走头把交椅后，万科对外宣布，已不再重视规模。万科董秘谭华杰也曾说，十年后万科住宅业务收入将占比降至 50%，以消费地产、产业地产以及延伸业务为代表的新业务群，将贡献另外数千亿级的营收，而所有的新业务都将采取**轻资产、资产证券化模式**。

万达董事长王健林，不止一次提出万达转向轻资产化运营的想法。2015 年他还对外公布，阶段性目标是：2020 年万达集团收入的三分之二、利润的超过三分之二要来自于服务业企业，也就是说，要来自于不动产销售以外的收入和利润。

慌张匆忙转型中，"万万"相遇了。

万达和万科的合作，被调侃成**万万没想到**。

在合作的模式上，万达董事长王健林强调，并不是单纯的联合拿地、合作开发，双方将共同探讨基于现有项目进行合作开发的可能性。在接下来的时间里，双方将各自成立由集团高层领衔的协调小组，以负责合作事宜的日常对接，以及项目合作信息的交流。同时，双方将成立合作公司，从风险、财务、融资方面进行管控。

大咖们已经抢先行动

万科万达就不说了，其他地产大咖在干嘛呢？

绿地 G-club

2015年2月12日,绿地集团G-club全球会员平台成立。同时,绿地集团宣布,将进一步全面积极运用互联网思维和手段升级商业模式、培育新产业。

与此同时,绿地集团最新的五年发展规划明确,绿地将从战略高度出发,接触、参与和分享移动互联网的发展,积极嫁接移动互联网工具,加快产业转型调整,将绿地现有产业提升到新的高度,逐渐形成新的产业增长点。

2015年,绿地强调其更将在**全平台、全产业链全面拥抱互联网,加速推动转型升级**,如:绿地集团正式宣布全面进军"大消费"领域,四大海外直采中心揭牌,以及通过引入O2O概念,连接从自产、直采到直销的全产业链,构筑线上线下全渠道等。

华润小米试婚智能家居

清晨人还在熟睡之中,路由器已经自动将家中电器唤醒;当人睁开双眼,路由器已将壁灯点亮;面包机、咖啡机、煮蛋器都已将早餐通电备齐;享用美食时,路由器操控的电视自动开启,调至你每日观看的电影频道;PM2.5又爆表了,客厅的空气净化器自动进入工作状态……上面所说的智能家居操控平台,现在已在位于北京海淀的华润万橡府真正意义上实现了。

坐在办公室用手机遥控你家的咖啡机在下班进门前烹饪完毕,这种生活之前应该也没有人会当真,华润置地通过与小米的合作,打造一个以路由器为核心的家庭智能家居平台却在2014年夏天变成真实事件。

目前,万科、万达、保利、绿地、中海等大牌地产商也都在积极尝试智能家居。

万通自由筑屋

2014年,万通互联网地产"自由筑屋"正式发布。冯仑表示:"自由筑屋"整个过程都将是开放式、互动式的,包括我们的平台与商业模式本身。用互联网再造房屋建造环节,还能解决传统开发商过去忽视的在建造过程中的客户体验与互动的问题。

同传统开发商主导的房地产方式相比,万通"自由筑屋"最根本的变化是把主动权

交给了用户：一切围绕用户的需求，重塑房地产开发的流程，并搭建线上、线下的专业系统，帮助用户通过互联网实现房地产定制化设计和订单化生产。同时享受个性化（如户型、面积等）的服务和价格上的优惠。

同时，自由筑屋平台将站在用户的角度，为他们谋求更好的利益，帮助他们实现"主"（提前主导、自由选择）、"群"（社群聚集、合作住）、"好"（优质、类型化）、"省"（相对更低的价格）和"超级服务"（帮用户实现建屋过程，并接入精装修、金融服务等全生活系统）。

"**人人都是开发商**"是自由筑屋的思想。

智慧龙湖

"智慧"龙湖的未来生活是什么样子呢？2014年2月，龙湖集团流程与信息管理部总经理万国锋介绍，以客户为中心，以质量为优先，为客户提供尽可能快的个性化服务。这就是"智慧"龙湖的大致全貌。

具体而言，龙湖地产将在重庆地区率先试点两大支撑：一是"云"社区智能，商业智能；二是"端"拥有的物业地面服务的系统化能力、龙湖商家平台资源和未来3年将达到40万龙湖高消费业主。

"互联网思维已成为必然趋势，之所以龙湖会如此看重网络与终端，在于互联网有机会打开房企新的利润增长点。"万国锋说，有业内人士算了一笔账。重庆龙湖目前拥有25万"龙民"，按照规模速度2016年将达到40万。两年后，"龙民"每人每月通过APP消费2笔金额，比如订水果、订餐之类，花费约200元，一年重庆龙湖APP平台上产生的消费约为9.6亿元。

恒大、腾讯联手打造"全球最大的互联网社区服务商"

2015年7月31日,腾讯控股与恒大地产双方将联手进军互联网社区服务领域,打造"全球最大的互联网社区服务商"。

该举动旨在通过腾讯互联网优势及规模、恒大社区规模及物业管理服务优势的大融合，发展互联网社区服务网上平台，提供线上线下融合的一站式服务。比如，用户甚至可通过其中的互联网家居服务定制全方位家装，实现真正意义上的"拎包入住"。这种"大融合"，将创建出新型**"互联网+社区服务"生态圈**，"彻底再造社区服务模式，改变老百姓的居住和生活方式，是一场颠覆性革命。"

作为规模最大的房企，恒大在170多个城市拥有400多个社区，业主人数近400万，无疑是发展互联网社区的最佳载体。"这也是腾讯与恒大在项目启动之初，就为其准备好上市平台的原因之一。"分析人士认为，丰富的社区用户资源，将大大缩短项目的成长周期。

SOHO 3Q

潘石屹带着他的 SOHO 3Q 与美国硅谷新兴互联网巨头 Uber 宣布展开品牌战略合作。潘石屹表示，SOHO 和 Uber 基于共同致力于提高存量资源的利用率，从而解决环境资源的约束问题走到了一起。

在 SOHO3Q，你看不到传统的"格子间"，白领们共享一张长桌，记者在位于上海 SOHO 复兴广场的 SOHO3Q 看到，该平台接受租户线上选座、预订、下单、付款等。此外，SOHO3Q 还提供免费 WiFi、复印打印、会议室、咖啡等服务，租户只需要带着手机和电脑来工作。

潘石屹坦言，中国房地产现在无论是住宅还是商业，存量已经非常大。这些房子没有充分利用起来。**在这样的背景下，我们能不能用互联网技术把过去 20 年建好的房子充分利用起来？这可能才是中国开发商值得做的事情**。

碧桂园：向小米学习

2013 年始碧桂园早已从集团层面在全国范围推动了自己的"全民营销平台"。任何人通过注册碧桂园的微信营销平台"碧桂园凤凰通"后，可向别人推荐碧桂园在全国超过

200个项目,实现了线下推荐客户到线上推荐的过程。

整个2014年,碧桂园不是在触"网",就是在触"网"的路上:进驻淘宝,进行双十二淘房秒杀;与京东合作,开展"京豆抵房款";百度搜索引擎优化;众筹模式全民抢房;直接推微信预售房系统,首创微信直接卖房……一系列的动作,足见碧桂园利用互联网思维搭建新型营销体系的谋略。

还有富力中心"互联网+"创业、保利试水互联网金融、当代置业"基于互联网+的绿色科技建筑价值链金融"、金科斥100亿布局互联网金融、金地"HOME+"……

地产大咖们,你"互联网+"了吗?怎么加?加对了吗?

◆ 4 这是一个打劫的时代?

这是一个我毁灭你与你无关的时代!

这是一个跨界打劫你却无力反击的时代!

这是一个如果你醒来速度慢你就不用再醒来的时代!

百度干了广告的事!淘宝干了超市的事!阿里巴巴干了批发市场的事!微博干了媒体的事!微信干了通信的事!不是外行干掉内行,是趋势干掉规模!先进的取代落后的!做手机的诺基亚,把做相机的索尼干掉了。做电脑的苹果,把手机老大的"诺基亚"干掉了。

除了草根逆袭,现在谈论最多的就是跨界打劫。

阿里巴巴集团高级副总裁梁春晓:"移动互联网时代,我们传统意义上行业跟这个行业划分已经没有意义,是一个打劫的时代。"

四季沐歌总裁李骏:"这是一个推倒篱笆跨界打劫的时代。通信、银行、地产、医疗、运输、家电、旅游、体育这些领域已经被互联网企业逐一击破,携资本、用户、新的商业模式,互联网企业无孔不入,产能过剩、效率低的行业一定是被打劫的对象。"

名创优品全球联合创始人叶国富:"今天是一个跨界打劫的时代,你一定要敢跨界打劫。"

壹玖资本董事长袁国顺:"'互联网+'时代是一个颠覆的时代,是一个打劫的时代。"

王明夫在和君咨询年终例会上感叹:"这是个打劫的时代。先劫人,后劫事业,你死,我活。"

移动互联要共建共享、共同进步，我拼命的精彩，我吸引你，我不挖你。美国当代领导艺术的指导者沃伦·本尼斯认为："没有诚实，雄心和能力最终将把领导人本身和组织引入危险之中。"同样，没有良好的文化基因，战略和执行最终将把企业引入危险之中。

萨达姆打劫伊拉克，把自己陷入了万劫不复的境地。美国在世界各地打劫，实行强盗文化，恐怖分子已经咬定美国，将来的美国会面临更严峻的挑战。

资本在扮演野蛮人的角色，野蛮人多次光顾万科。君万之争后22年，宝万大战又拉开了帷幕。最近格力的董小姐也被"野蛮人"盯上了。

没有人会欢迎强盗来打劫，也没有人会拒绝贵人伸手相助，我们要用助人的心态来成人达己。有资本，有能力，我们更应该扮演贵人的角色，共建共享。中国的"一带一路"，为什么受到各国的欢迎？共建共享！

我们相信王明夫并不是真要去"打劫"，这样说只是为了营销，吸引眼球，因为他还说过：知识雇佣资本。

第一篇
思维要颠覆

E+ 转型学榜样？榜样也慌了！万科改改改，万达变变变。颠覆找死，不颠覆等死，你让我怎么活？

E+ 转型首先是思维方式的颠覆。传统思维、互联网思维、移动互联思维……纷繁复杂，化繁为简！用《周易》解码 E+ 时代的变与不变，解读过眼云烟背后的永恒法则。

从天时地利人和，到战略文化执行，中体西用，"和龙三元"系统，实现了东方智慧与现代管理学的无缝对接，重构经典！

> 目前包括服务性行业的13万家房地产企业，未来大概只会留下3万家左右，甚至更少。大开发商会发展得很好，但是中小企业的生存空间就被挤压得非常小，主动或被动转型或退出市场。我非常赞同作者的观点：房地产行业正由粗放管理向规范管理发展，必然会有越来越多的房企在未来的翡翠十年，要么拥有金刚钻独占鳌头，要么黯然离去。
>
> ——陈晟（中国房地产数据研究院执行院长）

1 毁你三观
2 互联网之争：工具派 VS 思维派
3 乱乱乱！"E+"到处都是坑！
4 颠覆，从思维方式开始
5 《周易》智慧解码，"E+"时代的变与不变
6 和龙三元系统："E+"之前，要回到本源，化繁为简
7 董事长的智慧：从《道德经》到和龙密码
8 移动互联，助你飞越时空
9 "草根"逆袭神器，绝不是"王"的盛宴

1 毁你三观

中欧商学院沦为马佳佳的秀场？万科沦为富士康？毁三观的颠覆，大咖们慌了神、焦虑、尝试：腾百万、万科云，E+ 会吹出地产界的小米吗？

◆ 恐怖组织已经在利用网络

2015 年 11 月 13 日晚，在法国巴黎市发生一系列恐怖袭击事件，巴黎共发生 5 次爆炸，5 次枪击，造成至少 197 人死亡。

英国《每日快报》报道，IS 在"推特（Twitter）"上发文叫嚣称，伦敦将是下一个目标，罗马与华盛顿也在劫难逃。

恐怖组织正在利用一切可用的互联网工具与平台扩张影响力，目前恐怖分子的人员培训、袭击策划、模拟演练等活动都是可以借助互联网，实现更高效率的日程演练，恐怖组织也是通过互联网完成煽动、洗脑、指挥、策划等一系列恐怖行为。

早在 2008 年，孟买曾发生一起恐怖袭击事件，而那次袭击共导致 174 人死亡，300 余人受伤。据当时的新闻消息显示，恐怖分子也是依靠智能手机、谷歌地球和网络电话等技术来组织和实施攻击，并与在巴基斯坦通信指挥中心的头目保持联络。

互联网工具与平台已经成为恐怖组织煽动、策划活动的重要手段。作为反恐的你，不掌握这些工具，如何应对？

◆ 面对媒体，佛山有关人员集体作假满口谎言，视频录像曝光暴力执法

2013 年 3 月佛山各部门联合执法"治超"。司机躺在病床上报料：惨遭暴力执法殴打致伤。官方面对新闻媒体回应绝对没有暴力执法，信誓旦旦是按程序执法，没想到却被车载的行车记录仪"出卖"。而且视频内容当时已即时传输到运输队的监控系统内，即使办案人毁坏了车内视频

设备，该视频内容还是会保留下来。

在应对互联网转型这方面，有关领导学习和反应速度比较慢，闹出笑话，更有某局长发微博约情人开房遭围观。

◆ 万科、中欧沦为马佳佳的秀场

做成人用品的 90 后妹子马佳佳，受邀在中欧工商管理学院做了一次创业心得分享，随后又被郁亮请到万科"密谈"，给地产圈剖析 90 后人群。她说到，地产业若被颠覆，根本上在于观念的动摇，90 后压根就不买房。马佳佳的直言，给正在为保位问题而焦虑不安的万科高管们、甚至整个房地产业一记闷棍。

"旧女性取悦男人，新女性消费男人"

能把成人用品卖出格调，这是马佳佳的追求。"就像人们感觉吃的不是黄太吉，是中国梦。你吃褚橙，吃的不光是橙子，而是永不放弃的精神。这是粉丝爱它的原因，他们得到一种力量和精神引领。"

她想传达一种独立新女性的品牌调性，"旧女性取悦男人，新女性消费男人"。

◆ 格力手机：互联网焦虑"下的蛋"

说起格力手机首先要从一场赌局开始。2013 年 12 月 12 日，在央视"中国经济年度人物"颁奖典礼上，年度人物奖项获得者雷军表示，5 年内如果小米的营业收入击败格力，希望

互联网+房地产　战略创新与管理升级

十亿赌局之格力和小米营收对比图

董明珠赔自己1块钱，而董明珠在现场回应道："1块钱不要再提，要赌就赌10个亿。"

此后董明珠自己喊出了要造手机，一下哗然。后来格力手机成了热词，每隔一段时间就会爆出新闻，它的配置，它的开售一次次挑动人神经，又一次次激起新的悬念。人们想知道最后结局印证自己的判断，却一次次被新的悬念替代。

◆ **万科沦为富士康，链家成为苹果**

现在，链家"巴结"万科成立家装公司，将来，万科可能沦为链家的代工商。

如果有一天，链家跟万科说："哥们，你盖的房子，我快速帮你卖掉，好不好啊？"

万科当然会说："好啊。"高效的销售代理商，每个地产商都喜欢。

如果链家又跟万科说："我手上有足够多的客户，我非常了解他们要什么，所以房子怎么盖，每套房多少面积，几房几卫，装修大概什么档次，你都得听我的，行不行？"

如此下去，万科沦为富士康的路还有多远？

◆ **"E+"会吹出房产界的小米吗？**

自从互联网旋风来袭：化缘的改叫众筹了，算命的改叫分析师了，八卦小报改叫自媒体了，统计改叫大数据分析了，忽悠改叫互联网思维了，做耳机的改为可穿戴设备了，IDC的都自称云计算了，办公室出租改叫孵化器了，圈地盖楼改叫科技园区了，放高利贷改叫资本运作了，借钱给朋友改叫天使投资了……

"我们的行业这么好，难道不会吸引别的人进来吗？"郁亮在思考：以万科为代表的地产传统模式是否能够被取代，彻底改变行业的地产"小米"能否出现？他希望从小米的成功经验中，找到房地产行业在未来的生存之路。

郁亮认为，在房地产的产业链条上，投资、设计、施工、销售、物管等领域，房企都是"请别人来做的"，"不知道我们创造了什么"。在房地产行业的"下半场"，这种传统的经营模式会被取代吗？

"E+"时代，消灭你、与你无关

《三体》在互联网圈子里受推崇的程度，超乎想象。

2014年，小米科技创始人雷军，就在个人微博上郑重推荐该书："《三体》这不仅仅是本科幻小说，本质上是本哲学书，主要讲宇宙社会学，其中提到的黑暗森林、降维攻击尤其深刻"。其粉丝还包括柳传志、李彦宏、马化腾、周鸿祎等。

和传统工商比起来，"E+"时代的创业机会更多了，公司成立和倒闭也变得更为频繁，小公司更容易突然超越行业领导者，草根逆袭高富帅成为可能，门槛限制变少，竞争方式多样化。

以下是网友从三体内容改编：

> 生存是创业公司的第一需要。
>
> 公司需要不断扩张，但市场总量有限。
>
> 小公司随时可能发生技术爆炸，一下子远远走在大公司前面，灭掉大公司。
>
> **弱小和无知不是生存的障碍，傲慢才是**。（某大公司老板经常说，公司离倒闭只有半年）
>
> 毁灭你，与你何干。为了实现公司战略，哪管其他公司死活。
>
> 赶尽杀绝是对竞争对手最大的重视。
>
> 藏好自己（创意随时会被山寨的小公司）。
>
> 做好清理（处于行业领先地位大公司，通过收购等手段消灭潜在对手）。
>
> 生存本来就是一种幸运，但不知道什么时候起，某些公司觉得生存成了唾手可得的东西，这是他们失败的根本原因。
>
> 降维攻击，不惜把市场环境做得更恶劣，自己宁可活得惨点，也要让竞争对手先死（比如电商几乎都在亏本），不能在低维生存的小公司就只能灭亡。
>
> 宇宙很大，生活更大，也许以后还有缘相见。

三观尽毁，重塑三观

在这个三观尽毁节操碎尽的时代，我们要重塑三观。如何重塑三观？

Uber 所代表的共享经济

2013 年，打车软件鼻祖 Uber 进入中国。

Uber 的模式在多地遇到政策反弹。公开资料显示，2014 年 12 月，中国台湾的交通主管部门公告称要对 Uber "严加取缔"。

几乎与此同时，韩国的检察部门对 Uber 创始人提起诉讼，原因是其违反了 "禁止未注册的机构或私人车辆进行私人收费运输服务" 的法律。

北京也曾对专车服务进行过清理。

广州正式对专车动手了！Uber总部被查
2015-05-01 07:40:08 出处：南方都市报 作者： 编辑：朝晖 人气：12635次 评论(66)

从 2015 年 5 月份被查处，到 11 月广州市交委欢迎 Uber 在广州建南方总部。

凤凰科技 凤凰网科技 > IT业界 > 正文
广州市交委证实：Uber将在广州建南方总部
2015年11月30日 21:35
来源：南方都市报 作者：裘萍
1人参与

《Uber 模式居然冲击到了拿地模式？》是前端时间特别火的一篇微信文章，虽然知道是假的，但还是有那么多人愿意转，证明 Uber 在中国房地产市场是有需求的。

王石："我研究 Uber 时发现，阿里巴巴、腾讯对我的刺激，都不如 Uber。"

Uber 模式的冲击，将给房地产行业带来什么影响？让我们拭目以待。

类似的共享经济的例子还有：某快递服务，它的服务供给者，不是专业的快递人员，而是有兴趣赚点外快的路人甲路人乙。某洗衣服务，它的上门取衣者，不是干洗店的人，而极有可能是你小区里比较悠闲的某一个大妈。某网络教育服务，它的教育服务供给者，不是什么成建制的所谓正规的培训机构，而是对这门课有着一定认知的兼职教师。

当然还有百度文库，我们都知道百度的资料不是百度公司上传的，都是用户们自己上传，共建共享。

"E+"，让商业回归人的本性。新三观：共建、共创、共享。

2　互联网之争：工具派 VS 思维派

> 马云、雷军、王健林众说互联好困惑。大咖们还拎不清的时候，互联网的原住民90后，已经借助互联网High了起来：礼物说、超级课程表、兼职猫……移动互联是大咖跨界工具，草根逆袭神器。

互联网到底是工具派还是思维派，这个争论在网上一直没有停息过。我认为首先要肯定的是：互联网是一种沟通的工具，是人们学习、社交、娱乐甚至是开展商务活动必不可少的手段。人们持有异议的是，互联网存不存在"思维"，互联网时代到底有没有它特有的"思维模式"。

我们先来看看大咖们是如何说的：

◆ 李彦宏：用互联网思维做事会有更好的结果

在2011年的时候，百度CEO李彦宏在一次演讲中说："早晨我跟优卡网的CEO聊天，他把很多时尚杂志的内容集成到网站上，我就问他说，为什么这些时尚杂志不自己做一个网站而让你们去做呢？更主要的是他们没有互联网的思维，这不是一个个案，这是在任何传统领域都存在的一个现象或者一个规律。"

李彦宏在这里说的是"互联网的思维"，后来也就被简化成了"互联网思维"。

◆ 王石：互联网是一个工具，我们不用就会被淘汰掉

万科王石："互联网是一个工具，我们不用就会被淘汰掉。被谁淘汰？被用这个工具的同行淘汰掉，只要会用互联网这个工具，就不会被淘汰。"

◆ 马云：互联网不是一种技术，是一种思想

阿里的马云说：我一直认为互联网不是一种技术，是一种思想。如果你把互联网当思想看，你自然而然会把你的组织、产品、文化都带进去，你要彻底重新思考你的公司。

今天很多人都说网上营销好，但是营销好了，麻烦也就开始了，**你整个组织、人才、思考、战略都要进行调整**。你以为是你的胃口太好，但换一只胃，你的肝也出问题，脾也出问题，因为所有内部的体系是连在一起的。

◆ 王健林：根本不存在"互联网思维"这回事

对于当前大热的"互联网思维"，王健林认为根本不存在互联网思维，互联网就是一个工具，怎么可能出现互联网思维呢？所有新的科技工具只是一种比较先进的工具而已，运用工具叠加了实业当中能产生巨大的价值，但是不能说这个工具叫互联网思维，其实**"创新思维"比较合理一点**。

◆ 雷军：用互联网思维武装自己

小米的雷军说："你不要用战术的勤奋，掩盖战略的懒惰"。包括现在最热的互联网思维，大家也都是在战术层面，把互联网思维当工具、手段使，没考虑战略层面，而用互联网思维来武装大脑，转变行为才是战略层面，思路决定出路。

互联网思维就是：**专注、极致、口碑、快**！专注就是只做一款47寸的电视，其他型号不考虑；极致就是干到你能力的极限；口碑是互联网的核心，没有口碑，靠广告一点戏都没有；快，只有互联网企业能实现，都是24小时值守，有问题立即解决。

◆ 杨元庆：别总拿互联网思维说事儿

联想杨元庆则表示，互联网的确是带动了企业各环节的变革。

但显然，互联网并不能代替一切，它不能代替产品的创新，不能代替技术的研发，不能代替生产制造，也不能代替供应链管理。互联网并没有，也不可能颠覆传统**产业的根本价值、核心价值**。

◆ 郁亮：用互联网思维"活下去"

我们需要在"白银时代"找到活下去的办法，因为"白银时代"竞争更激烈。在这样的时代，房地产行业需要**用更创新的手段、用更加接地气的思维去应对**。在互联网时代，房地产行业也要学会用互联网的思维去经营和管理。万科未来5年在深圳的土地储备是充足的，未来发展思路要充分借鉴互联网去更好地整合资源，从设计结构、应用、寻找客户等多方面去利用互联网。

◆ 任正非：别提互联网思维，活下去才是硬道理

华为任正非说：对于华为来说，互联网更多的就是一个工具，用它来提升公司内部的效率。互联网有许多好的东西，我们要学习。我们有属于适合自己发展的精神，**只要适合自己就行**。

华为是不是互联网公司并不重要，华为的精神是不是互联网精神也不重要，这种精神能否使我们**活下去，才是最重要的**。

大咖们的争论，让原本就在摸索中的我们更加困惑了。

到底是工具？还是思维？就在大咖们互撕的时候，一批90后，号称互联网时代的原住民，已经抢先一步上演了他们的华丽登场。

◆ 超级课程表：初生牛犊不怕虎

余佳文，1990年生人，广州某大学大四学生；小小年

纪已经是一个30余人创业公司的CEO，其团队开发的"超级课程表"是个能为大学生自动获取课表、附带校园社交功能的应用，在高校尤其是广东高校中非常受欢迎，上线短短四个月已经积累了10多万用户。超级课程表目前已经获得了两轮投资，一时风头无两。

◆ 礼物说：一群90后集体"离家出走"

不止是超级课程表，同样风头正盛的还有"礼物说"（一个个性创意的礼物网站）：3个月拿下100万用户、8个月完成两轮融资、估值突破2亿美元，成为90后创业公司里面融资最多的一家。2014年8月才上线的礼物说交出一份亮眼的成绩单。

"你们为什么愿意投资我？"当我问我的投资人的时候，他是这样回答我的："城辉，我们觉得你有可能成为90后的马云，我们愿意赌你，陪你一起走！"

温城辉，"礼物说"创始人兼CEO，1993年生人，就读于广东外语外贸大学，高中曾主办校园纸质杂志获得人生"第一桶金"。

◆ 快看漫画：对不起，我只过1%的生活

同样，92年出生的潮汕人陈安妮直言不讳地说自己是个奇葩，甚至会经常穿着睡衣上班，她的解释是"还要换衣服，多麻烦啊"。

2014年12月13日，漫画阅读App"快看漫画"上线，创始人陈安妮在微博上发表了那篇流传甚广但也饱受争议的漫画《对不起，我只过1%的生活》。在不到24个小时的时间里，"快看漫画"的下载量突破30万。两个星期过去后，陈安妮说，这个数字已经飙升至100万。

其实，余佳文、温城辉、陈安妮这三个爆红的90后潮汕人创业者在大学时就已经是好朋友了。温城辉曾这样形容他的师姐陈安妮：她非常拼命，也很聪明，微博上很无节操，现实中更无节操，和她聊天总是能让人笑个不停。

◆ 兼职猫：被总理接见过的 90 后创业者

比起"霸道总裁"余佳文、"只过 1% 的生活"陈安妮等倍受媒体追捧的 90 后明星创业者，"兼职猫"的创始人王锐旭显然低调了很多。"兼职猫"也是一个用一句话就可以介绍清楚的 App：大学生的兼职招聘平台。

然而，这位 2014 年毕业于广州中医药大学的 1990 年出生的潮汕创业者，却得到了国务院总理李克强的接见。

你们肯定会问：王锐旭凭什么作为 90 后创业代表去北京？！为什么会是他去？

这个年轻的团队给出了下面这段意气风发且底气十足的回答：

"90 后众多的创业者中，王锐旭并不是最出名的那个。但我们想说，凭低调可以吗？"

看看，大咖们还在争，小家伙们已经玩的很神奇了。

其实，互联网工具派与思维派之争，本身就是一个伪命题，因为手心手背都是手。空有互联网思维，不运用互联网工具，没法落地；空有互联网工具，没有互联网思维，连工具都不会用了，没法神气。

互联网首先是一个工具，但不是简单的工具，是草根逆袭的神器。要运用好这把神器，就必须要具备互联网思维！

"互联网 +" 是 **大咖跨界** 工具，**草根逆袭** 的神器！

3 乱乱乱！"E+"到处都是坑！

"E+"转型学榜样？榜样也慌了！万科改改改，万达变变变。颠覆找死，不颠覆等死，你让我怎么活？面对互联网，土豪为何总是叶公好龙？

【段子】一个销售员、一个办事员和他们的经理步行去午餐时，发现了一盏古代油灯。他们摩擦油灯，一个精灵跳了出来。精灵说："我能满足你们每人一个愿望。"

"我先！我先！"办事员说，"我想去巴哈马群岛，开着快艇，与世隔绝。"咻——她飞走了。

"该我了！该我了！"销售员说，"我想去夏威夷，躺在沙滩上，有私人女按摩师，免费续杯的冰镇果汁朗姆酒，还有一生中的最爱。"咻——他飞走了。

"OK，该你了。"精灵对经理说。

经理回答："我要那两个蠢货，午饭后马上回来工作"

这个段子告诉我们：**遇到机会与变化不要慌，后发制人，更容易成功。不怕错过，就怕做错。**

移动互联时代"E+"旋风来袭，我们更不能慌。

◆ 万科改改改！万达变变变！学榜样？榜样也慌了！

"学习万科好榜样。"冯仑说。

在地产界，万科是公认的标杆企业，一直被模仿，从未被超越。但是连榜样也慌了神：密约马佳佳，取经小米，腾讯，阿里，百度……、一会儿又城市配套服务商了，一会儿物业对外接盘了，一会儿又组织变革了，一会儿又合伙人制了，一会儿又小股操盘了，一会儿又搞八爪鱼了……

再看商业地产老大哥万达在做什么？也是要转型轻资产了，又要搞万达电商，电商没搞起来又整飞凡网了，又搞文旅产业了，又拍电影了……

◆ "腾百万"注定是一个笑话：钱多人傻快来！

腾百万是万达与百度、腾讯共同召开发布会，就电商层面达成合作。万达、百度、腾

讯宣布共同出资在香港注册成立万达电子商务公司，全力发展O2O电商商务模式。三家公司对万达电商的首期投资额高达50亿人民币，其中万达持股70%，腾讯和百度各持股15%。

在历经7个月之久，"腾百万"投资50亿元的合作产物第一次以物理形象呈现——一个集合餐饮、百货、电影票、秀场、金融等于一体的电商平台"飞凡网"。目前合作商家较少，提供的服务价格也没有竞争力。

马云曾经说过：王健林想变革可以理解，另外两个兄弟（暗指腾讯、百度）呢，想反正不要我出钱，出一点点钱，还有人搞阿里，当然好。但是一群人能够成功，最主要是要有共同的价值观共同的愿景，没有共同愿景最终都会失败。市场之大，联合在一起可以做很大，但任何不是以开拓未来战胜未来，而是战略抵御，或者只是竞争格局的重塑的组织和结合，都是乌合之众。

出钱的土豪控股占大头，出技术的有智慧的占小股，典型的**土豪模式**，注定是一个笑话！**现在是知识雇佣资本的时代**！

那我们该怎么办？

以不变应万变：被动挨打，无异于等死！

跟着转型：贸然创新，简直是找死！

◆ 不颠覆等死，颠覆找死：从"见山是山"到"见山不是山"

在这个移动互联网新时代，颠覆创新是发展的必然趋势。不创新你就会落后你就会面临灭亡。

柯达、诺基亚、摩托罗拉……这样的案例不在少数。

政府在逐渐地规范房地产市场，逐步收窄我们的生存空间。不能把房地产一棒子打死，但是也不能一味的混乱下去。如果我们还是按以前的思路，就像温水中的青蛙，待醒悟过来却为时已晚，我们不创新，就只有等死。

唯有创新，而且是颠覆式的创新，才能让更多的不可能成为可能，才有活下去的机会。

创新不一定能活下去，创新的死亡率很高。以互联网创业为例，互联网公司创业失败率高达90%，其实这是一个保守值，更有可能是99%。

每当房地产到达市场低谷，房子卖不动，就迎来了营销创新的时代，围绕房产营销的创新层出不穷，拥抱移动互联网：微信营销、微博营销、淘宝卖房、购物抵房款、众筹买房、全民经纪人、先租后买……，然并卵。

看到彩生活火了，于是你也搞APP，我也搞APP，包括万科等，这样就算创新了？这些客服运营的APP竞争到最后能剩下几个？好嘛！最新消息：微信也要做物业运营了。

对待"E+"，以前是见山是山，现在是见山不是山，还远远没到见山又是山的阶段。

◆ 互联网思维？土豪大多是叶公好龙

在大咖们的带动下，有没有"互联网思维"，几乎成为一个房地产企业有没有上进心的硬指标。

但是，面对互联网，我们的房企们真的已经开始变革了吗？

> 【案例】阿里的一位业务拓展经理，想把阿里的核心业务，支付宝、余额宝等等和房地产嫁接起来。他对开发商表示：阿里在很多方面可与开发商共享，比如精准的客户分析、客户的财务服务、联合的优惠等等。几乎所有开发商都表示了高度兴趣，但听到阿里的交换条件后，立马就闪人了。什么条件？阿里开出的交换条件只有一个，把购房款或者定金的收纳账户开在支付宝和余额宝上。

乱乱乱！聊了这么多我们能感觉到：移动互联网时代的到来让大家都乱了。其实，乱是正常且必然的，是新秩序建立所必经的过程。只有当我们明白这个其中的发展规律与进程，我们才能做到从容应对、处变不惊。看庭前花开花落，望天空云卷云舒。

不破不立，在重塑之前必须打碎固有的枷锁。大部分的房企都会倒下，只有极少数的能从坑里爬出来，过了鬼门关，进入下一关，重塑信心，建立新秩序。

4　颠覆，从思维方式开始

"E+"转型首先是思维方式的颠覆，有了新思维，还在走老路子？哪些要颠覆，哪些不颠覆？

◆ 自杀 VS 他杀

每个行业最终都要面临颠覆。下一个走向灭绝的会是哪个行业？是等着新的颠覆者将其淘汰，还是自我颠覆？

十年前，戴尔还被所有教科书奉为经典案例，诺基亚和黑莓也被视为科技创新的代言人，但现在戴尔已经退出世界500强，诺基亚和黑莓一个被收购、一个前途未知。一台智能手机，把互联网移动起来，跟人的绑定程度远远超出了PC互联网时代，**这种变化足以颠覆任何一个传统产业**。跟14年前互联网浪潮一样，每一次信息技术的革命，给企业界带来无穷想象空间的同时，也带来了转型的危机和被淘汰出局的恐慌。美国"创新之父"克莱顿·克里斯坦森说："你要么是破坏性创新，要么你被别人破坏。"

2013年以来，爆炸式膨胀、病毒式扩散、颠覆、跨界打劫，移动互联网的冲击，让传统企业仿佛一夜之间突然感到了巨大压力和恐慌。整个商界一时焦虑四起，即使是BAT级的互联网大咖也"焦虑"万分：马云焦虑微信的强大，李彦宏焦虑阿里收购高德，马化腾焦虑余额宝……一向低调谨慎的李彦宏说："中国互联网正在加速淘汰传统产业，传统产业都面临着互联网的冲击。传统产业再不焦虑，估计连怎么死的都不知道就被灭掉了。"

随着移动互联网时代的到来，让传统产业大咖们备感焦虑的是，他们想要进入互联网，却始终找不到方向在哪里；明明感觉危险在一步步逼近，却看不清敌人是谁，但又随时可能冒出一个颠覆者，打得自己毫无还手之力。任谁处于这样的环境中，都摆脱不了焦虑。而拥有全球零售业最先进的物流体系和最优秀IT技术的沃尔玛也成为重症焦虑患者。2015年当其遇见亚马逊，由于房租、员工、存货成本等原因，实体店从先天优势沦为先天劣势，直逼得沃尔玛不是换帅就是裁员。

自杀重生，他杀淘汰！

◆ 从"好卖"到"好用"

"那个时候，随便打个广告，一天就有好几十组的购房人来现场。"

从吆喝卖房到概念卖房，又从卖概念到卖生活方式，再从卖生活方式到卖文化……在业内浸淫数十载的地产人恐怕都会有这样的感触：十年前，房子根本不愁没人买，十年后，房子越来越难卖。

从卖方市场到买方市场的转变，逼迫开发商不断改进营销方式，并由此催生了一批好的地产营销创意以及创新的产品。在这些年的演变中，我们看到有限的居住空间被赋予"无中生有"的可能，冰冷的卧室也实现了"四季如春"的梦想，物业服务也完成了从"看大门"到"英式管家"的转变。

开发商开始了思维的转变：**从让房子好卖，到让房子好用**。开发项目会更加注重经营楼盘，而不是停留在单纯的销售楼盘。比如以提高空间利用率为目标诞生出来，并遍及城市各个楼盘的"N+1"户型，通过鼓励对赠送露台或者设备阳台的空间改造，为刚需购房人提供"小三房"的节约型居住方式。而这一创新户型出现的基础也是源于购房人的需求。与之类似的还有挑高户型的出现，通过将层高提高到 4.8～6 米，业主可以自行对房屋进行上下层分割，从而改造成双层结构，并营造出更大的居住空间。

◆ 新思维 VS 老路子

有了新思维，我们还是容易走回老路子。一次我们被邀去看一块地，有山有水，风景宜人。于是几个人开始商量了，做养老养生的项目，去融资建完房子，做后期运营。想得蛮好的，回头一想笑了，因为前几天还在说要轻资产运营，现在又要建房子走开发商的老路子：募集资金——找地——建房——经营。

其实，完全可以去租人家的房子做：募集资金——找现有的存量房——经营。

还有更高级一点的：募集资金——公共平台，设立标准，共建共享——经营。

看起来好像已经颠覆了，结果还是按老路子办事。

上学时老师说我们"一看就会，一听就懂，一做就错"是一个道理。改变习惯是很难受的，会陷入思维误区而不自觉。

万科等标杆企业的创新探索到底靠不靠谱？会不会又走回老路子？

◆ 万科的"E+"探索

八爪鱼

2015 年 9 月 19 日，万科在深圳（楼盘）举行了"万科云"产品发布会，"万科云""设计公社""路由器计划"等产品正式亮相。万科云概念最早源于"八爪鱼"，八爪鱼的高效、

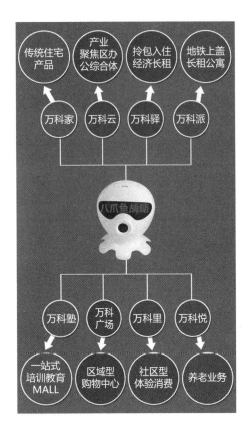

共享、协调性正是万科所追求的目标。

据介绍，万科八爪鱼，由万科家、万科云、万科驿、万科派、万科塾、万科广场、万科里和万科悦八大触角组合而成，均是围绕不动产做的垂直服务，目的是提高用户黏性，正反映了万科"城市配套服务商"的理念。而万科云是万科新业务的重要部分，在广深地区率先发力。

事业合伙人制

万科的事业合伙人制度来自反思和自省。2008年，受房地产市场环境影响，万科的ROE（股权回报率）降低到12.7%，仅略高于当时的社会平均股权收益（12%左右）。换句话说，这一年万科基本没有为股东创造价值。于是，万科开始思考一个问题：如何让万科实现尽可能高的ROE水平？

2010年，万科推出了经济利润奖金制度。这实际上是一个对赌制度。也就是说，如果公司的ROE超过社会平均收益水平，公司将从经济利润（EP）中按规定比例计提奖金；反之，管理团队就要按照相同的比例赔偿公司。为了保证团队具有偿还的能力，EP奖金作为集体奖金统一管理，三年内不分配到个人。这三年滚存的集体奖金，就是管理团队用来和股东对赌的保证金。在推出经济利润奖金制度以后，万科的ROE从2010年的16.47%提高到2013年的19.66%，达到1993年以来的历史高位。

但股东看重的不仅是回报率，还有股价。股价会受到系统性因素的巨大影响。2013年万科的ROE创造历史高位，但2014年2月份，受股市大盘和房地产市场信心的影响，万科的股价跌到了2010年中期的最低点。股价是管理团队无法完全控制的事情，但万科管理团队觉得这是团队的耻辱。管理团队需要向股东证明，即使在股价问题上，团队和股东也是共同进退的，甚至，团队需要比股东承担更大的风险。

基于这种考虑，万科在2014年推出了合伙人持股计划。这个计划不是股权激励，更不是团队从公司获得的奖励，而是经济利润奖金的全体奖励对象自愿把滚存的集体奖金，加上杠杆买成公司股票。由于引入了杠杆，在股价的涨跌过程中，持股合伙人将承受比股东更敏感的损益。这类似于一种劣后的安排。

2014年，万科还推出了"项目跟投制度"。这是向投行和万科在美国的合作伙伴学来的机制。所谓项目跟投，就是对项目获取和经营质量影响最大的那部分员工——项目的管理团队和城市公司的管理层，需要拿出自己的钱和公司共同投资。从2014年4月开始，万科所有的新获取项目都必须配套跟投计划。跟投计划是公司最终决定是否投资的首要考虑因素之一。

在事业跟投的基础上更进一步，就将是真正的事业合伙制。事业合伙人将完全站到劣后收益的位置：在股东没有获得足够的收益之前，事业合伙人的投资将没有回报，甚至连本金都要用来赔付。但如果经营取得了远超社会平均水平的回报，事业合伙人的分配比例，将明显超过他们的投资占比。

可以说，事业合伙人是职业经理人制度的升级版。万科作为最早引进职业经理人制度的企业之一，在业内具有一定的影响力和知名度，但即使是万科的职业经理人制度，也存在管理团队承担风险和失败后果不足的问题。所以在共创、共享的基础上，还需要共担，让管理团队与股东真正共同分担风险、承受失败的后果。也就是说，让企业的管理者变成比股东更劣后的收益分配人。

万科的这套制度，到目前为止还处于一个非常稚嫩的状态，还有太多疑问需要去面对。公司制和合伙制各行其道的历史，实际上就是整个人类商业史。如果能成功将二者合璧，这将是商业史上的重要创举。这样的重大变革，一般来说不太可能由一家公司独自完成。万科不惮于为有志同行者探路，但也期待着他山之石的启迪。

◆ 张瑞敏：三个颠覆、三个试错、三个矛盾

互联网的三个颠覆：首先，互联网带来的就是零距离。另外，互联网时代就是去中心化，没有领导。第三是分布式，所有资源不是在你内部，而是在全球。

海尔探索的三个试错：一是战略（人单合一双赢战略）：从原来以企业为中心，现在转移到以用户为中心。二是组织，原来的组织就是一个串联的、非常复杂的流程，现在，所有的资源围着用户转。三是薪酬，过去我们用宽带薪酬，你在企业里担任什么样的职务就在哪个级，这个级不可能把大家的积极性都充分发挥出来。现在我们自己把这个改掉了，一个横轴，一个纵轴。横轴是企业价值，就是市场成果。简单说，它就是创造顾客的。所以在横轴上基本上是顾客，但是在纵轴上是用户。纵轴我们叫做网络价值，网络价值是互联网时代的。网络价值就是网络价值与网络规模的平方成正比。网络的规模是什么呢？网络的规模就是

网络的节点，和网络连接用户的多少。

◆ 互联网思维独孤九剑

有哪些新思维值得我们关注？《互联网思维"独孤九剑"》（2014年机械工业出版社，作者赵大伟）提出了互联网的九大思维：

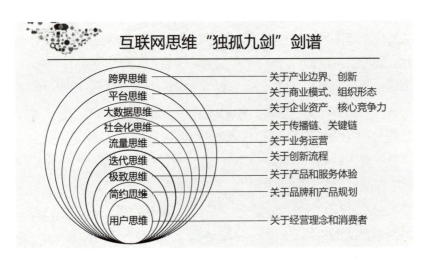

1. 用户思维，是互联网思维的核心。指在价值链各个环节中都要"以用户为中心"去考虑问题。其他思维都是围绕用户思维在不同层面的展开。没有用户思维，也就谈不上其他思维。

2. 简约思维，指在产品规划和品牌定位上，力求专注、简单；在产品设计上，力求简洁、简约。在互联网时代，信息爆炸，消费者的选择太多，选择时间太短，用户的耐心越来越不足，而转移成本太低。线下一家门店出来再进入下一家，线上只需要点击一下鼠标，转移成本几乎为零。所以，必须在短时间内能够抓住他！

3. 极致思维，就是把产品和服务做到极致，把用户体验做到极致，超越用户预期。互联网时代的竞争，只有第一，没有第二，只有做到极致，才能够真正赢得消费者，赢得人心。

4. 迭代思维，以人为核心，允许有所不足，不断试错，在持续迭代中完善产品。

5. 流量思维，流量意味着体量，体量意味着分量。"目光聚集之处，金钱必将追随"，流量即金钱，流量即入口，流量的价值不必多言。

6. 社会化思维，社会化商业的核心是网，公司面对的客户以网的形式存在，这将改变企业生产、销售、营销等整个形态。

7. 大数据思维，"缺少数据资源，无以谈产业；缺少数据思维，无以言未来"。大数据思维，是指对大数据的认识，对企业资产、关键竞争要素的理解。

8. 平台思维，互联网的平台思维就是开放、共享、共赢的思维。平台模式最有可能成就产业巨头。全球最大的100家企业里，有60家企业的主要收入来自平台商业模式，包括苹果、谷歌等。平台盈利模式多为"羊毛出在狗身上"，不需要"一手交钱，一手交货"。

9. 跨界思维，互联网和新科技的发展，使得纯物理经济与纯虚拟经济开始融合，零售、制造、图书、金融、电信、娱乐、交通、媒体等很多产业的边界变得模糊，互联网企业的触角已经无孔不入。

我们可以从企业管理的角度对这9大思维进行分类：

战略层面：平台思维、跨界思维

执行层面：用户思维、简约思维、极致思维、迭代思维、流量思维、社会化思维、大数据思维

◆ 雷军七字诀：专注极致口碑快

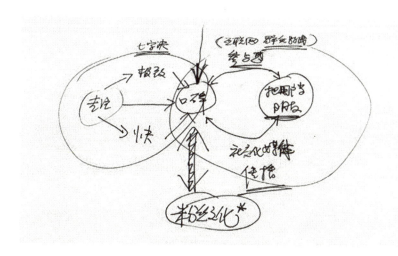

小米公司是如何运作手机品牌、手机产品的？雷军提到，最重要的思想就是"专注、极致、口碑、快"这7字方针：

专注：专注的核心就是少，少就是多。

极致：就要做最好的产品，做到极限。

口碑：今天互联网最核心的问题就是口碑，不仅是好产品的口碑，最重要的是超出用户预期，就是比用户想象的还要好。

快：如今的互联网就是要快，因为速度慢的话，在今天互联网领域基本是没有机会的。

颠覆，从思维方式开始，哪些要颠覆，哪些不颠覆？让我们用哲学方法，来思考商业大潮的本质

5 《周易》智慧解码，"E+"时代的变与不变

Ebay、MSN、凡客等迷途羔羊，人在囧途！移动互联的变与不变，众说纷纭，让我们用5000多年来的华夏智慧《周易》解码，拨云见日。

◆ **雅虎、易趣、MSN，凡客，迷途羔羊他们失败在哪里？**

雅虎 VS 谷歌

雅虎是中国所有门户的一面镜子。IT观察人、搜狐编辑、后来鞭牛网的创始人陈中在他的BLOG里说："从门户网站的开山鼻祖，到没落贵族，Google给大家上了生动的一课。专注加技术。"所言极是。

2007年6月18日，雅虎宣布其首席执行官塞梅尔离职并由其联合创始人杨致远接任。雅虎曾经是世界互联网发展史上最光鲜耀眼的巨星，可现在也不得不像微软一样接受黯然淡出历史的命运。雅虎曾经是一个时代。当年杨致远的大权旁落也好，雅虎到处乱抹的"花生酱"失败战略也好，核心业务搜索引擎的颓败也好，都不仅仅折射了一家互联网先驱公司的命运，也折射了一个时代的变化。

时代新宠GOOGLE的口号是**体验为王，技术殿后**。一个前台（用户体验追求极致和口碑相传的魅力，想想G粉吧，嘿嘿！）；一个后台（狂热的技术精英主义，和当年的盖茨别无二异），成就了GOOGLE的精英文化和草根文化极度和谐融合的秘密。

"10年后，今天的新宠GOOGLE也会像雅虎一样老去。在这个以一年当七年的残酷行业里，只有像德鲁克所说的那样：系统性地抛弃过去，才能有未来。决胜未来的武器，也在于不断地、及时地、勇敢地、有步骤地、有效和过去告别。"事实证明了预言的正确。

易趣 VS 淘宝

2003年之前，在国内C2C市场上除了易趣，几乎没有什么其他的竞争对手。但是淘宝的出现却打破了这个格局。

第一篇 思维要颠覆

淘宝网成立之初,就面临着易趣的绞杀。当时的情况是,2003年6月12日,eBay正式入主易趣。eBay是全球首屈一指的个人、企业商品在线交易市场,而易趣在网上交易尤其是C2C领域一直统帅着国内电子商务领域。二者强强联手立志要吃掉中国C2C市场。面对如此实力超群的对手,淘宝网并没有正面迎敌,而是采取了迂回策略。

第一个策略就是**免费**。这一招让收费的易趣网吃了不少的苦头,截至2003年底,淘宝一共吸收了大约30万注册会员,其中也包含了一部分易趣的会员。

第二个策略就是**提供良好的服务平台**。淘宝心里也明白,如果没有一个完善的交易服务平台,仅仅依靠免费是远远不够的。因此马云就将阿里巴巴"客户第一"的价值观移植到淘宝。对于客服,马云对他们的要求是用心去服务;对于技术平台,马云对他们的要求则是做出不需要服务的产品。

第三个策略最为关键,就是**推出"支付宝"**。与作为直接经销商的当当、卓越不同,类似易趣、淘宝的网上卖场只提供交易平台,对买卖双方并无绝对的约束力,如果货款或是商品出现了问题,风险只能由买卖双方承担。卖方为了保护自身利益,通常会采用"款到发货"模式下,在这种情形下,即便有以往交易记录作为考量,买家仍要承担非常大的交易风险,这是谁都不愿意的。所以如果不解决支付风险问题,网上交易很难有更大的进展,市场容量也就不可能扩大。买卖双方以及整个市场都在呼唤第三方信用中介的参与,以保证交易的顺利进行,然而每个人都知道"趋利避险",谁肯出来承担起这个风险呢?易趣没有做到,其他对手也没有做到,这无疑就是市场之需,淘宝的契机。

◆ 微软MSN VS 腾讯QQ

2013年3月15日起,全球范围内MSN虽然已经被Skype取代,在我国MSN早已被QQ挤到了边儿上,但是在近年来国际市场,其地位还是不容置疑的。微软没能把握中国用户的需求,用精英思维方式来对待平民草根的互联网时代,今后可能还是会付出更多的代价。

曾任微软中国总裁的唐骏是这样解读的:

做好MSN,微软没有听我的建议。

一个员工对我说:"**MSN通信慢,我忍了;收不到邮件,我也忍了;要收费,我还是忍了;现在居然要停运,我忍无可忍了!**"

QQ的独特功能"可以和陌生人聊天"是侵吞市场份额的主要原因,这个功能符合中国人的个性,更符合互联网的需求。

我们立刻向微软总部递交报告,"强烈建议"在MSN中增加"与陌生人聊天"、离线留言等功能。如果不增加这个功能,MSN在未来和腾讯QQ的竞争中会失败。报告讲述了互联网和产品的区别:产品是不断提供新的功能去引导用户,而互联网是不断满足用户的需求。"高举高打"是产品的精英模式,而**互联网需要的是"从群众中来到群众中去"的平民草根模式**。

我以为我能说服微软总部,结果证明我错了。微软总部不同意的理由很简单:第一,全球产品一体化是公司的战略,不可更改;第二,如果要为中国改变,除非能在中国地区保证大量的收费客户。

放弃的结果是,MSN在中国市场失败了。我要是坚持一下,也许MSN就不会和我们说再见——也许就是这一个小小的失误,让中国互联网的格局发生了意想不到的变化。

微软很着急,为了在互联网时代继续辉煌,不惜代价试图收购没落的雅虎,更不惜85亿美元重金收购被eBay丢弃的Skype,微软在互联网时代真的有点把握不住自己了。

【和龙观点】1. 国际化与本土化的问题没有合理处理好,忽视中国市场的傲慢者都会被重重地教训。2. 面对变化更快的节奏,微软也露出疲态!

◆ 凡客为何走向了没落?

凡客自2007年成立一直顺风顺水,还未上线就引来数百万美元的融资。而到了2011年,凡客优越感不再,库存积压,IPO搁浅、质量缩水等消息将凡客从天堂拉下了地狱。

那么到底是什么原因让凡客优越感不再?

1. 管理不善引发高库存积压;
2. 品牌影响力急速攀升,质量却不断缩水;
3. 盲目扩张,人浮于事;
4. 海外上市遭搁浅,内部高管忙出走;
5. 不够专注,不够极致。

2014年下半年,凡客已经完成新一轮融资,金额超过1亿美元。据悉,凡客本轮融资由雷军领投,IDG、联创策源、赛富、启明、淡马锡、中信、和通等股东均参与了本轮投资。据悉,新一轮融资的完成,使凡客产品设计、原料选择、工厂生产等整个生产供应链的效率和品质控制力得到了保障。由此可见:**钱不是万能的**!

◆ 重新审视 E+ 热潮

接入互联网 20 年，中国网民超 6 亿，世界互联网十强企业，中国占据四席（阿里巴巴、腾讯、百度、京东），远超欧洲，面对汹涌而来的互联网浪潮，人们利用网络的热情日益高涨。

强调性价比乃至免费，希望以此来形成用户规模，然后靠增值服务来获取利润。这是互联网的基本思路之一，践行这一思路，小米横空出世，以互联网模式进军传统制造产业，5 年时间估值超过创业 30 年的联想，跻身国内互联网公司前五。

互联网由此开始成为商界新显学，互联网也被上升到国家战略高度。唯恐被时代抛弃的传统企业纷纷缴械投降，对互联网顶礼膜拜。大到和互联网公司联姻，中到聘请互联网人士加盟，最不济的也养活了一批互联网创业导师。

毫无疑问，**"互联网+"是潮流所在大势所趋**，但是，面对市场狂热，面对各种不冷静，我们必须冷静下来，重新审视和思考互联网+。

柳传志

"移动互联网到来的时候，不同行业都不可避免要受到大潮的冲击，但是许多传统的行业仍有时间进行调整。

"企业在管理上别慌，别乱。无论怎样，互联网的历史还很短，在短跑中取得局部胜利的，未必取得最终的胜利。因此，我们要冷静对待这个浪潮。"

许小年

"不要被'互联网+'这股浪潮压倒，运用你自己的思维来分析问题，找到你自己的转型创新之道。

"互联网我认为是帮助我们传统企业转型的利器，而不是神器。

"产品如果都做到极致的话，属于自杀行为，做到比你所有的竞争对手好一点点就可以了。"

【龙争虎斗三部曲】

其实不管互联网怎么加，市场竞争升级路线的规律是不变的。

商业竞争的逻辑就是：拼完产品拼服务，拼完服务拼品牌。即使是"互联网+"时代，这个逻辑也不会改变。

"互联网+"只不过是一个工具，但是它把我们的节奏变得更快了。

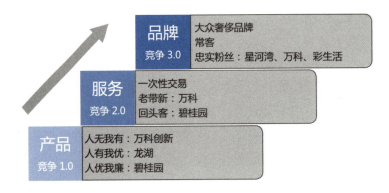

◆ 我们究竟处在什么时代？

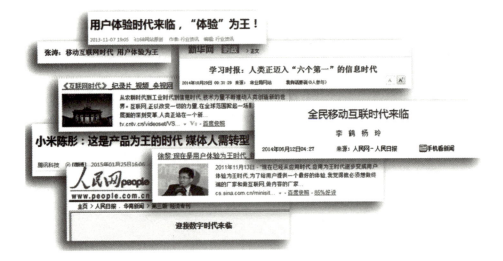

数字时代、信息时代、互联网时代、移动互联时代、产品为王时代、用户为王时代、体验为王时代……我们究竟处在什么时代？

其实这些都是伪命题，是惯用的营销语言，大家不要被忽悠了。产品为王，用户为王，是不能代表一个时代的。它只是商业发展阶段，某一项产品或服务要经历的阶段。

比如说在移动互联时代，我独创了一个产品，人家都没有，那这就是产品为王的阶段，我是有垄断地位的，怎么会用户为王呢？

产品为王、服务为王（渠道为王）、用户为王，是与竞争阶段关联的，与时代没有必然的联系。

我们后面的内容都将按这个逻辑来进行阐述。

电器：美的、格力说了算→国美、苏宁、京东说了算→小米，用户说了算。

颠覆无处不在，不是现在才有的，**"E+" 时代，让颠覆的速度更快，范围更广**，只是在移动互联的今天，我们稍微学习得慢一些，就会应接不暇。

进阶分类	产品为王	服务为王	用户为王
消费者	启蒙阶段	培育阶段 盲目跟风	有鉴别能力 有标准
信息	不对称	透明	渐趋同步
产品服务	从无到有	从有到多	从多到优
需求	规模化	多样化	个性化
市场主导权	生产与服务的提供商说了算	渠道说了算	用户说了算
市场竞争	垄断	自由竞争	竞争白热化
核心竞争力	资源垄断	渠道、服务	品牌、用户黏性

首先我们应该清醒的认识到，目前这些"互联网+房地产"的尝试，都只是最初级的形式，包括：花样年、万科、万达等。任何一种商业模式在其发展过程中，必须要经历从粗放到规范，再从规范到精细的发展历程。目前的"互联网+房地产"还处在起步的萌芽状态，是典型的初级试验模式，**真正的"互联网+"必须是精细化的管理模式下的产物。而从粗放到精细的发展过程中，管理的规范化也是绕不开的。**

广州嘉德装饰公司凭借专业能力一直在为万科、金地、华发等知名房企提供装饰设计和施工服务，面对激烈的市场竞争，房企不断提高要求，人工成本也在持续高涨……嘉德感到提升管理的重要性和紧迫性。经过和龙的管理咨询服务，嘉德正一步步走向规范管理：

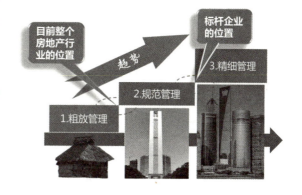

大部分员工不知道公司的未来要做什么，导致公司上下人心不齐,没有形成合力。经过战略梳理，嘉德制定了清晰的战略目标，管理团队通过计划运营体系来保障战略落地。

以前的年度奖金就是高管们凭印象打分，发红包。现在引入科学的绩效管理体系，绩效更透明，奖励更及时，效果更显著。

嘉德的深化设计原本就做得不错，但大多依赖分管老总亲自去跟。现在建立了规范的设计管理体系，并建立了相应的数据库，为日后的精细管理打下坚实的基础，设计与采购、生产、成本等部门的工作接口都有"法"可依了，分管老总也有更多的时间去处理更重要的事情。

【化龙三跃】

什么是粗放管理、规范管理、精细管理？有许多门派的大师出了概念，就不一一为大家列举了，这里就用一个很通俗的十字路口的管理进阶来比喻。

管理进阶		十字路口的交通管理	企业管理
粗放	状况	交通不便利	痛点，市场需求
	解决方案	开路，十字路口	开公司
	关键点	创新，从无到有	
	结果	十字路口的路开了，交通便利了	满足了市场需求
规范	新状况	人多了车多了，路堵了，事故也多了，怎么办？	公司的人多了事多了，有的事情大家都不去干，有的事情大家抢着去干，怎么办？
	解决方案	装红绿灯	建立规则制度，粗放提升到规范
	关键点	建立先后秩序	
	结果	事故骤减，平安了，顺畅了	效率提高，管理轻松
精细	新状况	人更多，车更多，交警来了，协警也来了，闯红绿灯的更多了，中国式过马路习惯了，更堵了，怎么办？	员工更多，项目更多，效率更低了，谁强势听谁的，怎么办？
	解决方案	装摄像头，装倒计时牌	规范提升到精细
	关键点	数据库系统建设与应用	
	结果	人再多，车再多，路更顺，事故更少	员工再多，项目再多，效率更高，管理更轻松

◆《周易》智慧解码：移动互联的变与不变

中国有一部古老的经书《周易》，这个"易"有三层含义：

第一层：不易。所谓"不易"就是：自盘古开天地以来，这些东西是不变的。那么应用在我们商业模式上，就是为我们的客户（用户）创造价值，这个是亘古不变的。不管互联网加与不加，如果我们不能为我们的目标客户创造价值，都没有意义。最终我们要关心你的目标客户，他最关心的价值点在哪里，也就是要有用户思维。

第二层：变易。要变的是产品和服务。我们提供什么产品满足他，我们提供什么服务给他，这个是变化的，而且会变得越来越快，节奏会越来越快，也就是要有快速迭代思维。

第三层：简易。简易就是，我们的目标客户，如何能更便捷的得到我们的产品和服务，让我们的客户想到这个东西，就想到我们，而且随时能联系到我们。也就是极致体验！

1 不易
为客户创造价值
价值点在哪里？
用户思维

2 变易
产品 + 服务
不断升级改善
迭代思维

3 简易
更便捷得到产品与服务
互联网 + 让超越时空变为可能

那么抓住变与不变，回到本源后，有没有解决方案？

6　和龙三元系统:"E+"之前，要回到本源，化繁为简

传统工商时代、互联网时代、移动互联时代、数字时代、信息时代……过眼云烟的背后一定有永恒的法则：从天时地利人和，到战略文化执行，中体西用，实现东方智慧与现代管理学的无缝对接，重构经典！

【段子】真生气！刚才我误加入一个博士群里。

有人提问：一滴水从很高很高的地方自由落体下来。"砸到人会不会砸伤？或砸死？"群里一下就热闹起来：各种公式，各种假设，各种阻力、重力、加速度的计算，足足讨论了近一个小时。

这时我默默问了一句：你们没有淋过雨吗？

群里突然死一般的寂静……然后，然后我就被踢出群了。

有文化真可怕！

"E+"时代，我们要从纷繁复杂的世界万象回到本源，变易背后有不易，工作生活要简易：要抓住关键，回到本质。

◆ 上了总裁班，不会做总裁？

一位河北的企业家朋友，特别热衷于各种总裁班培训，甚至在北京大学旁边买了房子，就为了去听课，结果自己公司反而搞得一团糟。

本来老板们爱学习，希望通过知识第二次改变命运，建立更广泛的人脉资源，使自己的事业更上一层楼，这些都无可厚非。

然而，在接触过很多参加了各种总裁班学习的老板后，我们发现了这样一个"有趣"的现象：用心学了本领，并在实践中应用的老板，却把公司整垮了。学以致用，读总裁班，就是为了学来应用的，怎么会因实践应用而把公司整垮呢？

为什么学了先进的战略规划、模式构建、企业管理、市场营销、团队建设等知识，并且还到诸多优秀的标杆企业如万科、万达、阿里巴巴等观摩学习过后，回来还把公司搞垮了呢？

有段子手戏称：大学的总裁班 EMBA 等，就是一批赚了钱的暴发户，掏钱请没有赚到钱的穷教授，教他们如何赚更多地钱！

道理其实很简单：

1. 不前瞻 ——知识迭代不及时，一些总裁班所传授的书本知识，来源于那些大企业甚至是跨国集团的运作策略，而且书本上所选案例几乎都是特定时代、特定背景下的过时案例，甚至今天还有很多学习材料仍然在把诺基亚、索尼等衰败企业作为学习典范。而参加总裁班学习的学员，大多都是小微型企业的老板。

再者，时代也不同了，尤其是，移动互联网时代来了……

2. 实战不系统 ——还有很多房地产名企出来的高管，非常受欢迎。万科的老总来讲规范管理，万达的来讲商业地产，龙湖的来讲体验营销，碧桂园的讲全民营销，中海的来讲成本控制……因为背后有强大的业绩做支撑。这些从企业中走出来的高管，他们传授的大都是技术层面的招数，这些招数的应用是需要系统支撑的，你的公司有构建好落地的系统吗？你有弄明白管理背后的逻辑吗？"我们万科花 2000 万做战略，你们愿意花 200 万？"

凭经验，以点带面，以偏概全，只是在点上模仿和学习，没有完成自己的系统思考，知其然，不知其所以然，终究不能持久。

3. 不实战 ——那些没有任何实践经验、只有理论知识的教授博士们有自己所谓的系统，但是他们的系统都是从书本到书本，没有在企业里面实践过，而实践是检验真理的唯一标准。

在课堂上讲得头头是道，一遇到实际问题就懵了。

◆ 斯隆 VS 德鲁克

通用汽车总裁斯隆，邀请德鲁克帮助企业进行专题研究，弄清楚战后的企业该如何管

理员工。随后，德鲁克和通用汽车的干部员工有了 18 个月的亲密接触。1946 年，《公司的概念》出版。

但是《公司的概念》激怒了斯隆。是德鲁克完全没有按照斯隆所希望的那样，在研究了通用汽车之后提出如何提高企业竞争力、改造生产管理方式的具体意见。德鲁克把自己放在了更高的位置——作为工业社会代表的大企业如何承担起建设和谐新社会的责任。

14 年之后，斯隆《我在通用汽车的岁月》出版。斯隆拿出了他在通用 30 年职业生涯的所有证据，证明了通用成功的伟大之处。这本书成为企业管理者的《圣经》。据说看了这本书之后，日本人才真正知道什么是大企业的管理。

斯隆和德鲁克除了甲方乙方的恩怨，在思想上的根本分歧是什么？

在德鲁克看来，企业所担负的责任不只是股东的利益，更是其管理层、普通员工以及它所在社区的发展与安宁。工业社会是一个雇员社会，企业内部的关系是组织与个人的关系，而不再是劳方和资方的关系。**他极力主张企业界应当把员工看做是一种资源而不是成本**。员工的工作热情应该建立在他对企业和社会做出贡献的自豪感上，而不仅仅是获得薪水。

而在斯隆的逻辑中，责任与权利是对等的，企业的责任只有也只能是把各种生产要素有效的组织起来，企业并不对社会拥有责任。斯隆以及他后来的继任者甚至工会领袖都不认可德鲁克的思想。他们陷入劳方和资方永无休止的斗争中不能自拔。从斯隆之后的几十年时间里，通用汽车都没有解决员工与企业的关系问题，通用公司内管理层与工会的斗争一直延续到 21 世纪，成为化石级的现象。

斯隆的《我在通用汽车的岁月》，只是停留在事务层面，总结了通用汽车的经验，并没有回到管理的本质分析背后的逻辑。现在很多名企出来的小有名气的员工，写书，讲课，受追捧，成为热门。

如拯救了克莱斯勒的艾柯卡：《艾柯卡自白：管理与商业经》《什么是真正的领导》；

使日产汽车起死回生的戈恩：《把冰箱卖给爱斯基摩人》《一个成本杀手的管理自白》；

从普通员工到微软中国区总经理的吴士宏：《逆风飞扬》；

打工皇帝唐骏：《我的成功可以复制》《唐骏日记》《跟唐骏学管理》《重新出发》；

……

这些名人们，都创造了神话，但是很少能持续创造神话。因为他们大部分都没有抓住管理的本质，仅凭经验主义，就想通吃，结果企业家们都被整迷糊了。这些课程和书籍，我们可以作为传记听一听，看一看，万不可简单地照搬到自己的企业，否则会把自己的公司搞得不伦不类。甚至出现下面这种情况：

某三线城市的头牌开发商，非常认可万科等标杆企业的管理，千方百计从万科挖来一位老总。

万科的老总一上任，表格改成万科的模板，就连流程、组织架构也都统统改成万科的版本。万科是集团公司，而我们这家企业是地方小房企，这些东西真的适合你吗？果然，几个月后，该老总发现不对劲，辞职走人了。

那该怎么办？万科的不行，就挖龙湖的吧。于是又从龙湖挖来一位，龙湖的老总又带来一堆龙湖的表格和流程，但是并没有宣布万科的那一套废掉。折腾了几个月又走了。

既然龙湖的也不适合，再挖中海的试一试，如此反复，整来整去，最后员工们都懵了，3套表格和3套流程混在一起，到底按哪一套做？

这个案例导致最终的结果，其原因在哪里？因为这些名企的老总们对自己做的那一块是精通的，但是对整个管理体系却并不一定精通了。所以要指望一个空降的名企高管，来帮你搞定一切的，这种可能性不是没有，只是太低了。

下面我们来看看高大上的咨询公司的系统与思想：

◆ 麦肯锡 7-S 模型

7-S模型指出了企业在发展过程中必须全面地考虑各方面的情况，包括结构、制度、风格、员工、技能、战略、共同价值观。企业仅具有明确的战略和深思熟虑的行动计划是远远不够的，因为企业还可能会在战略执行过程中失误。因此，战略只是其中的一个要素。在模型中,战略、结构和制度被认为是企业成功的"硬件"，风格、人员、技能和共同价值观被认为是企业成功经营的"软件"。

【和龙观点】该模型最重要的贡献是：认识到了"软件"（企业文化）在企业管理体系中的重要性。但还是太零散，层级混乱，会导致权重没法把握，比例失当、失调。管理是科学，有工具，但管理更是一门艺术，艺术体现在各大要素之间的比例关系。

◆ IBM 业务领先模型（BLM）

在咨询行业，IBM的BLM模型，可以和著名的波士顿矩阵、SWOT分析以及迈克波特的五力模型相提并论，是企业战略制定与执行连接的方法与平台。BLM模型从市场分析、战略意图、创新焦点、业务设计、关键任务、正式组织、人才、氛围与文化以及领导力等几个方面，协助管理层进行经常性的战略制定、调整及执行跟踪。

【和龙观点】大的层面好像很清晰：领导力、战略、价值观、执行。但是氛围与文化不是执行层面的事，属于价值观，是软体，就是我们讲的企业文化；执行与文化是两条腿走路，

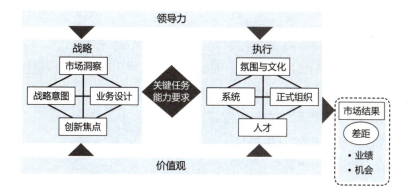

或者说两手都要抓,一手抓文化,一手抓执行,互为阴阳、软硬、显隐。关键任务与能力要求是执行层面。

◆ 和君企业管理诊断模型

【和龙观点】在机械论的基础上加上了企业文化。仍然不能构成一个有机的整体。中间三个属于执行层面,现在与战略同级别了,层级混乱。文化应在战略和执行之间。

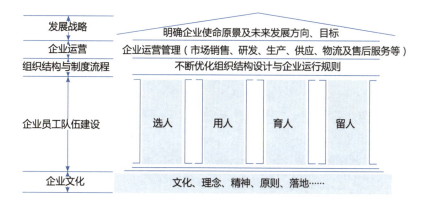

◆ 蝴蝶模型

蝶身:"天、地、人"三才。三才之学是中国智慧之大命题,也是中国式成长战略展开之大区间,大框架。

左翼:由"术"到"法"再到"道",向上跃进的"组织成长模式"。如何判断一个组织是不是在进步,在发展,在上升?蝴蝶模型给出了一个指针,就是看该组织是不是在由"术"向"法"向"道"的总

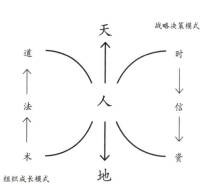

路径中螺旋式上升。

　　右翼：由"时"到"信"再到"资"，向下推移的"战略决策模式"

　　　　在蝴蝶模型中，"时"在"道、法、术"三个层次各有其"尺度"：

　　　　大战略时间 —— "道"（得道·行道）

　　　　战略时间 —— "法"（立法·变法）

　　　　战术时间 —— "术"（用术）

　　　　信仰、信念 —— "道"

　　　　信用 —— "法"

　　　　信心 —— "术"

　　　　大括弧 —— "道" —— 无所不包

　　　　中括弧 —— "法" —— 制度设计

　　　　小括弧 —— "术" —— 局部行为、短期行为

　　　　有兴趣的朋友可以查看文章《蝴蝶模型：全程解密中国式公司成长战略》。

　　【和龙观点】东方的智慧是大而化之，仅用东方的系统来解读，没有东西结合，没有对现代管理学的重构和应用，看起来仍然是一头雾水。

◆ 孙正义《孙氏双乘兵法》

　　这套兵法，内容从领导理念，到愿景，到战略，到领导心得，到最后的战术，无一不包，内涵丰富。

　　"一流攻守群"是领导理念，身为领导者，应该攻守俱佳，群策群力，努力不懈。

　　"道天地将法"是5个制胜条件。

　　"智信仁勇严"是领导者的必备素质。

　　"顶情略七斗"站在最高处环视四周的变化，尽可能搜集情报，研拟战略，只要有七成的胜算，立刻采取行动。

　　"风林火山海"是战术层面。

　　【和龙观点】《孙氏双乘兵法》是孙正义自己企业的解决方案，涉及战略、文化、执行三个层面，基本符合我们的"和龙三元"系统。唯一的不足是没有用西方现代管理学的词汇去解读，而是用东方智慧典籍里的词汇来阐述其思想，晦涩难懂，不够明确、清晰、具体，难度偏高，不便于普及。我们认为管理系统要简易，简则易从。所以孙正义凭这些去找接班人，挺难的。

　　东方各家智慧精华的拼盘，已有系统的雏形，但并未构成有机的系统，指导投资人可以，具体指导企业管理，难！

◆ 马云的太极管理经

马云号称把从太极文化中寻找到的智慧精髓，深入运用到阿里巴巴的管理之中。

在他看来，如果要提升自己公司的管理，得讲**儒家文化**；要提升自己的领导力，得讲**道家文化**；要学习做人，看得更清楚，得讲**佛家文化**。

马云最欣赏太极文化中三个字：**定、随、舍**。

"定"就是一种企业的战略定位和布局，即看清自己，看清未来，不管发生任何事情，都要镇定面对。

"随"就是在发展中要因势利导，即只有当有实力时，才懂得如何去靠别人，跟随别人。

"舍"则是一种更高境界，要学会放弃，即能让人看清自己，只有明白什么东西你一定不要，才能明白你要什么，也只有知道自己要什么，才能知道要放弃什么。

最后，练习太极要想练成天下第一，得遵循一个原则，那就是**根基必须要稳**。就跟做企业一样，必须确保企业发展稳定的同时，才能去考虑发展得更快更好，如果没有"稳"这个前提，就谈不上更快更好的目标。

【和龙观点】这套太极管理经就像太极一样朦胧美好，明白的人自然明白，不明白的人依然不明白。就像孙正义的《孙氏双乘兵法》和蝴蝶模型一样，用东方的词语解释东方的智慧，用模糊的词语解读模糊的概念，等于模糊的平方。

◆ 大师理论点评

大师理论		和龙点评
德鲁克——管理艺术大师	管理是一门艺术而不是通常人们所说的科学	管理是科学（硬），也是一门艺术（软）
波特——迄今最重要的谋略大师	提出三种通用战略：成本领先、差异化、专注化	这三个战略是散点式的，不成系统。"人无我有，人有我优，人优我廉，人廉我走。"这才是系统的战略
克里斯坦森《创新的窘境》	良好的管理是导致企业衰败的原因	简直是瘤毒。从创新的角度来讲才是这样子，但是一个公司如果始终处于创新阶段，就会长期处于长期紧张状态，那这个公司迟早会崩溃，比如乔布斯过早的离世不能说没有关系 长远的来看，企业衰败不是良好的管理导致的，因为任何一件事都是有生命周期的 从战略角度更加不能这样讲，衰败是因为企业的管理者没有归零的心态，一直二下去了
科特——领导艺术大师	管理者应该少一点，领导者要多一点	这是非常错误的一句话。一个组织中，领导不要太多，艄公多了会翻船
	管理者和领导者可以合二为一	这样是可以，但是很麻烦，会人格分裂。领导者负责决策，管理者负责执行，有共同的目标和使命，但侧重点不同

续表

大师理论		和龙点评
戈沙尔——个人化的捍卫者	目标比战略或体制更为重要。让机构的每个成员都拥有一个共同目标是机构变革的关键	在执行层面可以这样讲，因为员工更多的关注中短期目标。但作为战略层面来讲，这样讲就不对了，短期目标要符合战略方向
阿吉里斯——行为科学创始人	不应该请组织外的专家来研究和提出建议，他们应该研究自己的工作，并把积累知识作为管理人员的日常工作之一	师傅领进门，修行在个人。 1 不是不请专家，关键是要请有足够高度和系统化的专家，比如通用请了德鲁克，华为、万科基本上把顶级的咨询专家都请来了。 2 不能百分百依赖专家，要把专家的理论和系统内化成自己的东西，去实践

它们已经在点上突破了，都想构建一个体系，不想构建体系的大师都不是好大师，特别是你真正在点上突破了之后。

那么这些大师的体系怎么样？是否OK？

我们的评判标准就是你的体系要经得起古今中外的检验，能够站得住脚。下面就来介绍我们的体系。

◆ 天时地利人和，战略文化执行

"天时不如地利，地利不如人和。"《孟子·公孙丑下》

"天时、地利、人和，三者不得，虽胜有殃。"《孙膑兵法·月战》

天时地利人和指古时作战时的自然气候条件，地理环境和人心的向背。一套卓有成效的系统必须符合这个原则。

孔子，三千弟子、七十二贤人，大得"人和"。春秋时各路诸侯都没有他这样威风，但是他不得"地利"，以致无立锥之地，"栖栖遑遑"如丧家之犬。同时他又不得"天时"，时代大势所趋，无法挽狂澜于既倒，于是他有"时哉！时哉"的感慨，乃至最后的"获麟而叹"。

诸葛亮早在未出茅庐之前就断定了"三分天下"的局势，他所依据的就是"天时、地利、人和"这三要素，曹操得天时，孙权得地利，刘备得人和，三者势均为敌，因此造成了鼎足三分的局面。

在此基础上，我们提出**"和龙三元"**模型，将纷繁复杂的管理模块简化成三个层面：战略管理层面、企业文化管理层面、执行层面。我们认为一个企业或者组织是一个有机的整体，就像人一样，战略系统是人的脑袋，要高度关注外部环境的变化并确定前进方向；文化系统就是手，拥抱和握手代表着文化；执行系统就是脚，要脚踏实地才有执行力。

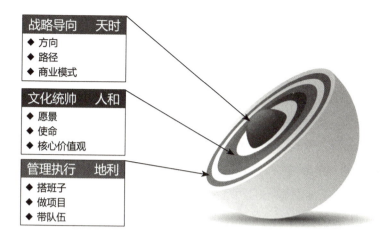

那对于企业来说,什么是企业的天时、地利、人和呢?

天时——战略要顺应潮流,创新要应天时,不可逆势而为。怎么才能顺应潮流?观天时。没有战略的企业就像大海上一艘没有目标的船,从任何方向吹来的风都有可能是逆风。清晰的战略,有助于产生**领导力**。

地利——就是执行层面。战略再怎么高大上,终究要落地才能实现。如何才能落地?执行给力择地利,就是要有给力的管理执行系统,就是要有抓地力,保障**执行力**。

人和就是心齐,万众一心。打造"和"的企业文化,企业才有**凝聚力**。企业文化是战略与执行之间的柔性连接部分,是企业管理体系的软体。战略和执行都是硬的、刚性的,中间要有企业文化做调和、缓冲,刚柔相济。文化铸魂求人和,即企业文化所倡导的价值观要为战略服务,要对执行系统有指导作用,如此才能**天人合一**。

战略创新应天时,文化铸魂求人和,执行给力择地利。

◆ 和龙三元系统

【和龙三元】模型图解

【和龙三元】重构西方现代管理系统

我们中国人偏重社会,以人为本,管理的核心放在对"人"的管理上,把自然对象人格化,强调"天人合一"。强调各种组织、群体间的整体协同,并且这种协同不仅是在人与人之间,还

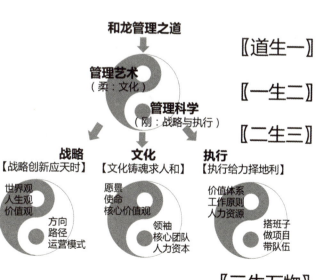

包括人与自然之间，最终建立"大同"世界。如道家的"道法自然""无为而治"、儒家的"和谐"思想。

西方则是实用主义，管理的核心放在对"物"的管理上，同时把人也视为物化的管理对象，所以在管理方式、方法和手段上重视采用标准化的机械管理方式。最典型的特征就是分工明确，协调有序，各司其职，各尽其责。将管理模块细分：企业竞争战略、财务管理、人力资源管理、市场营销、组织行为学、成本管理、创新管理、会计学、统计学、创业管理等，纷繁复杂。虽然极尽细分之能事，但缺乏系统的整合。

我们的"和龙三元"将重构后的西方现代管理系统与东方管理智慧对接，下表是在企业经营和管理上的应用：

和龙三元	九瑞	东方管理智慧	西方现代管理学科
天时	战略	方向、路径、商业模式	道家：天道无为，道法自然	《企业竞争与成长战略》、《管理经济学》、《宏观经济学》、《战略成本管理》、《战略管理》、《商业模式创新》、《风险决策及其心理机制》、《平台战略》……
人和	文化	愿景 使命 核心价值观	儒家：有为，事在人为，鼓励前仆后继 释家：色即是空 他们都是解决生死观的问题，视死如归	《领导力》、《组织行为学》、《企业文化》、《企业家社会责任》、《管理中的心理学》、《领导艺术》、《战略人才管理》……
地利	执行	用户体验 降本 增效	兵家破，法家立 阴阳家：源于道家，核心内容为阴阳五行，尝试解说自然现象的成因及其变化法则。华夏民族的天文学、气象学、化学、算学、音律学和医药学，都是在阴阳五行学说的基础上发展起来的	《财务管理》、《人力资源管理》、《市场营销》、《运营管理》、《非财务经理的会计学》、《组织设计与变化》、《供应链流程再造》、《管理信息系统》……

【和龙三元九瑞定位表】

			天	人	地	性
0		先天	文明	文化	信仰	无
1	后天	三观	世界观	人生观	价值观	隐
		战略	方向	路径	商业模式	有、刚、阳、显
2	人	文化	愿景	使命	核心价值观	柔、阴
3	地	执行	集团管控	区域公司管控	项目公司管控： 极致体验好场景 降本增效尖刀连 黄埔西点铸千军	有、刚、阳、显

如绿城能打造出极致体验的好场景,但降本增效做不到,更谈不上黄埔西点铸千军,所以绿城经不起风浪。

龙湖的体验好,也能做到降本增效,碧桂园,恒大能做到全国扩张。

【和龙三元九瑞】应用分析案例

毛泽东革命

		和龙三元九瑞	毛泽东思想
战略	方向	远期目标定位高远,**近期目标清晰可行**,有挑战性,激动人心,GPS 导航系统	解放全中国,革命夺取政权
	路径	路有千万条,选择**最难**的那一条才对,人最少,成功的路上并不拥挤。甩掉对手,**路径差异化**	南昌、武昌、广州等城市暴动失败,鸡蛋碰石头!生搬硬套,此路不通。 把马克思主义和中国革命的实际相结合,**改**走农村包围城市的道路。爬雪山过草地,国军不愿去,我们去
	商业模式	**事**:金刚钻与瓷器活 商业价值与竞争力模式	**痛点**:最革命的力量在农村,去那里集结最革命的力量,夺取政权 **难点**:农民的水平低,效率低,分布太散,组织不易,集中更不易,组织协调和宣传要做到极致
		钱:投入产出盈利模式	没有枪没有炮敌人给我们造,打土豪分田地,与老乡同吃同住,自己动手丰衣足食,艰苦奋斗自力更生
		人:业务运营管控模式,人员组织	业务运营模式:游击战,长征宣传播种 组织管控模式:政委 + 队长
文化	愿景	远景目标要高远	解放全中国,解放全人类
	使命	解决为什么而生,为什么而死的问题	全世界无产者联合起来,为无产阶级革命事业奋斗到底
	核心价值观	做事价值的原则	农民翻身得**解放**,播种宣传"星星之火可以燎原""三大纪律八项注意"
		成本管控的原则	劫富济贫,军民**鱼水情**
		效率管控的原则	输出标准,输出管理,输出品牌:收编改造"土匪"、"流寇"
执行	集团		中央中共、中央革命军事委员会
	区域公司		红一 红二……方面军
	项目公司	极致体验好项目	游击战 + 歼灭战 + 宣传战 集结最革命的农民进步青年军(包括匪盗改造)
		降本增效尖刀连	打倒资本家打倒大地主!绝不拿群众一针一线。**效益高**! 在连队,指导员 + 连长,军队方向与**效率**绝对保障 党指挥枪,枪杆子出政权
		黄埔军校助扩张	党组织建**建立根据地训练(文职 + 武装)**革命队伍,延安大学抗大

(注:上表只是用"和龙三元"系统来分析的初步尝试,由于水平有限,还存在诸多欠缺,请指正,并请不吝赐教。)

和龙三元系统构建"和龙汇"天使资源整合平台

	和龙三元九瑞		和龙汇·天使投资平台
战略	方向	远期目标定位高远，**近期目标清晰可行**，有挑战性，激动人心，GPS 导航系统	短期目标：2016 年，广州（至少 10 家合作机构）、深圳（至少 5 家）、上海（3～5 家）、北京（3～5 家）、西安、南京、杭州… 中期目标：2016～2018 年，每年重点孵化 10～20 家创业公司。 长期目标：未来 10 年内，持续孵化辅导 100 家创业公司，成功孵化 10 个卓越项目
战略	路径	路有千万条，选择**最难**的那一条才对，人最少，成功的路上并不拥挤。甩掉对手，**路径差异化**	从东南沿海到中西部： 广深——北上——其他省会城市
战略	商业模式	事：金刚钻与瓷器活 商业价值与竞争力模式	瓷器活：商业路演、创业导师做孵化辅导、智慧天使投资人 金刚钻：内容（和龙文化、和龙三元系统、和龙悦享）、资源整合与组织能力
战略	商业模式	钱：投入产出盈利模式	小投入（谨慎选择领投项目） 高产出（耐心辅导等待） 日常运作：前三年输血，第四年有造血功能
战略	商业模式	人：业务运营管控模式，人员组织	1、与机构、会所合作（有我们所需要的会员、场地），走轻资产模式 2、我们免费提供服务（但参会人员要符合我们的要求）
文化	愿景	远景目标要高远	中国梦、创业梦、和龙梦
文化	使命	解决为什么而生，为什么而死的问题	为创业者导航
文化	核心价值观	做事价值的原则	传播智慧、创造价值
文化	核心价值观	成本管控的原则	移动互联、共建共享
文化	核心价值观	效率管控的原则	大网撒、重点抓
执行	集团及区域管控		总部旗舰直营
执行	集团及区域管控		加盟挂牌
执行	项目管控	极致体验好项目	商业路演平台 创业导师孵化辅导 智慧天使投资培训+集结
执行	项目管控	降本增效尖刀连	羊毛出在狗身上 用和龙商学院教材、视频交流，降低沟通成本 输出文化、输出品牌、输出管理 从面到点、从粗到细、从虚到实
执行	项目管控	黄埔军校助扩张	和龙商学院、创业导师班、天使投资班

用《周易》智慧解读"和龙三元模型"

	战略	文化	执行
不易	一旦确定，不宜轻易变动，一旦改变影响深远	坚持以人为本，人文关怀，坚持核心价值观	无条件服从，执行到位，不找借口，军人以服从命令为天职
变易	关注变化，关注潜在的重大变局	顺天应人，顺应人性，顺应时代潮流，顺应战略，本土化	执行的细节层面，具体问题具体分析

续表

	战略	文化	执行
简易	一句话说清楚你的战略,足够清晰	口号和歌诀,朗朗上口	简则易从,可操作,可执行,标准化,规范化
和龙密码	从0到1	从1到2	从2到3
道家	道生一	一生二	二生三
佛学	慧	定	戒
兵家	天时	人和	地利
能力	领导力	凝聚力	执行力
角色	董事会	董事长	总经理

0就是混沌,无极的状态,没有方向,是内核,是本质,是初心,是道。

从0到1,即无极生太极,就有了方向,有了目标,方向目标就是战略。做战略就是抓方向盘,要坚持1。当我们找到方向,又必须再回到0,这样循环往复。

从1到2,有了矛盾和冲突,需要调和,用什么来调和?企业文化。就像军队里面的政委,也是调和矛盾的。当矛盾实在调和不了的时候,我们应该回到战略方向上来,即回到1。问问自己当初为什么出发!用我们共同的战略方向来去调和我们的矛盾,达到新的平衡。平衡不一定是五五开,而是大家达成共识!

从2到3,主要矛盾和次要矛盾平衡了,秩序平衡了,2就会衍生出3。执行要分三步走,短期中期长期怎么走,资源如何分配。当资源配置矛盾的时候,该如何取舍?

当我们纠结的时候,我们就要回到当初平衡的状态,所有的矛盾都要和起来。不然我们会迷失方向、搞不清主次,最后不知所措。

2到3要戒,1到2是定,0到1是慧,戒定慧。0到1,1到2,2到3其实就是道生一,一生二,二生三,三生万物。当我们面对花花世界,不戒,我们是很难回来的。不戒就没有定力,定就是平衡。

3以后,就三生万物了。

和龙十八手

这是我们给房地产企业的整个管理体系做的一个解决方案。这个方案分三层,中间的核心部分是用户;第二层是我们的项目管理,围绕着用户开展工作:从拿地到策划定位与大客户招商,到设计管理与工程项目管理,到营销,到客服与运营;第三层是组织

管理、计划运营管理、成本管理、绩效管理等，是后台基础。

整个运营管理平台以用户价值为导向，通过流程组合成一个有机的整体，共建共享。

[和龙三元]模型的印证

	大师理论	印证
德鲁克——管理艺术大师	管理是一种实践，其本质不在于"知"而在于"行"；其验证不在于逻辑，而在于成果；其唯一权威就是成就	知行合一 战略产生领导力，文化产生凝聚力 执行系统产生执行力
	管理：使命、责任、实务	责任：核心价值观 使命：执行要服从于文化
哈默——世界一流的战略大师	积极建立并发挥企业的核心竞争力	战略首先要发现培养核心竞争力，再围绕核心竞争力去设计商业模式
	战略意图：高级经理应该大力地宣传他们的战略观点，直到这种观念渗入整个企业，让公司员工对这种战略观点深信不疑，随时准备迎接挑战，并且努力将其转变为现实，挑战和动力是这一概念的重要组成部分	是文化的执行层要解决的问题。 作为老大或干部，要用相当的精力去宣讲企业的战略，以此来激发员工的斗志和激情。员工对企业的未来深信不疑，才有凝聚力
克里斯坦森	论著《创新的窘境》，强调突破性创新	从0到1，从无到有，不破不立
彼得斯——管理学大师的大师	成功的企业各具特色，但其成功的经验都浅显平常人人皆知，就是面向市场、面向顾客，企业的所有活动都要围着市场和顾客转	和龙十八手，项目管理的6个阶段围绕用户转，一切以用户为中心
	愈演愈烈的竞争中，产品差别将不再是竞争的主要焦点。客户服务质量将成为竞争的关键，企业的客户服务做得越好，越有可能在激烈的竞争中占上风	竞争路线：产品——服务——品牌。 拼完产品拼服务，拼完服务拼品牌
科林斯——伟大公司的见证者《基业长青》	利润之上的追求在伟大的公司中，更是被"教派般的文化"灌输	没钱万万不能，但钱不是万能的
	"教派般的文化"指伟大公司必须有很强的共同价值观	和龙企业文化的决策层面，商业哲学，使命感，核心价值观
	只有从过眼烟云的变革中看到背后永恒的管理法则，人们才能真正了解到伟大公司的伟大之处	他说的最正确的一句话
科特勒——现代营销学之父	科特勒把营销分为三个时代：营销1.0时代，2.0时代，3.0时代	将营销提升到战略地位，在产品与服务设计定位时，关注用户的需求。即打造极致体验的好项目
科特——领导艺术大师	领导和管理是两个截然不同的概念，管理者的工作在于执行和管理，领导者的工作则是计划和设想	即决策层和执行层 领导者负责决策，管理者负责执行，有共同的目标和使命，侧重点不同
	企业文化对长期经营绩效有正相关性，文化变革是耗时且极端复杂的	耗时：持续的批判和自我批判。 复杂：隐性的，是软体 企业很多时候战略对了，执行也有力，还是死掉了，就是在文化层面出问题。 所以我们提出企业文化要革命

续表

	大师理论	印证
戈沙尔——个人化的捍卫者	《跨越边界的管理》认为面对全球化和本地化的选择，公司只能同时接受这两种选择	企业文化要接地气，顺应人性，凝聚人心
野中郁次郎——日本管理学思想家《知识型创新公司》	他从全盘着眼，认为：整体大于部分之和，与其说他们是结构关系，不如说他们是一些列的因果关系	领导者的责任和义务就是让整体大于部分之和，如果做不到就是一个蹩脚如蒋介石的领导者，如果做到就是一位卓越的领导者
野中郁次郎——日本管理学思想家《知识型创新公司》	中层管理不仅在知识创新方面，而且在知识的推广和企业团结方面都起到至关重要的作用	他看到了中层干部的重要性，承上启下的作用。企业团结就是德鲁克讲的使命感、我们讲的企业文化，核心价值观
朱兰——质量管理论权威	提出质量文化、质量体系、质量责任。质量管理三部曲：计划——控制——改进	搭班子要降本增效
本尼斯——领导艺术的指导者	杰出领导人的三个共同特点：雄心，能力，诚实，所有的三点必不可少；诚实尤为重要，没有诚实，雄心和能力最终将把领导人本身和组织引入危险之中	雄心：战略； 能力：执行； 诚实：文化
德赫斯——长寿公司模式创造者	活的有机体在其环境中觅食，"长寿公司"利用它的环境获取知识，这与其生存同样重要	带队伍，学习力是最重要的核心竞争力
德赫斯——长寿公司模式创造者	公司应该与客户和股东建立牢固的联系，并与他们建立"价值观的和谐"	"价值观的和谐"就是企业文化，文化的原点就是"和"，就是价值观的和谐，心齐才能产生凝聚力
德赫斯——长寿公司模式创造者	"长寿公司"模式的优势不是它对于学习的强调，而是其整合重要概念的能力：知识管理、沟通、文化、系统和道德	和龙就是在做整合，探索背后的永恒法则
卡普兰和诺顿——相信平衡的人，研究并提出了"平衡计分卡"	平衡计分卡还是一种执行战略的方法。将目标分解成4个方面：财务业绩、顾客满意度、内部流程的改进和组织的学习能力。 战略地图 平衡计分卡的核心是整合	很好，把一个公司的过去、现在及未来做了一个平衡。是对执行战略的一个反映，类似连续拍照。 财务业绩：反映你的过去（钱）（短期结果）。 顾客满意度：对你未来有影响，现在更厉害的是忠诚度、甚至是尖叫度（长期结果）。 内部流程的改进：就是你五脏调和的好，你还能活着，是现状（事）。 组织的学习能力：代表未来（人）
查尔斯·汉迪——管理哲学家	组织机构是社会有机体，而不是机械结构，是由层层叠叠的人际关系组成的	非常认同
查尔斯·汉迪——管理哲学家	经理人员不是技术人员，是鼓舞士气的人。没有道德感和信仰，他们就成了服务于组织机构没有理想的人	文化的凝聚力最重要， 战略和执行都是硬的，中间要有文化
阿吉里斯——行为科学创始人	行为科学的目标在于形成组织和雇员所需要的相关而有效的支持。这种知识可以推动变革，即使是最强烈的习惯性防卫心理都能克服	知识管理，项目总结复盘，个人能力组织化。持续性的批判与自我批判是价值观的护法宝器，也是企业文化革命的神器
阿吉里斯——行为科学创始人	行为科学有其重要意义	做管理的一定要研究行为科学，因为行为的背后是理念支撑的，执行的背后是有文化使命的

◆ 毛泽东思想中的互联网思维

互联网思维	毛泽东思想
得草根者得天下	重视农民，以工农为核心，要得到数量上占大多数的社会中下层的支持
粉丝经济	共产党特别注重纪律，重视党员个体和组织的密切关系。个体和组织的关系非常密切，在信仰之下，党员对共产主义有粉丝情结
刚需	"打土豪分田地！"简单易懂，而且打中刚需。农民以土地为本，能分田地，不是刚需满足是什么？
接地气	得农民得天下，再加上满足农民刚需，共产党不接地气谁接地气？
草根逆袭	中国共产党一直很弱小，抗战胜利后还是比国民党弱小，中国共产党的奋斗史和成功史就是一部草根的逆袭史
用户思维	"为人民服务"还不够，要"全心全意为人民服务"
做到极致	共产主义追求一个极致美好的世界，物质极大丰富，精神极其高尚
平台化	为了一个共同的目标，团结一切可以团结的力量建设统一战线，与开放平台何其相似

毛泽东思想永放光芒，不仅指导我党和我军，并且指导我们迈步进入 21 世纪的移动互联网时代。

那么在现代商业中如何应用？

"农村包围城市"的智慧，史玉柱的脑白金用了成功了！华为任正非用了成功了！马云用了成功了！马华腾的 QQ 用了成功了！……**得草根者得天下**。

◆ 用互联网思维解码万达广场

万达在积极寻求互联网转型的同时，应该冷静思考一下，其实万达广场就是极具互联网思维的。

互联网思维	万达
用户体验	从沈阳万达开始，注重动线设计
降本	成本完全可控，合同标准化
增效	说什么时候开业就什么时候开业，有谁能做到？几百座万达广场没有一座违约的
用户思维	沈阳万达因设计原因，导致用户流失，原本的商业旺地被万达搞得冷冷清清，商铺投资者和万达打起了官司，最后万达虽然赢了官司，但还是花重金买回了商铺，并炸掉了整座万达广场，重新设计，重新建造

续表

互联网思维	万达
简约思维	万达集团的核心产品，就一座万达广场，不搞别的
极致思维	动线设计，把逛街的体验做到极致，为了体验，万达甚至联合消防总局，专门为万达服务
迭代思维	万达第一代，第二代，到第四代，产品分3个档次
流量思维	都是好地段
社会化思维	3公里，30万人口，消费者满意，商户满意，投资者满意，政府满意，社会满意
大数据思维	经过大量的调研和研究
平台思维	万达做成平台，商家来唱戏，卖万达百货，不自己做了，转型轻资产，输出管理
跨界思维	从万达广场——到万达影院——文化产业

过眼烟云的背后一定有永恒的法则，伟大的公司背后也一定有永恒的法则，伟大的组织，伟大的个人。我们提出"和龙三元"系统模型旨在用中体西用的理念，将东方智慧与西方现代管理学进行无缝对接。

在此基础上，我们又总结出"和龙密码0123"，下面我们就来看看这套密码如何应用。

7 董事长的智慧：
从《道德经》到和龙密码

诺基亚错失智能先机，王石有意和万科的管理层保持距离，任正非的"浆糊理论"，这背后有什么奥妙？从《道德经》的智慧到和龙密码，为你解读三权分立。宋卫平董事长们，别再抢产品经理的"饭碗"啦！

> 我们都身陷沟壑，但总有人在仰望星空。
> ——梵高

【段子】马拉松乌龙：5000 名参赛选手被带错路

2013 年 4 月底举行的英国北部马拉松赛上，约 5000 名参赛选手由于被带错路，少跑了 264 米，被取消了比赛成绩。第一次跑马拉松的铁人三项运动员杰克•哈里森，是唯一按正确路线跑完全程的选手。他比其他人多跑了 264 米，却依然第一个冲过终点线……
方向不对，努力白费！领头羊的作用非常重要。

◆ 诺基亚最早研发智能手机，最后为什么失败？

早在 1990 年诺基亚就提出，移动电话就是要把网络放在每个人的口袋里。

1996 年，诺基亚推出智能手机的概念机。比苹果早了 10 年以上。

早就看到趋势，为什么还是走向败局？因为技术跟不上？

早在 2004 年，诺基亚内部就开发出触控技术；甚至是现在当红的 3D 技术。但是诺基亚虽然拥有最庞大的研发资源，但是却没能将其化为战场上的武器。

管理层总说，这市场太小，没人要买，这会花太多成本……直到 iPhone 推出一年后，诺基亚才推出第一款触控技术的手机。

诺基亚很早就在开发智能手机和应用商店，可是非智能手机还有很高的利润没攫取完，不肯放弃非智能手机业务。等到智能手机大获成功时，诺基亚已经赶不上潮流了。

当我们取得巨大成功后，很容易安于现状，即从 0 到 1 后，很容易满足于停留在 1，忘了归零，重新出发。

◆ 董事长 VS 产品经理

移动互联时代,最近很流行的说法:老板要做产品经理。一些大咖也一直鼓吹这种观念。

周鸿祎说自己是中国最好的产品经理;雷军说自己是小米的首席体验官;最著名的当属乔布斯还有他的追随者罗永浩等,当然还有地产界的"乔布斯"宋卫平先生。

我们认为企业创始之初,董事长兼产品经理是对的,但董事长不能一直沉迷于产品研发,要及时从中抽身,专注于企业战略、文化、执行的体系。在这方面万科的王石、恒大的许家印都是做的比较好的,值得我们学习。

和龙密码的应用(战略、文化、执行,各司其职,各负其责)

战略	文化	执行
0-1	1-2	2-3
董事会	董事长	总经理
道生一	一生二	二生三
认定的战略要坚持也要保持灵活		
大灵活:战略方向,战略路径、模式上可能的调整		
	小灵活,绝不是方向上的灵活,也不是路径上的灵活,而只可能是执行上结合具体状况,为确保方向路径的执行层面的灵活	

我记得有这样一个段子:

一只鹰坐在高高的树上休息,无所事事。一只小兔子看见鹰并且问它,我能像你一样坐着什么都不干吗?

鹰回答:行啊,为啥不行。

于是,兔子坐在鹰下面的地上休息。突然,一只狐狸出现了,它扑到兔子身上把它吃掉了。

鹰就像我们的董事长,而兔子就是总经理。大家都有属于自己的角色,是不能混淆的。

如果董事会、董事长、总经理三者一身兼,就会战略上也灵活,执行上也灵活,一旦遇到问题,就可能会利用自身的便利,放弃了在价值层面的和执行层面的坚持。

所以三者要严格区分,不要省人工。并用股权结构,法人治理结构等制度来保障企业不犯根本性错误。

国际足联的贪腐案就是顶层设计出现问题,足联主席的权利过于强大,滋生腐败。要限制和约束董事长的权限,董事长的权限不能无限放大,也不可无限向下深入。董事长应该在正确的范围内做好份内事:管好战略和企业文化。

任正非:我什么都不懂,我就懂一桶浆糊,将这种浆糊倒在华为人身上,将十几万人黏在一起,朝着一个大的方向拼死命的努力。

王石：我有意和万科的管理层疏离。我辞职的时候才48岁，还年富力强，如果在公司待着，肯定是没事找事。所有的工作都由总经理承担了，一个董事长，如果还要插手原来作为总经理时候的事情，那不是越俎代庖、"垂帘听政"么？

因为我还是董事长，所以第二天还得照常上班，可一到办公室就感觉不对劲了，觉得冷冷清清，我看了日历又看了记事本，不是节假日也没什么特殊的事情，便问秘书，人都跑哪里去了。秘书说，大家在开总经理办公会。

我第一个反应就是，怎么没有叫我？随即意识到，我已经不是总经理了。他们开会的这段时间我便在办公室踱来踱去、抓耳挠腮，竟不知该做什么好。心里特别想冲过去看看，告诉他们，你们开你们的，我就坐在旁边听听，什么也不说。但转念一想，新的总经理第一次召开办公会议，如果前任总经理、现在的董事长，往那儿一坐，人家还怎么开会呢？

所以我和郁亮的分工是，我关心不确定的事情，他来关心确定的事情。

所以我们看到王石基本都在国外学习，不参与执行层的工作。万科一旦出现危机，比如安信地板门、宝万大战等，王石就会立即站出来。

◆ 蒋介石 VS 毛泽东

有一种说法，说老蒋失败的原因在于老蒋有飞机而老毛没有飞机。老蒋坐着飞机飞来飞去瞎指挥使得部下无所事从，而老毛没有飞机，只能拍拍电报，下面听不听的，老毛也没有办法。

大量的回忆录，如李宗仁、郭汝瑰、杜聿明、廖耀湘等人的回忆都谈到过蒋介石在战争过程中经常插手下级部队指挥，有时隔开战区、集团军、军等指挥层次，直接指挥到师甚至团，大家众口一词认为这样做，造成国军将领无法独立指挥部队，不敢负责任，是国军战败的重要原因。

反观毛泽东曾经指挥过千军万马，但是他一生很少摸枪，更谈不上佩枪。就是在井冈山那个时期，林彪缴获了一支手枪很漂亮，他就想送给毛主席。但是毛主席说，当我要用上枪的时候，红军就完蛋了。

毛泽东在红军创建初期作为战术指挥员亲自指挥部队行军打仗。红军进入全面发展壮大以后，毛泽东就很少再和战斗部队一起行军打仗，更多的是作为一个决策指挥者在后台进行指挥。到红军三大主力会师以后，毛泽东基本就不亲自组织实施战术级的战斗行动了。

回到本节的主题，**董事会、董事长、总经理要三权分立，各司其职，互不干预，这是企业有序经营，永续经营的基本前提。**

8 移动互联，助你飞越时空

在线购物，网络游戏，移动办公……从"家书抵万金"到随时随地沟通无障碍的微信，移动互联正在颠覆我们的生活，"天涯若比邻"的千年愿景，今朝实现。时代的弄潮儿，你要主动颠覆思维，拥抱变化。

【段子】超越时空的恋爱

2011年4月，北京地铁10号线，一个男孩邂逅了一个女孩，没有留下联系方式就分开了。男孩注册微博并发了下面这篇微博，想找到女孩。

> @10号线金台夕照
> 2011年4月，北京地铁10号线，往劲松方向，你在读Ayn Rand's "The Fountainhead". 我在读Tony Blair的自传。我们聊了几句，你在金台夕照站下车。没有留下联系。我想认识你。
> 2011-4-17 23:05 来自 微博 weibo.com　　　　　转发 7930 ｜ 评论 2407 ｜ 👍51

到4月22日，女孩终于出现了。

> museandfountainhead：那天我心情很好。因为在地铁里碰到一个知道《the fountainhead》的人，就好像真的看到了泉一样。Thanks, you actually made my day.
> 2011-4-22 02:30　　　　　　　　　　　　　　　　　　回复 👍

如果没有互联网，两人也许再也不会重逢。

◆ 网络公开课

2001年，美国麻省理工学院率先拉开了网络公开课程的序幕，计划将该学院的全部课程资料都在网上公布，让全世界任何一个角落里的任一网络使用者都可以免费取用。嗅觉敏锐的人惊呼：高高在上的象牙塔正在卸下门锁、拆掉围墙，这是教学史上继远程函授之后又一令人激动的创举！

果然，麻省理工不是一个人在战斗。耶鲁、哈佛、剑桥、牛津等世界名校以及财力丰厚的基金会的陆续加入，犹如水滴汇成浪花，将"公开教育资源"运动推向了正轨，并且一发不可收。

不用点名，不用占座，没有考试，没有学分，想上就上的国外名校课程让中国的高校学生、白领阶层趋之若鹜，大声宣称——以前**爱逃课，现在爱"淘"课**！

◆ 移动办公

如今，智能手机等移动设备，成为人们必不可少的私人设备，其作用延伸到了办公领域。携带私人设备进行企业办公，代表着全新的管理文化和办公方式。这种打破常规的办公方式，不仅使办公不再有时间与地域的限制，同时还让人们的工作效率得以大幅提升。

员工在任何地点任何时间展开工作，移动办公都能保证这些外出人员和事务紧密与全公司和内部整个IT系统连接。

◆ 悦餐：省时省力，用餐时间愉悦，约会更美好

目前，餐饮行业消费和经营皆艰难，其根本问题是产业分散、产能低下、服务水平低。餐饮行业不缺信息化，缺的是对行业数据的聚合与挖掘利用，对消费市场营销规划，对供应链的高效整合，对服务的标准化建立。

悦餐打造的餐饮行业平台，以消费者为核心，连接和整合餐饮行业上下游资源，重塑

餐饮行业发展新模式，让消费者悦动起来，得到更满意的消费体验；让餐厅悦动起来，提供更优质、更贴心的就餐服务；让供应链悦动起来，提高更安全、更便捷、更优质的产品和服务。

该平台在我们的顾问辅导下，确立了从社交平台到传媒平台，再到金融运营平台的发展战略。

◆ 移动互联，让超越时空成为可能

我们在网上聊天、看电影，在网上进行远程教育等不受时空的限制。小孩如果去参加英语培训班，需要送过去，还要接回来，这要花时间和费用，可能还担心安全，并且培训规定什么时候开始你之前就要赶到。互联网的远程教育就不需要这样了。

假如你是一个足够智慧的个人或公司，利用互联网超越时空的特点，可以把你的商品摆在网上，这意味着，你的产品可以超越时空的行销到全世界，而不受任何国家和地区的限制。美国人要买你的产品，要不要到美国开分公司？同样的，你去美国的电子商务公司购买产品，要不要美国的电子商务公司到中国境内开家实体的分公司？互联网它不需要这么做，因为超越时空。

9 "草根"逆袭神器，绝不是"王"的盛宴

"E+"颠覆的关键在跨界融合，融合就要放下身段，放下身段即为草根！

◆ 米聊 VS 飞信 VS 微信——飞信为何飞不起来？

在那个没有微信米聊、QQ还是2007版、手机依然是傻瓜、平板还没出世的年头，2007年出世的飞信成为除QQ和MSN外的知名IM工具，而微信2011年才推出。

本来占得先机的飞信是完全有可能把微信扼杀在摇篮中的，但是从2007年到2012年，整整5年，飞信才实现了其他运营商号码使用软件的基本功能，开放注册。为什么到2012年开放注册？因为2011年微信出来了。不过，飞信虽然开放非移动用户注册，但非移动用户使用飞信受到较多限制。

完全放开担心对竞争对手联通和电信有利，而且冲击到自己的短信彩信业务，不放开却又难以跟微信等移动IM产品竞争。业内的说法是："**不开放是死路一条，开放也是死路一条**。"

微信：**我是一种生活方式**，至于到底是什么生活方式，那么就看用户怎么用了，一万个微信用户眼中就有一万个微信。将自己制成"半成品"，为用户"留白"。微信从不向用户推送公号，它的意思是"不对您的生活方式指手画脚，请您去发现自己真正感兴趣的内容"。

让我们来看看"来往APP"在怎么做。马云和他的朋友们：**朋友就是要来往**。于是乎开始了扎堆推荐：马云带领一群明星与企业家扎堆，噱头十足，里面有卖萌的，有送心灵鸡汤的，有自黑互黑的。过度的干预用户行为，让"来往"与熟人社交开始貌合神离，与陌生人社交也渐行渐远。

马云：**宁可死在来往的路上，绝不活在微信群里**。反互联网精神的互联网人马云！

我们说"E+"是地产草根的逆袭神器，但是很多房企听到"草根"这个词，觉得不以为然。

我们的资产也有几十亿，全国项目也有那么多，怎么是"草根"？

我们先来看一个故事：土豆的儿子和西红柿的女儿恋爱了，准备结婚，但是两方的家长都反对。土豆嫌弃西红柿又虚胖又喜欢自我炒作，故作红透。番茄鄙夷土豆，就是一个傻大笨粗的土豪。可是土豆和西红柿就是爱得死去活来，怎么办呢？土豆和西红柿为爱改造自己，土豆变身"薯条"，西红柿变身"番茄酱"。他们终于在一起了，而且成功的让人们觉得他们必须要在一起才完美！

这个故事给我们的启示是：房地产与互联网的融合，必须要放下身段，学习互联网思维。

我们这里讲的"草根"，无关资产多少，就是指放下了身段的开发商。

放下身段，即为草根！

那些放不下身段的"王"者，注定要被时代抛弃！

特斯拉总裁马斯克：感谢大公司的傲慢，才让创业公司有了机会。

房多多、彩生活等都是草根逆袭的典范。逆袭的前提就是要改变甚至颠覆传统的思维，放下身段，彼此融合。

小合作要放下自我，彼此尊重；大合作要放下利益，彼此平衡；一辈子的合作要放下性格，彼此成就。一味索取，不懂付出，或一味任性不知让步，到最后必然输得精光。共同成长才是生存之道。工作如此，婚姻如此，友谊如此，事业亦如此。

第二篇
战略要创新

房地产一囧再囧：限购限贷、哄抬地价、人工成本暴涨……原来的玩法没有生存空间了，再不创新，只有等死。可是创新的存活率低于5%，有活路吗？向死而生！

生死存亡的关键在哪里？没有真正的搞清楚战略三要素（方向、路径、商业模式）就盲目创新？

找到风口，立足产业（跨界），扎根痛点，运用移动互联与金融工具，打造极致体验，培育核心竞争力，打通产业链，形成新的生态圈。

> 近年来出现部分房企经营不善的现象，深层原因包括是投融资专业化程度不够、项目管理过于粗放等。"地产+产业+金融+互联网"模式，应该对提高专业水平有帮助。
>
> ——张健（瑞轼基金总裁）

1 "E+"旋风来袭，小猪快跑！
2 中国经济怎么了？——当下政策解读
3 不创新就等死：房地产的"囧"境
4 创新找死，活路在哪里？
5 战略设计，你懂的！确定？
6 金融助你打通任督二脉
7 "E+"战略创新的逻辑：应天时
8 E+地产创新案例解析：危与机
9 从0到1难在突破，从1到0更难，难在归零！

1 "E+"旋风来袭，小猪快跑！

> 面对"E+"旋风，弱者们找个洞把头埋进去避风，曾经的王者毫不在意，结果被吹死，草根们却看到了希望，跑向风口。你的选择：避风 or 跑向风口？

这是一个**变化**的世界，人类进化、社会进步、大国更迭。

现在新技术信息每 2 年增加 1 倍，意味着大学一年级所学的知识，到三年级时就有一半已经过时了。家庭主妇做家务的时间比 10 年前少了一半。1998 年中国网购交易额几乎为 0，2011 年中国网购交易额为 1300 亿美元。

这是一个即将**迅猛变化**的世界。谷歌眼镜的发布、无人驾驶技术突飞猛进、3D 打印技术的普及、云计算将大面积覆盖百姓生活、基因技术将成为常规医疗手段、一半以上的工作岗位将被智能机器人取代、人类将登陆火星……未来正在扑面而来。

移动互联，让我们的节奏更快了。

"E+"旋风来了，我们可以看到：一些不禁风的弱小，都慌慌张张的找个避风口躲了起来，就像许多房企上市公司纷纷喊着要去地产化；一些曾经的王者，不以为然，却被吹死在风中，跟随柯达、摩托罗拉、诺基亚这些巨头们纷纷倒下；然而还有一群人，他们直接跑向了风口，就是我们所说的草根，趁势而起，将那些巨头们挤下了王座，从房多多到彩生活，从超级课程表到礼物说，不胜枚举！

你是避风的弱者、昔日的王者、还是逆袭的草根？

面对这股"E+"旋风，你如何选择？避风 or 跑向风口？

2 中国经济怎么了？
——当下政策解读

中国经济降速提质、大众创业、城镇化 VS "互联网+"、中国制造 2025 VS 产业园区……正确解读时代的风向，找到适合我们的风口，成为时代的企业。

◆ 领导人出访，互联网巨头集体出动

在习近平主席近几年 3 次访美的经贸议程中，中美企业家座谈会是重头戏，随访的企业也从国企多于民企向民企占主要部分转变。此外，2015 年互联网企业的占比也首次创新高，而过去随访的企业多为传统行业。

2015 年 9 月 23 日，西雅图第八届中美互联网论坛开幕。从企业家来看，中国互联网三驾马车的 CEO 中，百度李彦宏、阿里巴巴马云等都曾随领导人赴美访问，腾讯马化腾则是第一次随访，因此这也是 BAT（互联网三巨头首字母缩写）企业第一次以这种场合的访问"合体"。

为什么随访的企业家会有这些变化，这些变化又在向我们透露什么信息？

◆ 大众创业、万众创新

李克强总理在公开场合发出"大众创业、万众创新"的号召，最早是在 2014 年 9 月

的夏季达沃斯论坛上。当时他提出，要在 960 万平方公里土地上掀起"大众创业""草根创业"的新浪潮，形成"万众创新""人人创新"的新态势。此后，他在首届世界互联网大会、国务院常务会议和各种场合中频频阐释这一关键词。而且每到一地考察，他几乎都要与当地年轻的"创客"会面。

2015 年，李克强总理在政府工作报告又提出："大众创业，万众创新"。为什么总理要一而再、再而三地提到大众创业呢？

◆ 互联网发端于西方，将在中国发扬光大

现在不仅国家高喊"互联网+"，社会上各企业都在"互联网+"或"+互联网"，互联网思维也被越说越玄，越说越复杂，弄得大家都很迷茫。也有专家学者说，"互联网思维"在西方没有这个概念，得小心。

互联网是要在"需求链"上大规模发生的事情，西方绝不会出现。西方人不可能有"互联网思维"这种说法。其中的道理很简单，没有规模，哪有规模经济收益？中国则完全有可能，利用互联网规模效应，使现有的生产技术及其产能和效能充分发挥出来，因为中国是一个 人口大国，超级大市场。

◆ "互联网+"已经成为国家改革的利器

清华大学中国与世界经济研究中心主任李稻葵在《"互联网+"是打破垄断的利器》中说到："互联网+"被当作中国经济转型的利器，更是应该成为推动改革的利器。"互联网+"是一场人民战争，它会将反对改革的利益集团逐个击破，最后汇聚成全面改革的动力。最终，这场改革与自上而下的改革相呼应，在这一轮改革中将发挥不可低估的作用。

◆ 李克强总理为什么总提"互联网+"？

细心的人可能早已经注意到，李克强总理前两年轰轰烈烈的城镇化，现在已经比较少提了，而现在最常提到的是"互联网+"。

2015 年 3 月第十二届全国人大三次会议在人民大会堂举行开幕会。李克强总理提出

制定"互联网+"行动计划。"互联网+"代替"城镇化"上升到国家战略层面。

国家制定了"互联网+"行动计划，力图推动移动互联网、云计算、大数据、物联网等与现代制造业结合，促进电子商务、工业互联网和互联网金融健康发展，引导互联网企业拓展国际市场。并且设立400亿元新兴产业创业投资引导基金，要整合筹措更多资金，为产业创新加油助力。

不是总理不再提城镇化，而是在十三五规划上对城镇化提出了新的要求！

◆ 十三五规划，提高城镇化质量

"十三五"规划提出，今后五年要在已经确定的全面建成小康社会目标要求的基础上，努力实现新的目标要求，其中一项新要求就是户籍人口城镇化率加快提高。这一目标要求的落实，意味着"十三五"时期我国城镇化水平尤其是城镇化的质量需要取得显著的提高，质量的提高具体实施靠什么？**显然，"互联网+"就是一个很好的工具**！

说到这里，我们也不得不提一下，最近大家热议的人民币国际化。

◆ 人民币国际化

北京时间2015年12月1日凌晨1点，国际货币基金组织（IMF）总裁拉加德在华盛顿宣布，人民币符合SDR（特别提款权）的所有标准，批准人民币加入SDR货币篮子，于2016年10月1日起生效。这标志着中国在全球经济中的地位进一步上升，人民币成为继美元、欧元、日元和英镑后，特别提款权中的第五种货币。

人民币成为第一个来自发展中国家的SDR货币，这将成为国际货币体系发展史上的里程碑。在纳入SDR后，另一个趋势是人民币有可能成为亚洲地区的标杆货币。

◆ 霜降双降：降准降息

自2014年11月以来，央行降息降准的节奏显著加快。2015年10月23日，央行再次

宣布降息降准，分别下调了 0.25 个百分点和 0.5 个百分点，这已是自 2014 年以来的第 6 次降息、降准，单单是 2015 年年内就有 5 次之多。

不仅央行采取了一系列的降准降息的措施，国家对于 GDP 的增速也开始有了一系列的变化。

◆ 保 8？保 7？保 6.5？

GDP 增速下滑到 6.9% 验证了经济下滑的趋势，也令人回想到 2009 年为"保 8%"而选择的"四万亿"经济刺激方案。人们可以预期，政府将打出一套积极财政与宽松货币的"政策组合拳"。换一种思路，若把经济增速放缓视为政策引导性的"减速换挡"，人们则无须大惊小怪，因为经济增速下滑是宏观调控的政策目标之一。

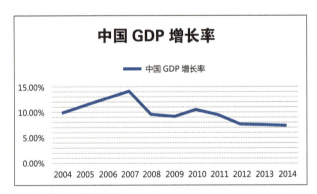

（数据来源：国家统计局网站）

从上面的表中我们可以看到，近年来我国的 GDP 增长在放缓。为什么呢？因为拉动中国经济增长的"三驾马车"都出了一些问题。

（图表：固定资产与房地产投资增幅）

从上图中我们可以看到：自 2014 年下半年以来，房地产投资增幅低于 5%，低于 GDP。不可思议。但不可思议的事就是发生了，而且投资的趋势还在下滑。

国家的投资，铁公基已经投的差不多了。那内需消费市场有没有？表面看起来没有，其实是有的，而且很大只不过是我们的消费领域的服务水平还有很大的进步空间。

比如房地产的投资需求被抑制，政府在这一块卡得过于狠了。这一块政府应该适度放开，让他们买，限制短期投机行为，让真实的需求浮上来，这样就催生出中介来，催生出产业来，再提升服务，经营也就上来了。现在一下子让他们不买，结果把国外的房地产都搞起来了。

那么发展其它的需求可不可以呢？当然可以，但其他的需求就比房子慢很多了。

房子是居民需求的龙头啊，不能强行按住！安居之后乐业，中国上千年形成的理念，要顺应！

◆ 在"互联网 +"成为国家战略的今天，房地产行业的情况如何？

现今，互联网已经渗入各行各业，电商、旅游、社交、游戏等行业发展已非常成熟，甚至已经成为国家战略。房子作为衣食住行的基础，尤其在国人眼中，房子是家的所在。那么，站在时代的风口，而对于传统上是"钢筋 + 水泥"的房地产行业而言，"互联网 +"是什么？房地产行业的情况又如何呢？

1. 刚需市场依然供不应求：当前刚需住宅供应缺口巨大，加上新增购房适龄人口、房屋更新需求，未来强劲的刚性需求将成为住宅市场繁荣的重要支撑。

2. 三大核心经济圈和区域中心城市依然是住宅市场发展的机会所在。

3. 建立监测指标体系并培养行业周期波动的判断能力是企业规避风险与把握机遇的关键，应通过在企业内部建立行业周期波动监测波动指标体系来培养企业的行业周期波动判断能力。

4. 以休闲社交体验为核心的零售娱乐综合商业地产将是零售商业地产发展的趋势所在，**唯有强调休闲社交体验的**零售娱乐综合**商业地产才具备吸聚客流并延长顾客停留时间的潜力**。

5. 土地红利快速压缩，加快行业整合步伐的同时，**行业**正向**精细化、专业化**分工发展。**中国市场正由粗放式发展过渡到规范管理，中国的经济正由高速增长转变为稳定增长**。

3　不创新就等死：房地产的"囧"境

房地产一囧再囧：限购限贷、哄抬地价、人工成本暴涨……好地块拿不到，老本也快吃完了，原来的玩法没有生存空间了，再不创新，只有等死。

◆ **限购限贷、哄抬地价、人工成本暴涨……**

2014年8月之前，金发科技、南京高科、水井坊、TCL集团等上市公司已经纷纷表态，将专注主业，逐渐剥离房地产业务。

房地产行业环境的日趋严峻，房地产业务出现亏损，让不少"黄金十年"跨界捡钱、原本只想"分一杯羹"的外行企业陷入资金危机，甩掉"房地产包袱"成为越来越多公司的共同选择。

2014年5月，南京中北（集团）股份有限公司公告称，旗下南京中北瑞业房地产开发有限公司已经以1.24亿元转让给明发集团，退出地产业务。

同年7月份，南京新百发布公告称，今后将集中精力突出主业，逐步退出房地产业务。

凤凰财经

凤凰网财经 > 财经滚动新闻 > 正文

【独家】重庆隆鑫集团或全面退出地产业务

2014年08月29日 10:44
来源：经济观察网

9人参与　2评论

2014年8月底，重庆资本巨头隆鑫集团旗下隆鑫地产，被曝多个项目陷入停工状态，或将全面退出地产业务。

进入2015年以来，房企倒闭、停工的消息不绝于耳。

2015年5月份，中国房地产报曾报道中国房企老大——绿地的东北项目全部停工！据报道主要是受当地楼市走低以及经济下滑等因素的影响。

百强房企华光地产资金链断裂 两千多业主无家可归

2015-03-21 09:04:08　中国经营报　（参与讨论）

融资失利，百强房企华光地产涉嫌囤地多年，或受累高价地块

多项目陷困局　华光地产遇资金链危机

2015年8月12日，常州市天宁区人民法院发布公告，常州华光房地产开发有限公司被申请破产。曾跻身中国房地产企业100强，旗下3家楼盘曾获联合国环境规划署奖项的华光地产就如此正式地被宣布破产清算。

而就在官方宣布"华光"破产之后的两天，又有消息传出：另一家百强房企江苏华厦融创置地集团在南京城北开发的悠山醉月近期停工。

2015年9月22日又传出广东恒亿集团发生债务危机，旗下楼盘停工，现集团正重组的消息。

据不完全统计，仅北京、武汉、四川三地，过去一年已有上千家房企从楼市"消失"。

盈利空间被压缩，限购限价、人工成本、土地成本持续暴涨，2008年以来一线二线大牌房企在

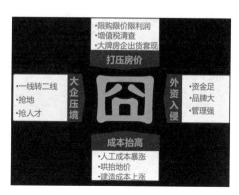

转战三线四线，外资也在陆续进入，房地产企业可以说是一囧再囧。面对严峻的市场环境我们要怎么办？

◆ 好的地拿不到，老本也快吃完了

据中国指数研究院数据信息中心公布数据显示，监测的40个主要城市2015年5月18日至2015年5月24日土地成交量环比增加18%，土地出让金环比减少64%。一线城市中，广州成交3宗住宅用地，合计8万平方米，土地出让金不足10亿。

这是2015年前五个月土地市场的缩影。上海易居房地产研究院发布的数据显示，10大典型城市土地出让金收入1833亿元，与2014年、2013年同期相比分别下降48.0%和20.2%。土地成交量下降背后，地价持续高位。以北京为例，2015年前五个月共成交约34宗经营性用地，土地溢价率居高不下。

未来房地产中小企业的处境将变得愈发艰难。好的地拿不到，老本也快吃完了。这时他们要面临抉择，是继续咬住牙拼，还是要转型。

◆ 房地产商去房地产化，是迎合政策还是战略转型？

万科从"建筑开发商"到"城市配套服务商"

2014年，从房地产开发商正式转型为城市配套服务商，这是万科在30岁时给自己的一个全新的定位。

万科学习互联网思维，转型为城市配套服务商，通过做城市配套服务商增加客户黏性，由卖住宅转为卖服务，其实就是互联网公司所谓的"轻资产，重运营"。

我们可以看到，万科原来盈利的重心是地产开发，现在要慢慢的转移到社区服务这一个环节来盈利。为什么要转移？因为房地产开发这一块，一手房、新房的交易会慢慢会趋近饱和。十年之后就是大量的二手房交易了，二手房的交易价格跟社区服务是直接关联的，有好的社区服务、好的社区配套，物业才能保值增值。

王健林解密"轻"万达：5年内将实现"去房地产化"

据万达集团董事长王健林2015年4月15日在深交所演讲时透露，5年内万达商业地产将去房地产化，转型为一家商业投资服务企业。

这是万达集团的第四次转型，通过输出设计、建造、招商、运营、品牌等启动项目，所有投资由社会资本投入，万达集团总体统筹。万达要做管理输出，万达广场你们建，建好了以后，我们去管理。

万达为什么要这样做？

因为万达广场现在基本上把一二线城市，甚至一些三线城市都铺光了，再往下铺的话，风险越来越大。现在用这种轻资产的方式去做，万达的风险基本为零了，因为不管怎么样，管理费万达是要收的，然后盈利了万达再分成。

龙湖：生活服务集成商

拿地、开发、融资、金苹果计划、生活服务中心，从2013年上半年开始，重庆龙湖看似眼花缭乱的频频动作，背后的深层次逻辑却非常清晰。龙湖集团CEO邵明晓提出为客户提供"好产品、好去处、好服务"，这一全新的"三好"理念，意味着"三好"龙湖新探索的开始，而龙湖生活中心的成立，便宣告龙湖开启了B计划，由开发商向生活服务集成商的转变。

其他如恒大、绿地、首创、利海等，面对房地产市场持续低迷的困境，大多数企业都在探索发展新模式和新业务，以降低房地产业务对企业未来发展的影响。

◆ 不创新的6种死法

1）传统优势加速消失

随着我国房地产市场的迅速发展，内地一批优质房企的壮大，土地出让与管理的严格化、规范化，一线城市地价快速上涨，房地产黄金十年逝去、行业利润率不断下滑，传统优势正在加快消失。

再加上互联网时代的到来，更加催化了变革的速度，曾经的优势甚至会阻碍创新，传统的实力越强，阻力会越大。

2）规模经济阻碍

当个性化需求凸显的时候，规模经济的效应就会相应出现下滑。在传统经济时代，只有形成产品线，比如万科的各种系列产品，批量建造，形成规模，才能达到低成本要求。但是互联网减少了消息不对称，让潜在的需求得到了释放，个性化的需求得到凸显，市场由规模化逐步走向细分化、个性化、多样化，规模经济正在逐步失去优势。

3）竞争格局调整

前几年在各省会城市排名靠前的当地房企，还在担心万科、万达等大牌房企的进入带来的竞争，如今轮到万科、万达们担心了。不是担心房企，而是担心那些跨界打劫者，房企面临的竞争不仅来自行业内部。

郁亮就表示担忧：未来房地产行业会不会出现类似"小米"的搅局者，以互联网的思维模式打碎行业旧秩序，威胁甚至取代以万科为代表的行业传统模式？

4）商业模式重构

中海、富力、碧桂园的全产业链通吃的商业模式将受到冲击。随着互联网促进信息的流动，整个商业生态进行融合，合作开发的项目将越来越多，开放性创新将更加深入，节点的联系更多，更多的外包会不断涌现：拿地、策划、概念设计、方案设计、施工图设计、一级开发、基础施工、主体施工、安装工程、绿化、营销、客服等。合作的每个团队发扬自身的长处，避开短处，利用互联网平台组成一个近乎完美的团队。

传统的商业模式和一体化地位或许会土崩瓦解，新的价值网络逐步形成，生态体系逐渐重构。

5）产销边界突破

个性化的需求和细分市场不断出现，让什么都想满足的品牌被抛弃。购房者会根据自己的偏好，提前介入设计，用户成为生产者。小米就是最好的例子，几十万的米粉跟着小米一起做产品，让用户有了极强的参与感，他们觉得这就是我按我的要求做出来的东西、为我量身打造的产品。

而运用互联网工具实现房屋定制化已经成为可能，如万通的自由筑屋。

6）迭代加速

在互联网时代，网络全球可达，云服务日益发达，资金和人才可以众筹，创业成本日益降低，长江后浪推前浪，前浪死在沙滩上。

今天阿里巴巴很火,说不定哪天就被谁替代了;诺基亚昨天还是创新的成功案例,今天就破产了;电信、联通、移动垄断这么多年,短短几天就被微信颠覆了……

天下武功唯快不破,**互联网时代的迭代速度之快,超乎想象,不改革,不创新,很快就会死在沙滩上。**

◆ 互联网+地产的焦躁

房产电商并非今日新鲜事物,在这波"互联网+"大潮之前早已成为行业营销标准动作。在自2014年起2015年成大潮涌的"互联网+"之下,在看房、下定、贷款、买房等各环节中,购新房者的电商体验都在提升。

而当今房地产业的"互联网+"之势,除了服务不断优质化的房产O2O电商外,还有四个主要领域正在进行演变和突破:

1. 营销效果焦虑促全民带客;

2. 互联网众筹对房地产金融的探索;

3. 二手房围绕房源和经纪人群雄逐鹿;

4. 社区O2O之路的探索。

资本加速度之下,四个领域的"互联网+"各有成因和机会,但同时也都有局限和问题。有些共识开始漏出,有些仍在试错中,看谁能第一个找到彼岸。

◆ 开发商与买房团集体出海

> **中国开发商组团出海淘金 投资项目总额已超美国**
>
> 2015/01/06 10:15 来源:深圳商报 0评论
>
> 新年第一周,就有两家上市房企宣布在海外投资,总额超过3亿美元。深圳商报记者了解到,目前已有万科、金地、天健、莱蒙、花样年等深圳房企确定了海外投资计划,招商地产也在做海外市场调研。这也是近年来首次出现深圳房企"组团"出海。第一太平戴维斯统计数据显示,去年前11个月,已确认成交的投资总额为113亿美元,未来六年内,年均海外房地产投资总额达500亿美元。突围海外成了房企的一片蓝海,其销售目标最终锁定了同样出海的国内客户。

在国内市场愈来愈寡头化的今天,突围海外可能是中小房企的一片蓝海。来自中国海外投资联合会一项数据显示,2012年以来,包括碧桂园、中国建筑、中国铁建、万科、绿地、万通、中坤等十余家大型房企,已在海外有房地产项目或确定投资计划,投资规模已达上百亿美元。2014年前11个月,已确认成交的投资总额为113亿美元,未来六年内,年均海外房地产投资总额达500亿美元。突围海外成了房企的一片蓝海,其销售目标最终锁定了同样出海的国内客户。

想要突破困境,唯有战略创新。

4 创新找死，活路在哪里？

> 创客空间：房子+牌子就可以了？创新的存活率低于5%，国家鼓励创新，等于鼓励我们去找死，有活路吗？活路在哪里？向死而生！

◆ 三里屯 SOHO VS 太古汇

三里屯是北京最繁华的"夜场"，也是北京最"潮"最时尚的区域，更是白领、小资和高端人士的聚集地。就在三里屯核心地段，两个闻名北京的商业项目隔街相望：一个是美名远扬、车水马龙的三里屯 Village，另一个是臭名远播、门可罗雀的三里屯 SOHO。所有去过三里屯 SOHO 和三里屯 village 的人都忍不住提出这样疑问：两个项目近在咫尺，为何差别这么大？

"虽然三里屯 SOHO 和三里屯 Village 近在咫尺，但是两家企业在这样黄金宝地的开发模式上有天壤之别。SOHO 中国是简单化地产开发，一卖了之；太古地产则采取商业地产开发经营的模式，只租不售，赚取长期收益，这样商业模式的差别就已经决定了三里屯 SOHO 和三里屯 Village 经营上的巨大差距。"地产评论人马跃成认为，零散出售的产权商铺出现类似的问题由来已久，商业地产多年的经验也表明，零散出售产权的商铺很难成为成功的商业模式。由于营业利润得不到保障，导致商户不再按时交纳租金。一旦业主的租金收益得不到保障，必然会导致业主、开发商和租户之间的矛盾激化。

SOHO 中国一直在创新，后期运营却跟不上，这只是 SOHO 中国的问题，还是普遍现状呢？

◆ 创客空间比创客多

2015年1月，国务院总理李克强造访深圳"柴火创客空间"，为创客之火添了一把"核燃料"。

2015年3月两会期间，国内创客空间只有70余家。现在，仅深圳一座城市就有将近百家创客空间。而6月深圳市出台的促进创客发展的三年行动计划：到2017年底，深圳市创客空间数量将达到200个。

来自重庆市发改委的计划显示，到 2016 年，各区县至少打造 3 至 5 家众创空间，各高等院校至少打造 2 至 3 家众创空间，全市众创空间达到 500 个以上，建成首批示范性众创空间 300 家；到 2020 年，全市众创空间达到 1000 个。

所有人都要做创业孵化器，比如优客工场、潘石屹的 SOHO 3Q、世联行的"小样社区"、万科云创客空间、金融街（长安）中心"创客长安"……

有必要打造这么多的创客空间吗？他们的盈利模式究竟在哪？如何生存？

创客空间如果没有核心的优势资源，很难吸引到创客。创客在出租屋里照样搞创新、做研发，需要的话也可以到很多开放的创客空间里交流。

◆ 创客空间是怎么死的：房子+牌子就可以了吗？运营管理在哪里？

"大众创业、万众创新"的火爆，促成了中国"众创空间"的井喷。

与国外的车库文化相比，中国的创客和创客空间一开始就被打上了创业和服务创业的烙印，甚至被地方政府寄予了培养潜在经济增长点的厚望，创客也成为了创业的代名词。

一些创客文化的重要推动者已经有些担心：创客空间太多，创客本身会"不够用"。打造创客空间不只是简单的房子+牌子就可以了，还需要后期运营管理，需要培育深厚的创客文化，打造完善的创客生态圈。

创新的 4 种死法

1）摔死 ——贪婪，求速成，"大风起兮，猪也飞扬"，殊不知风口过后没有翅膀仍会摔下来。

2）病死 ——只顾忙着创新，内部机制不健全，机制老化，论资排辈、毁誉相争，权益不公，高层分裂……

3）被自己拖死 ——今天房子好卖，做房地产，明天煤炭涨了，做煤炭，就这样做服装、做光伏、做创客空间……战线拉得太长，而每个点都不是核心竞争力，只要一个点出了问题，就像一个黑洞，整盘棋都被吸进去。

4）被对手逼死 ——市场经济讲的是优胜劣汰，在激烈的市场竞争中，往往是前有封堵，后有追兵，企业不堪挤压，市场份额越做越小，人才越走越少，效益越来越差。

◆ 向死而生

面对日益艰难的房地产市场，我们怎么办？当前形势下，企业不变是等死，变是找死，但在变中会存在一线生机。房产公司创新层出不穷，拥抱移动互联网，已成为这场变革的核心。你更愿意在这方面跑在人前，还是等死？！

有一种解决方法是**置之死地而后生，向死而生，自我颠覆，或有一线生机**。

IBM：大象也能跳舞

"如果大象能够跳舞，那么蚂蚁就必须离开舞台。"这是 IBM 前 CEO 郭士纳在 2003 年出版的自传《谁说大象不能跳舞》中的话。

那时的 IBM，初步完成了从硬件向软件和服务的转型，IBM 这头大象拥有了在商业世界轻盈起舞的能力。从 1993 年到 2002 年，郭士纳帮助 IBM 的股价翻了约 9 倍。

IBM 的创新与融合，其实展现的是其我的转型。作为百年老店 IBM，拥有不断创新和自我改革的理念，这头蓝色的大象，又怎能不翩然起舞？

◆ 华夏幸福基业的产城融合劈新局

在过去的十五年里，华夏幸福基业以环北京区域为试点，在生物医药、文化创意、航天制造等多个领域深耕产业一线，不断创新产业升级手法，通过建立产业全服务平台，实现人才、资本、技术、平台、政策以及服务等六大要素的突破与整合，推动了区域产业结构的转型与升级。

在产业促进方面，华夏幸福基业建立了从产业规划到招商引资，从产业发展载体建设到产业园区运营的产业集群打造体系，促使各类产业要素在区域集聚，快速形成产业集群，并向价值链的高端延伸，实现产业的可持续发展。

◆ 花样年控股：地产 + 物业创新

传统的物业管理定位于物业的日常维护与管理，收入来源单一，物业管理全行业亏损严重,在这种情况下,花样年物业毅然采用了优质低价的收费做法。令人惊奇的是,花样年物业却从成立的第一年起就实现了盈利,年净利润增长率超过100%,他们的经验是在小区内开展个性化服务:**物业管理终端战略**。

彩生活通过挖掘社区服务的商业潜力,提供增值服务带来收入,还建立了以网络为基础的社区网络服务项目,可以不断复制。

彩生活业务共有若干模块,其中最具创新意义和最有价值的当属**"房屋增值计划"**。有类于房屋银行,房屋增值计划通过对房屋进行修缮、改造、经营,提高房屋整体租售价。房屋增值部吸纳服务小区的中小户型房源,对其进行统一承租、装修以及包装、策划、分租。有别于一般中介的是,彩生活不充当买卖双方之间的媒介,而只作为买卖双方专业服务提供者:为业主配置家俬家电和代收租金,为租户提供酒店式服务及租金代付,起到一个**酒店管理**公司的作用。他们在为自身积累了服务增值的一部分利润外,也为业主创造了更大的价值。

◆ 金科战略转型

在2016年战略发布会上,金科将"美好你的生活"定位为金科的奋斗目标,由地产开发商向现代服务提供商转变。为了这次战略转型,金科做了很多铺垫工作,比如在金科商学院的课堂上,我们就有关问题组织讨论,老总们积极参与:

1. 计划运营管理:计划运营是战略落地的保障,是战略实现的过程管理,金科的战略目标要分解到年度计划和月度计划中,并通过绩效管理来强化执行力。

2. 组织管理:面对战略调整,金科的组织管理模式也要相应的调整,以适应新的战略要求。组织变革要遵循哪些原则?

3. 全成本管理:从地产商转型为服务商,意味着利润更薄,需要更强的成本管控能力。金科的成本管控有哪些做得好,哪些有欠缺,如何改进?

……

战略创新需要管理升级来做支持,否则就是昙花一现。

◆ 既然要创新,战略该如何创新?

创新!创新!!创新!!!每个公司都说要创新,有的成功了,更多的人没成功。创新到底该如何创,创新有套路吗?持续性创新、颠覆性创新、破坏性创新,到底哪一种才是最适合我们的创新方式?

5 战略设计，你懂的！确定？

做大 or 做强？多元化 or 专业化？竞争 or 合作？纠结取舍。最美味的蛋糕未必是最大的那块，如何度身打造独特的商业模式？

【段子】一病人顽固地反对做手术。他说："既然上帝把盲肠放在这里，那一定是有他的道理的。""当然。"医生回答道："上帝给你盲肠，就是为了让我能够把它拿出来呀。"

其实战略就是选择，怎么做选择？选择什么，放弃什么？先学会拒绝，再学会接受，因为太多的诱惑了。下面我们来看几个案例。

◆ 顺驰、绿城高执行力的逆势扩张遇难，龙湖被迫转型刚需

顺驰的孙宏斌一度挥动着"全国战略"旗帜高歌猛进，最终溃败。我们回顾顺驰的疯狂历程可以发现，在其全国疯狂攻城略地的风光背后，顺驰盲目惟"快"至上的模式其实早已隐患重重：绷到极限的资金链、问题百出的项目、混乱无序的管理、危险的运营模式……当顺驰的快速规模扩张无法承受其财力之重时，再加上宏观调控，更是雪上加霜。"顺驰帝国"的终结也就临近了。顺驰的逆势扩张，最终导致功败垂成。

2005年、2009年和2011年，国家先后三次对房地产行业进行调控，**绿城**每次都是命悬一线。这样一家逢调控必受伤又总劫后余生的地产公司，其激进的高负债发展模式，每次都把绿城及其创始人宋卫平推向危险的边缘。

在所有的地产商中，宋卫平是最具有文人浪漫气息的一个，与商人的"重利"背道而驰。在他眼中，好的土地更像是一块璞玉，需要精雕细琢，他唯恐别人拿去雕坏了，于是不惜代价地拿到好地变成他在业界的写照。

对国家调控政策的失误判断和对土地的热爱,让宋卫平开启了绿城的"大跃进"时代。

缺乏全面计划管理,误判政策,逆势而为。未充分发挥核心竞争力,难以满足激进扩张的战略目标。成本管控不力,缺乏风险控制机制。"以宋公为全师",倚人治而非制度。宋卫平也承认自己对房地产形势判断错误,过于激进。

◆ 龙湖被迫转型刚需

作为重庆地产的带头大哥,龙湖在别墅、洋房以及商业地产等高端市场的占有率一直处于领先地位,龙湖自身产品体系内,高端产品的比重也是"一股独大"。相对而言,龙湖的高层产品一直显得较为"弱势"。

不过,在龙湖重庆公司 2015 战略沟通会上,发力刚需市场则成为龙湖进入 2015 年的新举措。据悉,龙湖刚需市场抢跑的第一枪将从西区大学城打响,龙湖 U 城项目的听蓝时光和拉特芳斯的好城时光,重兵屯集了 1200 套房源,主要针对刚性需求。随后,龙湖旗下多个项目还将有大批刚需房源入市,包括龙湖 2014 年年底新拿的石桥铺金果园地块,其战略定位也瞄准了刚需市场。

◆ 香港房企的大陆之殇

香港不少老牌地产富豪如长和系主席李嘉诚、九龙仓的吴光正、新鸿基郭氏家族、恒隆地产陈氏家族等,进入内地都已超过 10 年,然而至今在内地大大小小的城市中,却没有任何港企占据到房地产市场主要的地位。相反,香港地产富豪们的内地探索可谓"步步惊心",时常发生盈利下滑甚至要撤出市场的事件。

2007 年、2008 年的内地楼市低潮,曾一度令积极投资内地的新鸿基地产盈利骤减 30%,不得不出售了手中成都等项目股权,并退出广州、深圳多个已达成意向的项目。

香港发展商进军国内房地产超过十年,以它们的经验为什么占不了"甜头"呢?

香港的地产大鳄经历了香港楼市的大起大落,管理趋于规范,来到大陆后,谨小慎微,反而不适应大陆房地产市场的粗放发展阶段,显得过于谨慎,而错过了跑马圈地的机会。

反观大陆的一些开发商处于新兴的房地产市场中，对于房地产市场的周期，起落和危机意识没有足够的经验和判断，一路狂飙，结果马失前蹄。

◆ 恒大的豪赌

2007年年底，恒大土地储备较2006年增长了9倍，恒大为了上市，铺开了一个巨大的摊子：大肆举债 —— 疯狂圈地 —— 快速上市 —— 获取资金 —— 还债和进行房产开发。但"拐点"在此时骤然出现，金融风暴让这场酝酿已久的上市蓝图化为泡影，这条看上去如此完美的资金链却中断了：上市遇堵，发债落空，贷款到期，土地催款……刹那间，四面楚歌！如果不是"4万亿"及时出台，恒大的命运还真是难说。

但是"4万亿"让恒大的胆子更大了，截至2014年底，恒大的总负债为3620亿元，总借款为1561亿元，权益总额为1124亿元，资产负债率为85.9%。恒大正在开启一场中国楼市最大的赌局。

◆ 绿地的扩张之困

2015年5月有媒体曝出绿地集团在东北房地产业务全线停工、北京绿地京晟置业股权挂牌转让等不利消息，给其未来发展战略蒙上了一层阴影。而绿地北京的境况仅是绿地集团的冰山一角。

绿地能否超越万科成为地产界的老大？还是大规模扩张后，像流星一样陨落？恐怕后者的可能性更大一些。

绿地之困也折射出了大部分房企在转型期的困境：在新的业务型态尚未成型之际，就急于扩张。结果是新的业务还没起来，旧的已经先萎缩。

◆ 大而不强的中房集团

早些年，中房集团曾是国内著名的房地产开发品牌，最辉煌时各地国资房地产公司均以挂着中房集团分公司的招牌为荣耀，比如中天城投的前身名为"中房集团贵阳公司"，至今仍在册的还有中房集团成都公司等。

但是2010年，国资委将中房集团并入以建筑为主业的中交集团。2013年，中房集团退出中房股份，将所持的全部股份转让予"汇金系"，旗下仅剩下中房地产一家上市平台，未来"中房"品牌的去留仍是一个问题。

在整个央企改革的背景下，已诞生以及即将诞生的地产央企"巨无霸"面临的主要问题就是**大而不强**。

【案例解读】万达文旅城

万达的旅游地产战略始于2007年。万达明确把发展旅游产业作为集团未来10年甚至是20年的主要战略方向，2010年，万达将旅游地产定位为未来万达的支柱型产业。万达至今已计划投资逾3000亿，在10个城市布局万达文化旅游城。而万达文旅的触角，还伸向了国外。

你的文旅产业凭什么吸引客户？

我有当今世界上最好的设计。

那么最符合中国市场用户体验的设计就是现在的设计吗？

……

我有最好的资源，我就可以霸占整个市场。

如果按这个逻辑，历朝历代的皇帝就不会被推翻了。

那降低成本，提升效率方面有什么绝招？文旅产业研究透了吗？现在布局冰雪产业，而且国家要举办冬奥会，如果这个市场不被未来看好，你怎么去适应这个变化？

难道船大好调头吗？

◆ 战略纠结：战略就是选择，战略就是取舍

战略就是强迫自己在竞争中做出选择和取舍。战略选择以后，我们有时也会茫然，也会对战略产生怀疑。战略选择不是因为我们看清楚了未来，而是因为我们按规律来做事，我们对规律的不怀疑让我们产生坚持战略的信心，那么我们如何把握规律？本书主要从讲战略、文化、执行各层次的规律，把握规律后，不仅你不再怀疑，你的团队也

不再怀疑，人家在怀疑的时候，踟蹰不前，你不怀疑，你在全速前进，你成功的几率自然会高很多。

在做战略选择时，我们通常会面对哪些取舍呢？

做企业 VS 做生意

做生意是什么呢？快进快出，打一枪换一个地方，如果有机会我就多做几年，没机会随时可以转型。我认为：做生意跟做企业最本质的区别在于**做生意是做机会，赚一把就走；做企业是做能力，解决社会的某一问题而顺便赚到钱，赚钱不是第一位的**。不是所有的老板都是企业家！

做企业，是将企业人性化，当作一个生命体来对待，所有的工作人员，包括创立者，包括董事长、股东等，都是为"企业"这个生命体服务，为企业的目的服务，是为了成就一个事业。做企业产生的就是企业家，为了企业的目的，企业家从不拒绝利益，但会抵制诱惑。

做生意，相应产生的就是商人、老板，做生意的整个过程就纯属是头卖，一手交钱，一手交货，短期就解决。这个过程完了，整个过程不管亏还是赢就都完成了，没有除了利益之外的其他要求。

用做生意的思维去做企业，往往只能发财一时，无法长久发展，更加谈不上战略，谈不上管理，没法吸引优秀的人才源源不断地加入。

简而言之，做生意是做单，做企业则是做企业的素质、企业的秩序、企业的生命力和企业的制度。

你是为了个人或者是一个小团队赚钱，还是带领大家做一番事业，顺便赚钱？

竞争 VS 合作

快的和滴滴，58和赶集，大众点评与美团，曾经的对手如今都走入同一屋檐下。今年的商界有很多出乎意料的大事件。郁亮在互联网企业溜达了一圈之后，还是握住了首富的手：万万和了。

竞争与合作并不是一对"敌对兄弟"，竞争离不开合作。因为有合作才能优势互补、取长补短、收拢五指、攥紧拳头、形成合力。既竞争又合作，才能突破孤军奋战的局限，实现双赢或多赢。**合作中提升，竞争中进步**！

中国与俄罗斯以及中国与美国的关系都是这样的，竞争中有合作，合作中有竞争，竞合关系。

做大 VS 做强

企业做大与做强,哪个优先,这是个争议了很久的问题。站在任何一方的人都能为自己的观点找到支持证据。

与时偕行:当市场风平浪静时,先做强;当行业刮起台风时,要迅速做大。在台风平息前,抓紧练内功做强,在台风平息后,能靠自己的力量飞翔。如果台风平息前没有做强,没有立足扎根,那跑马圈地的所得,反而会成为包袱:**圈的越多,摔得越重**。

多元化 VS 专业化

企业的发展是要多元化还是专业化呢?专业化经营和多元化经营都是企业面对竞争日益激烈的市场寻求生存发展的手段。

专业化发展和多元化发展各有利弊,不同的企业,在不同的领域,在不同的时期可采取不同的策略。

多元化要见机行事,只有正确了解专业化经营及多元化经营的特点,才能促使企业正确地选择其发展道路。

德鲁克曾经说过:**所有的企业都必须彻底思考是否要采用多元化经营。多元化本身并不能说它是好还是不好,而是我们在什么时候用、怎么用的问题。**

多元化就是跨界打劫,专业化就是草根逆袭。有些超脱于经济波动的细分行业,在专业上非常厉害,可以坚持专业化,因为跨界打劫风险大。

因为风险大,要迅速扎根,运营以及管理要过关,要不然风来了,又会把你打下去。鄂尔多斯地产你听说过吗?

◆ 战略设计三要素:方向、路径、商业模式

战略方向是对企业全局有重要影响的发展方向,**锁定目标,明确方向**。就是要求企

业全体成员都非常清晰地了解企业的目标在哪里。打土豪分田地是清晰目标，大家努力完成了；解放全中国是清晰目标，大家努力完成了。很多人认为战略是高层的事情，这是个谬解，这只能成为高层愿景，只有把企业战略目标深深植入每个团队成员心中，才能真正形成企业战略。

◆ 战略目标要高远——站得高，看得远

> 【段子】青蛙和癞蛤蟆有什么区别？答：青蛙思想保守，不思进取，坐井观天，是负能量；而癞蛤蟆思想前卫，想吃天鹅肉，有远大目标，是正能量。最后青蛙上了饭桌成了一道菜，癞蛤蟆上了供桌改名叫金蟾！所以长的丑点不怕，重要的是**要有目标**！**目标改变命运**！

战略方向的选择就是要定位，说到定位就不得不说到一本书：《定位》[①]——有史以来对美国营销影响最大的观念。作者艾·里斯和杰克·特劳特提出了定位四步法：

第一步，分析整个外部环境，确定"我们的竞争对手是谁，竞争对手的价值是什么"。

第二步，避开竞争对手在顾客心智中的强势，或是利用其强势中蕴含的弱点，确立品牌的优势位置——定位。

第三步，为这一定位寻求一个可靠的证明——信任状。

第四步，将这一定位整合进企业内部运营的方方面面，特别是传播上要有足够多的资源，以将这一定位植入顾客的心智。

我们可以看到第一步，第二步都是在讲竞争对手，第三步，第四步是自身的核心竞争力。市场需求怎么样？没讲。但市场需求是非常非常重要的前提，抛开市场需求，这四步将没有任何意义。

再来看看波特的五力模型：

波特的五种竞争力分析模型被广泛应用于很多行业的战略制定。波特认为在任何行业中，无论是国内还是国际，无论是提供产品还是提供服务，竞争的规则都包括在五种竞争力内。这五种竞争力就是企业间的竞争、潜在新竞争者的进入、潜在替代品的

---

① 定位：有史以来对美国营销影响最大的观念 /（美）里斯（Ries, A.），（美）特劳特（Trout, J.）著；谢伟山，苑爱冬译．—北京：机械工业出版社，2011.1（2015.8 重印）．

开发、供应商的议价能力、购买者的议价能力。这五种竞争力量决定了企业的盈利能力和水平。

【和龙观点】企业间的竞争、潜在新竞争者的进入、潜在替代品的开发，这三种竞争力都是在讲兄弟们在干什么或者将来会有那些兄弟进来。

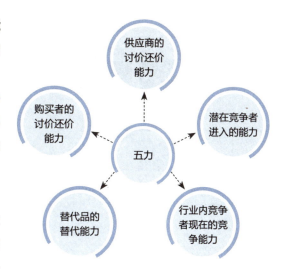

企业间的竞争：现在的威胁；潜在替代品：未来的威胁；潜在新竞争者的进入：隐性的未来威胁。供应商的议价能力：自身整合能力的外部延伸，但不能代表自身整合能力的全部。购买者的议价能力：对购买者的掌控能力，但购买者未必是使用者。

如果这样分析核心竞争力，会出大问题。没有分析大环境，没法解决对未来超强的洞察力。

比如用这个模型来分析 15 年前的阿里巴巴，就完全没有意义，因为这五种力都是零。所以这个模型的局限性是：不能用来分析从无到有的初创企业，只能用来分析从有到优，从优到廉阶段的成熟企业。

所以应该先做行业分析：通用公司和麦肯锡公司所使用的三三矩阵。

◆ GE 行业吸引力矩阵

这个矩阵的两个轴分别表示市场吸引力和业务单位的实力或竞争地位。一个特定的业务单位处于矩阵中何处是通过对这个特定的业务单位和行业分析加以确定的。通过对这两个变量进行打分，确定业务单位位于矩阵中的位置，并由此来确定对该业务单位所采取的策略。

【和龙观点】三三矩阵只是方便战略大的方向（行业的选择），不方便我们找到路径和商业模式，以及竞争地位如何建立？

最后我们总结出"和龙三维交汇法"

一、市场需求分析，市场需要是第一推动力。社会需要比十所大学更能推动社会进步——马克思。

二、竞争对手分析：兄弟们没有做的或做不到的

三、自己优势分析：我能做的，或者经过培育在未来能做的。

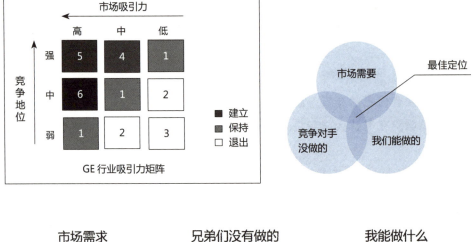

满足这 3 个条件的定位才是最佳定位。

【案例"证"能量】

有一次给某集团做培训。课前交流时,几位老总谈起公司准备要开发的项目,一筹莫展:公司以前做了很多政府的项目,但是一直没拿到钱,最近被强塞了一块地抵债。虽说现在市场上有地就能赚钱,但是这块地不同。这块地在大学城的周边,那个地方现在还是鸟不拉屎的荒地,房子建起来只能卖给学校的老师。但是拿到地的不止我们,还有各个大学,他们已经在建职工楼了,都是限价房,跟我们的价钱是一样的,所以我们就算建了房子,人家也不会来买我们的。段老师,你说怎么办?

我说:具体怎么办我也不知道。但是我有一个模型,应该可以帮你们。就是"和龙三维交汇法",你们按这个逻辑去想,一定能想出办法来。

几位老总讨论了不到 10 分钟,已经有了答案:

市场需求:虽然大学也在建职工楼,但还是远远不能满足所有教职工的住房问题。特别是年轻又有能力的老师,想买学校的房子还要论资排辈,就算排到也只能买到小户型的宿舍。

> 兄弟们没干的：学校的房子不是商品房，没有产权证，不能贷款，而且购买者不能享受房子未来的增值。没有考虑到年轻老师的住房需求。
>
> 我们能干的：首先可以实现年轻老师的梦想住大房子，其次我们的房子是有产权证的，可以按揭，能够享受未来的增值部分。如果我们锁定年轻老师作为我们的目标客户群，那我们可以研究他们的需求，为他们定制户型、景观和服务等，把特别的爱给特别的他们，让他们无法抗拒。

◆ 战略路径选择

战略路径选择，就是已经确定了战略方向，我们选择走什么路到达目的地。要解放全中国的战略目标定下来了，接下来怎么整？如何办到？在城市策反工人搞城市暴动，行不行？南昌武汉广州等地的实践证明：此路不通。怎么办？农村包围城市，中国最革命的力量不在城市，而在农村！这就是战略路径的选择。

联想路径之争：技工贸 VS 贸工技

坚持贸工技的人认为，联想当初从中科院那样的一个小公司发展到今天，没有以贸打头的原始积累，就没有在市场存活的前提，也就没有今天联想的成就，所以联想别无选择，联想的路走对了。

而坚持联想的路走错了的人认为，联想之所以走到今天如此被动的局面，是因为没有技术作为支撑的强大的"芯"，忽略了技术的推动力，所以造成后进乏力，给中国的民族企业树立了一个不好的发展模式。

这一个老得不能再老的题目，但总引发了新得不能再新的思考。

我们先来看看，在战略分析中常用的几种工具。

◆ SWOT 分析模型

"SWOT"是 Strength、Weakness、Opportunity、Threat 四个英文单词的缩写，这个模型主要是通过分析企业内部和外部存在的优势和劣势、机会和挑战来概括企业内外部研究结果的一种方法。

S——优势：比较分析企业在外部市场环境、内部经营方面相对于其他竞争对手的优势；

W——劣势：比较分析企业在外部市场环境、内部经营方面相对于其他竞争对手的劣势；

O——机会：分析在目前的市场竞争态势下企业存在的发展机会；

T——挑战：分析在目前的市场竞争态势下企业存在的威胁和挑战。

关于竞争战略路径，我们有一个总体的模型：

【龙争虎斗三部曲】：产品——服务——品牌（文化）

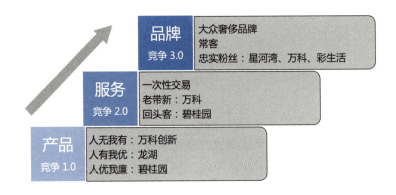

最开始是**产品的竞争**，人家没有，我有。我有你也有，我的更好！我记得 1994 年刚到广州，那时候做设计。有一次，我去基坑验槽，遇到房地产老板，我就问他：现在大家都住单位的房子，你这么小的一个单体楼，卖得出去吗？他说：反正我现在卖没了。单体楼，啥都没有，而且是没有名气的小公司，我们去验槽他早就卖没了，这就是产品思维：人家没有的时候，你有。慢慢地，后面单体楼卖不出去了。再慢慢地，没有花园的卖不出去了，然后，没有一片一片连着的大花园，也卖不出去了。

第二阶段是**服务的竞争**：万科为什么会第一个做物管？其实源于产品质量管理的硬伤，就用物业管理去弥补，起到了很好的作用。所以分期开发的楼盘，如果没有一个好的物管公司，到第二期就不好卖了，更不用说，步步高、比第一期卖得更贵。

所以，后来有龙湖、绿城等公司的物业管理都争相赶超万科……

第三阶段竞争是**品牌的竞争**：什么是品牌？品牌就是你一如既往的好，我们消费者对你一直有信心。如果偶尔你真的有什么地方差一点，我们也能谅解。大家想想万科的"安信地板门"，搞得王石从美国专门飞回来，如果是一般的中小公司，遇到"安信地板门"之类的事情，你就应声而倒了。但是"安信地板门"最后怎么结束的？大家听说过没有？没有听说过吧，大事化小，小事化了，背后的支撑就是品牌。

竞争应对的策略：人无我有（产品），人有我优（服务），人优我廉（品牌），人廉我走（不走就卖文化做奢侈品，不卖文化就只有陪葬了）。

◆ 商业模式设计

> 【段子】有一天,一个博士坐船欣赏风景。
> 在船上,博士问渔夫:"你会生物吗?"
> 渔夫说不会,博士就说:"那你的生命就要失去四分之一了。"
> 过了一会儿,博士又问:"你会哲学吗?"
> 渔夫还是说不会。博士又说:"那你的生命又要失去四分之一了。"
> 又过了一会儿,博士又问了:"你会科学吗?"
> 渔夫仍然说不会。就在这时,狂风乱作,卷来一股巨浪,渔夫问博士:"你会游泳吗?"
> 博士说不会,这时候渔夫说:"那你的生命就要玩完了!"
> 俗话说:**"不怕千招会,就怕一招绝。"企业要打造属于自己的金刚钻,打造属于自己的商业模式。**

至于商业模式,那可就复杂了。以下是互联网上搜集到的对于商业模式的解释,有兴趣朋友可以看一看。

商业模式是管理学的重要研究对象之一,MBA、EMBA 等主流商业管理课程均对"商业模式"给予了不同程度的关注。在分析商业模式过程中,主要关注一类企业在市场中与用户、供应商、其他合作伙伴的关系,尤其是彼此间的物流、信息流和资金流。

商业模式是创业者创意,商业创意来自于机会的丰富和逻辑化,并有可能最终演变为商业模式。其形成的逻辑是:机会是经由创造性资源组合传递更明确的市场需求的可能性,是未明确的市场需求或者未被利用的资源或者能力。尽管它第一次出现在上世纪 50 年代,但直到 90 年代才开始被广泛使用和传播,已经成为挂在创业者和风险投资者嘴边的一个名词。

有一个好的 Business Model,成功就有了一半的保证。商业模式就是公司通过什么途径或方式来赚钱。简言之,饮料公司通过卖饮料来赚钱;快递公司通过送快递来赚钱;网络公司通过点击率来赚钱;通信公司通过收话费赚钱;超市通过平台和仓储来赚钱等等。只要有赚钱的地儿,就有商业模式存在。

随着市场需求日益清晰以及资源日益得到准确界定,机会将超脱其基本形式,逐渐演变成为创意(商业概念),包括如何满足市场需求或者如何配置资源等核心计划。

随着商业概念的自身提升,它变得更加复杂,包括产品/服务概念,市场概念,供应链/营销/运作概念,进而这个准确并差异化的创意(商业概念)逐渐成熟最终演变为完善的商业模式,从而形成一个将市场需求与资源结合起来的系统。

商业模式是一种包含了一系列要素及其关系的概念性工具，用以阐明某个特定实体的商业逻辑。它描述了公司所能为客户提供的价值以及公司的内部结构、合作伙伴网络和关系资本等用以实现（创造、推销和交付）这一价值并产生可持续盈利收入的要素。

在文献中使用商业模式这一名词的时候，往往模糊了两种不同的含义：一类作者简单地用它来指公司如何从事商业的具体方法和途径，另一类作者则更强调模型方面的意义。这两者实质上是有所不同的：前者泛指一个公司从事商业的方式，而后者指的是这种方式的概念化。后一观点的支持者们提出了一些由要素及其之间关系构成的参考模型，用以描述公司的商业模式。

商业模式新解：是一个企业满足消费者需求的系统，这个系统组织管理企业的各种资源（资金、原材料、人力资源、作业方式、销售方式、信息、品牌和知识产权、企业所处的环境、创新力，又称输入变量），形成能够提供消费者无法自力而必须购买的产品和服务（输出变量），因而具有自己能复制但不被别人复制的特性。

别说你真的看了，就算看也看晕了，反正我是没看懂。以上内容总结起来就是：现在谁都给不出权威的定义和解释。换句话说，你想怎么定义都可以。

我们还是拿解放中国来说吧，前面说过了，战略目标就是要解放全中国，路径就是从农村包围城市，那么商业模式就是游击战＋歼灭战＋宣传战……不同的方向和路径下，商业模式也会不同。

◆ 波士顿分析矩阵

波士顿矩阵是由波士顿公司提出的，这个模型主要用来协助企业进行业务组合或投资组合。

在矩阵坐标轴的两个变量分别是业务单元所在市场的增长程度和所占据的市场份额。每个象限中的企业处于根本不同的现金流位置，并且应用不同的方式加以管理，这样就引申出公司如何寻求其总体业务组合。

金牛： 在低增长市场上具有相对高的市场份额的业务将产生健康的现金流，它们能用于向其他方面提供资金，发展业务。

瘦狗： 在低增长市场是具有相对低的市场份额的业务经常是中等现金流的使用者。由于其虚弱的竞争地位，它们将成为现金的陷阱。

明星： 在高增长市场上具有相对高的市场份额通常需要大量的现金以维持增长，但具有较强的市场地位并将产生较高的报告利润，它们有可能处在现金平衡状态。

问题： 在迅速增长的市场上具有相对较低市场份额的业务需要大量的现金流入，以便为增长筹措资金。

综上所述：

【和龙观点】商业模式的六大要素：1 商业价值与竞争力模式；2 投入产出盈利模式；3 业务运营与组织保障模式。

1 商业价值与竞争力模式	2 投入产出盈利模式	3 业务运营与组织保障模式
事 瓷器活 + 金刚钻	钱 资源优化配置	人团队管理
核心人物的学习力	降本	组织的学习力
核心能力	现金流结构、成本结构	业务运营系统
关键资源	收入模型	产品与服务

注意，我们加了序号，**顺序不可颠倒**。颠倒了会出问题的，还别不信。

没有核心竞争力，有运营模式和盈利模式的企业能生存吗？俗话说：**没有金刚钻，不揽瓷器活**。

那么有核心竞争力，有运营模式，没有盈利模式的企业能生存吗？脸书（FaceBook）还没有清晰的盈利模式，但人家活得还挺滋润。

◆ 万科的专业化之路

1984～1993 年	万科发展战略前 10 年，做"加法"。走**多元化**，边缘期，战略初步形成。
1994～2001 年	从多元化转向**专业化**，万科发展战略后 10 年，做"减法"。从综合商社到专营房地产。
2002 年之后	**精细化**——万科发展战略下 10 年：做"乘法"

1993 年 4 月，深万科发行 B 股股票，企业的思考、行业的变化与专家的建议产生合拍，深万科走上了专业化道路。万科的几家企业是在盈利状态下被卖掉的。如果说别人卖企业是"大浪淘沙"，万科卖企业可谓"大浪淘金"。

2001 年 8 月，万科对其第一大股东华润集团出让对深圳万佳百货股份公司所持有的 72% 股分，历时多年进行专业化战略调整已全部完成，一艘业内规模最巨形的专业"航空母舰"即将鸣笛启航。

◆ 碧桂园的华丽转身

曾经碧桂园高品质的别墅产品，为碧桂园赢得了一致赞誉。由此碧桂园的洋房也开始了迈向

了豪宅化的发展之路。然而在房地产局势面临困境、政府打击腐败的情况下，豪宅市场受到巨大冲击。此时的碧桂园开始谋划战略转型，秘密练兵，打造出碧桂园十里银滩系列。而碧桂园也完成了战略上的华丽转身：人廉我走。

◆ "黑马"阳光城扩张传奇

2012年前，闽商阳光城偏居福建一隅17年，在全国名不见经传，在短短2年间实现了**业绩翻**10倍，2011年销售额23亿元，2012年销售额100亿元，2013年销售额220亿元，**市值翻**3倍，使阳光城成为房地产企业品牌成长性全国第1名。

阳光城"区域聚焦、深耕发展"的战略路径是公司快速成长的最重要的原因，阳光城集团总裁陈凯认为，只要能充分做好福州、厦门、上海、西安这四大城市的市场，就足以让百亿规模的阳光城再上一个台阶。

最美味的蛋糕未必是最大的那块！所以我们要**围绕核心竞争力，打造独特的商业模式**。移动互联网运用的好，也会成为我们的核心竞争力。就像彩生活之如花样年、房多多等等，都是利用互联网工具逆袭的草根！

6　金融助你打通任督二脉

> 房企资金链断裂潮，万达十年上市坎坷路，Why？所有的竞争，到最后都是金融的竞争。如何构建房地产全产业链的金融模式？

◆ 任大炮：银行先死还是开发商先死？

在 2008 年 4 月 11 日举行的"博鳌亚洲论坛 2008 年会"对话之房地产论坛上，对于今年偏紧的现金流问题，任志强表示，现金问题不会让地产商死掉，"**要死也是银行先死。**"

时隔一月之后，《证券时报》刊载了"银行强硬回应开发商先死论"一文。文章称，开发商"房地产泡沫破灭，银行先死，开发商再死"的"宁为玉碎不为瓦全"的声音被证明只是耸人听闻，开发商不仅没能"绑架"银行，倒是银行现在不断给开发商贷款"断奶"——银行已经悄然在事实上收紧了对房地产的开发贷款。

◆ 房企资金链断裂潮，地产百强华光破产

2015 年 8 月曾经的地产百强企业，也是常州创立最早的房地产企业华光地产遭遇破产清算。

前几年房地产形势大好，华光地产步伐迈得太快，拿地过猛，不考虑土地价格，所以才导致资金链断裂。

◆ 远洋地产或存资金链断裂风险：负债 460 亿元再举债百亿

2015 年在港上市房企远洋地产再次踏上了高速扩张之路，而支撑其扩张的是大幅举债。

2015 年 10 月 19 日，远洋地产发布公告，宣布第

二期规模为 50 亿元的公司债将于近期发行,用于偿还现有债务及补足一般营运资金。至此,远洋地产 2015 年百亿公司债发行完毕。

公开信息显示,2014 年以来,蛰伏两年栖身北京的远洋地产突然突围奋起,斥资超 200 亿元疯狂在北京、广州、武汉等全国一二线城市逆市拿地,且迅速进行开发。

然而,远洋地产疯狂扩张的背后是其巨额负债。远洋地产 2015 年半年报显示,集团有息负债总额达 460 亿元。远洋地产担负巨额债务所支持的是其疯狂扩张,这种扩张仍呈飞速之势。

◆ 万达十年上市坎坷路

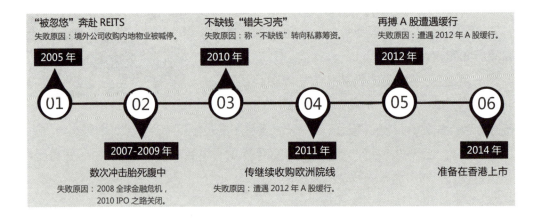

王健林早在 2005 年就曾试图在香港上市。直到 2014 年,万达商业地产向香港联交所递交上市申请,正式进入实质运作阶段。这场近 10 年的上市征途又回到了最初的目标。

万达上市就是为了更加充足的资金,所以别看王健林是首富,土豪最缺钱。万达早期的开发贷款多是利用土地质押,而随着其自持物业面积不断增加,通过银行贷款的途径并不足以解决资金需求,物业销售下降也不能提供足够的现金流支撑。诚然还有私募、信托等其他融资渠道,但资金成本会比较高。而上市之后,万达就可以在国内外公开市场进行债务融资、海外股权和债券融资,这将极大地降低融资成本,从而继续支持其快速扩张。

所有的竞争,到最后都是金融的竞争!

而房地产开发所需的资金量巨大,一般人又扛不起,所以必须要依赖银行。但是中国的银行对于投资又过于保守,使得大量的资金大都流向了大型的央企、国企,只有 10% 的贷款流向中小企业。

而且政府为了抑制房地产泡沫,对房地产的融资进行限制,结果推高了房地产的融资成本,进一步推高了房地产的风险。同时中国股市的门槛,使得众多房地产企业被逼赴港上市，借助香港资本市场搭建海外融资平台。

说点题外话，中国股市应该好好反思：为什么最好的中国企业，都到香港或美国上市。

是不是所有的企业都想上市？

任正非：资本市场本质贪婪，华为坚决不上市！

宗庆后：哇哈哈不缺钱，不上市。

老干妈：我坚决不上市，一上市，就可能倾家荡产。上市是欺骗人家的钱，有钱你就拿，把钱圈了，喊他来入股，到时候把钱吸走了，我来还债，我才不干呢。

◆ 常见的融资渠道

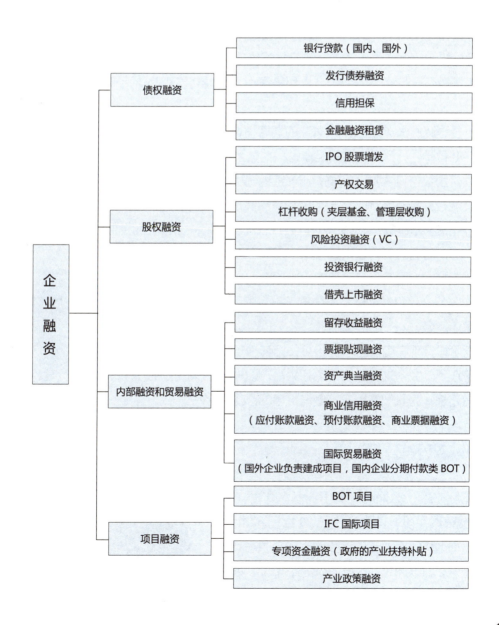

◆ 拿什么拯救资金链：房地产全产业链的金融模式

我们提出一种设想：通过互联网工具的运用，在房地产项目开发的6个阶段：拿地阶段、策划定位阶段、方案设计与研发阶段、施工图设计与工程建设阶段、营销阶段、运营阶段，在每一个环节，资金都可以自由进出，免除了投资因为房地产项目的周期过长，夜长梦多的担忧。把项目开发的每一个环节都做到极致，每一个环节都给项目整体带来巨大的增值，这样无论资金什么时候进来，经历1个或几个环节后退出，都会有相应的丰厚回报。通过释放投资渠道，降低开发商的风险，降低银行的风险。

资金的进出机制是最重要的，政府最好能把这个平台搭建起来。

目前来看有一些类似的做法，但都是在点上，他们没有整体运作，而且没有借助互联网工具。

有一些跟政府有关系的，有资源的，擅长拿地和做一级开发的，他们经常把生地做成熟地后，就卖掉了。万科主要就是拿这种地，所以万科说从来不行贿。

潘石屹前段时间卖掉了下面几个项目。拿到地后，做完策划，在设计阶段就卖掉了，大家质疑潘石屹是不是玩不下去了，弄得要卖项目了。其实不然，潘石屹最擅长的就是项目策划，在这一块他能创造最大的价值，后面的建造、运营反而是他的弱项，所以干脆做他最擅长的，后面的事情让人家去做，而买家也觉得他的策划好。

在建造阶段，有专门做代建的，比如宋卫平的蓝城，还有交钥匙工程之类等。

营销环节，我们就见过，一个擅长销售的团队在北京做楼盘包销起家，后来自己在西安开了家地产公司。

运营阶段，现在有彩生活在接盘，万科也宣布了要全面接外盘。

希望在不久会有这样一个开放的平台，将拿地、策划、设计、建造、营销、运营、投资……全部整合起来，为我们的用户打造有价值的产品和服务。

◆ 房地产 REITS

从国际来看，房地产投资信托基金作为一种创新的投融资手段，首先产生于20世纪60年代的美国。而REITs在我国的起步则相对较晚。

前不久，住房和城乡建设部政策研究中心主任秦虹表示，房地产私募基金近年来出现了一些

变化，例如投资领域从相对偏向后端到面向全产业链，一些私募基金从拿地环节便已介入，"开发""销售"，甚至到商业地产的"持有"，全产业链的投资已经出现。

从房地产行业来看，开展REITs能够平滑房地产业的周期性。房地产业的周期与经济周期具有较强的关联度，易使房地产业出现周期性的供给不足与过剩，而REITs侧重于房地产业的长期投资，能够为房地产业的发展提供较为稳定的资金，进而平滑行业周期。此外，开展REITs是房地产证券化的重要手段之一，能够盘活大量流动性较差的不动产，为房地产业发展提供了一种创新业务模式和一条新的融资渠道，可以增加行业资金来源、满足公司融资需求。

◆ 花样年的金融服务：社区熟人贷款

花样年正在做新型互联网物业服务，但是潘军更大的野心是，通过社区服务平台，打造"草根金融"：业主如果需要钱急用，或者银行定期未到期，通过一个专业的评估系统评估之后，系统可以确认是不是给他借钱；进而，帮助银行进行信用评价，或者通过自己的小贷公司，提供小额贷款给个体，收取利息或佣金。

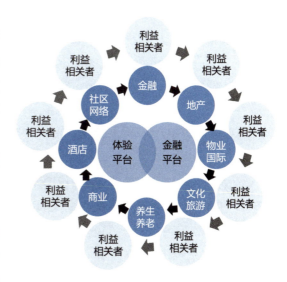

潘军将之称为"基于社区消费的信用"。个体的信用数据如何采集？潘军的答案是通过业主的日常行为，包括交水电费、物业管理费、停车管理费是否准时等，这些输入IT后台的记录判断。

采集数据是一个长期积累的过程，潘军透露，花样年从5年前开始搜集用户数据。在这个平台上，平台、业主、小区内的生活服务商都会留下所有行为的数据。"现在银行做的小微贷款都是50万以上的，几万块钱银行都不做，但这个市场需求又很大。"潘军说。

潘军认为，社区的小额贷款几乎没有出现坏账的可能，因为业主有房产在小区；而对于那些在小区租房的用户来说，只要严格把关，也能将坏账率限制在可控范围之内，也就是社区熟人贷款。

社区金融也是花样年致力于金融服务战略的一部分。未来花样年将向以金融为杠杆、以服务为平台的金融控股集团转型。

信任是金融产品的第一诉求。

◆ 搜易贷携手前海征信，大数据助力全环节风控

搜狐旗下的互联网金融平台搜易贷宣布与平安集团旗下的前海征信展开合作，在搜易贷原有风控体系中嵌入前海征信产品，利用前海征信的大数据服务对平台的风控进行再度升级。

目前，前海征信已经开发出三款产品：黑名单、信用分、反欺诈服务。通过提供一揽子全套服务，对贷前、贷中、贷后每个放贷环节进行严密的监控。以黑名单服务为例，前海征信将依托大数据技术，通过和传统金融机构、互联网金融公司、公共机关等多行业共享黑名单，进行跨行业联防联控。这样，搜易贷在对借款人资质进行审核的时候，就能更加精确地了解借款人的还款能力，保证标的的质量。

一般情况下，同样类型的人在某些方面存在一定共性。比如收入、学历相同的人，在消费上会有许多共性。通过针对这些不同的场景，用数据去速写一个人的消费习惯、还款能力等大概特征。这样，通过快速的场景归类，就能简化流程，加速审批速度。

◆ 绿地集团——从超级地产商转变为金融控股集团

绿地的金融转型极为快速：进行金融牌照的收购工作、设立产业基金、并购基金、探索资产证券化、基金管理等形式多样的大宗资产定制和变现方式、第三方资产管理业务、与中国平安、阿里巴巴、腾讯公司等合作设立的"平安绿地好房宝""腾讯绿地宝"等理财产品，开设金融资产交易中心，将绿地香港打造成互联网金融服务的主体公司。

◆ 万达集团——未来万达模式的升级，本质上就是金融集团

自2014年底万达在港交所成功上市之后，2015年以来，万达的战略出现了180度的大转变。从重资产往轻资产转型，从地产变成金融，从线下走到线上，万达最近半年的战略可谓天翻地覆。

王健林："万达的金融要朝着互联网金融方向走，绝不搞开门店、拉人头的传统模式。另外，利用自身优势。一是大数据优势，万达电商大数据不同于普通电商，许多人几个月才上网买一次东西，不能全面抓取消费数据。二是规模优势。万达电商今年会员发展目标是1亿，几年后将有几亿活跃会员，几十万连锁商家。万达互联网金融要充分利用这种优势，能把这部分人和商家的金融产品做好就很好了。"

据称，万达将形成一个金融集团，有别于传统的金融集团，万达金融有银行、保险、

证券、支付公司、资产管理等。

◆ 复星地产集团——金融资本、产业资本与地产资本的高度融合

以郭广昌为代表的复星集团起源于金融投资。复星控股早年在复星医药、钢铁、金融保险、文化、商贸等产业投资上进行了广泛的布局，为其在地产上的扩展形成了积淀。相比万科等以产品起家的蓝筹地产公司，复星地产集团更具备了金融投资的基因。

深受股神巴菲特投资思想影响的复星管理团队，在复星国际 2015 业绩发布会上提出了一个独树一帜的 "1+1+1" 模式 ——保险 + 产业优势 + 蜂巢城市。

保险作为集团最重要的资金来源渠道，结合复星在产业投资领域的专业经验，在地产方面更多的是以蜂巢城市为产品形态，构成了从金融到产业、再到地产的三角架构。

从产品架构上看，蜂巢城市包括了大文化蜂巢、大金融蜂巢、大健康蜂巢、大旅游蜂巢、大物贸蜂巢等几个方向。

但从产业资金来源和投资结构上看，复星用于地产上的资本来自于其旗下的复地集团、星浩资本、星泓资本、星豫资本、星健资本五大开发平台，并打造了 IDERA Capital、外滩金融中心、浙商建业、星堡、星景、策源等多条产品线。

◆ 平安不动产集团——从金融向房地产和互联网渗透

平安地产是近年快速崛起的大鳄。以保险业起家的中国平安，作为中国金融巨头，其所管理的上万亿资本帝国，对房地产方面一直存在资本配置的需求。

打造平安好房网，进军互联网金融和房地产电商，相继推出了"好房宝"、"好房贷"等互联网金融产品，业务涉及"好房金融"、二手房买卖、租房、房产众筹、管家服务，涵盖地产领域的诸多方面，正在打造 O2O 模式的"房地产金融"闭环生态圈。

万科虽未直接介入金融行业，但其与金融资本的合作一直没有间断过。

◆ 泛海控股——金融取代地产

从山东青岛起家的中国另一资本大鳄泛海系，一直是业内房地产企业关注的另一个标杆。自 2014 年初收购民生证券，泛海控股拉开了打造跨行业资本运作平台的序幕，在"金融 + 房地产 + 战略投资"战略转型思路下，公司开始了大刀阔斧的系列调整和运作，通过收购和增资，率先取得证券、信托、期货业务，进而收购民安财产保险，金融控股平台初具规模。

从其具体战略来看，在纳入民生证券、民生信托、民生期货、民安财险以及即将设立的"民金所"、泛海担保、泛海基金等金融子公司后，泛海控股融合泛海集团及旗下民生控股已涉猎的产业基金、典当、银行等其他金融牌照，金融全牌照目标仅差"租赁"。公司计划尽快取得保险中的寿险、再保险、黄金交易、外汇交易等其他牌照，继续完整金融版图。

◆ 互联网金融市场崛起，群雄逐鹿

2014～2015年，以阿里集团旗下的蚂蚁金服为代表的互联网金融的横空出世，引起了开发商、金融机构、服务商等全产业链对这个新兴的风口领域竞争。

在互联网场景时代下，每个企业都利用自身独有的资源，对互联网金融服务进行独特的定位和战略设计。

世联地产——家园云贷呈现爆发性增长

作为中国一手房销售代理市场的领头羊，世联行也正在经历快速的金融化过程。尽管世联行在传统代理业务上不断保持增长，但其表示，房地产规模化扩张的时代已经走到尽头，比拼销售额的黄金时代业已终结，以传统销售型服务为主导的地产格局将被重构。

自2014年6月以来，在"祥云战略"的推动下，世联行开始全面打造房地产O2M商业模式。半年过去，一个新三驾马车驱动的新格局逐渐浮出水面。

除家园云贷以外，装修贷、尾盘基金、P2P等多元金融产品也正在推向市场。涵盖"集房""集客""集金"三个独立APP的"世联集"系列是其中的代表。袁鸿昌介绍道，"集金"是P2P平台、"集房"是房屋信息平台、"集客"则是针对经纪人的房源共享平台。

世联行2014年金融服务业务实现收入2.69亿元，同比增长286%，增长主要来源于家圆云贷产品的收入。

易居中国——钜派投资打造上市

易居中国旗下金融企业钜派投资在美国成功上市，成为易居旗下第四家登陆美国资本市场的企业。

自从上海滩房地产金融资本大亨周忻入股钜派之后，钜派的发展路径出现了快速变化。

一、利用易居庞大的房地产行业资源，与钜派原有掌握的金融资本资源进行对接，将资本与房地产企业和项目形快速匹配，解决了阶段性资金短缺的开发商的融资问题。

二、打通面向买房人的金融服务，形成了房地产金融产业链的闭环。

另外钜派基本只挑选前100强公司、上市公司、国企等，这样就保证了融资的高质量、高安全。

房地产企业转型金融战略的路径虽然千差万别，但**保险和互联网金融是穿插其中最核心的两个战场**。保险是资本之王，所有的金融和地产类的经营活动都需要资本的支撑，而互联网金融是市场的新宠，是地产商们盘活存量资源最快、盈利能力最强的渠道。

说到底，"地产 + 金融 + 互联网"的转型，就要求开发商彻底改变原来卖房子赚钱的**业务和盈利模式**。因为房地产将不再是短期生意，不能再赚快钱了，要做全生命周期的、以开发为基础、以运营为核心的长期事业。

金融资本如何渗透进去？注意：资本不能占大头，知识雇佣资本。知识如何才能雇佣资本？必须要建立实战的、系统的、前瞻的知识体系。

天使看人（看优点），A 轮看产品（挑毛病），B 轮看数据（整合资源），IPO 看利润（赚钱才是王道）。

7 "E+"战略创新的逻辑：应天时

> 把握 E+ 地产的创新逻辑：立足产业，扎根痛点，找到风口，运用互联网工具，培育核心竞争力，打造极致体验，繁衍结果，形成新的生态圈。

从已经发布的年报中，我们发现房企"贫富差距"正在加大。虽然有些企业仍在盈利，但增速已明显放缓。对他们来说，如何寻找新的增长点，找出一条新的路，变得尤为迫切而重要。而对于那些亏损的房企来说，如何活下去，则事关生死存亡。

碧桂园、富力、旭辉、景瑞等多家房企都表示将会发展新的业务领域，只不过在对新业务的投入上，各家都表现得极为谨慎，既不贸然涉水过深，导致企业面临翻船的危险；又不能完全对新领域视而不见，错过转型的绝佳机会。

◆ 草根逆袭 VS 大咖跨界

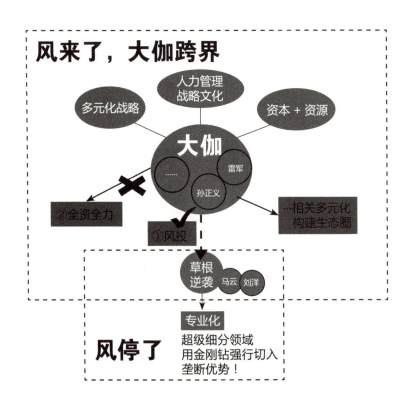

	大咖跨界	草根逆袭
条件	战略高度、资本、资源、管理能力、团队	专业能力
领域	多元化、相关多元化、构建生态圈	专业化、超级细分领域
代表人物1	孙正义	马云
代表人物2	彼得·蒂尔	扎克伯格
代表人物3	雷军	刘洋
代表人物4	朱波	余佳文、温城辉

成吉思汗就是典型的跨界大咖，成吉思汗在40岁的时候被安达背叛，兵败如山倒，逃到小溪边，最后带领千军万马踏遍欧亚非！

◆ E+地产战略创新的逻辑：E+地产（去地产化）+产业（重产业）+金融

1）+产业，锁定痛点 找到风口

几乎每一个投资人在问创业者时，都会问一句话："目标用户的痛点是什么？"因为他们想要创业者想清楚：自己能给用户带来什么价值，能满足用户哪些最强烈的刚性需求。

风口在哪里？风口就是传统行业的痛点，痛得不能忍受的痛点。而且不仅仅是消费者一方很痛，还必须相关的各方都很痛。

比如传统出租车行业：

司机先问你去哪，一听地方偏，没有回来的客，就说不知道路，拒载。

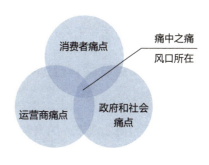

然后不打表，忽悠说打表还更贵，要不然说表坏了。

欺负不认识路的客户，故意绕远路。

气人的是，关键时刻你在路边站了半小时，一辆的士没有。

还有更气人的，碰到司机交班的时间，你不停的挥手，一辆辆空的士开过去，就是没人理你。

……

导致客户的消费体验极差。

那司机痛不痛呢？司机更痛，劳动强度大、作息不规律、久坐导致的疾病、还要给出租车公司交数万元的风险抵押金。一年365天全年无休，无双休，无节假日，无保险，无福利……即使是如此"卖命"地工作，每天一睁眼，出租车司机就已经欠了出租车公司几百块钱的"份子钱"。一旦工作中出现车辆剐蹭等事故，当月的月收入将不抵交给公司的"份子钱"。甚至当前一些地区，如广州市，出租车份子钱已超 5000 元/月，高过了司机的平均收入。司机们赚不到钱，就从客户身上想办法，客户的体验当然就差了。

消费者投诉、司机罢工，社会和政府也感觉到痛了。

但是出租公司呢？由于拿到了该行业长期固化的准入门槛，拥有出租车的采购权，强制司机购买高价简配车辆；由于拥有出租车经营权，不花一分钱，靠司机"融资"起家，即可以利用出租车司机的份子钱轻松"还贷款"。他们是赚了钱的，他们感觉还不错与哟。所以如温水里的青蛙，慢慢地部门工作效率低下，管理成本一笔乱账，行业定价不遵从市场规律。所以他们没有觉得痛，反而活的滋润。

所以，转变出租车公司管理机制是出租车改革的根本之道，出租车行业的钱养肥了少数人，害苦了一批人。打破出租车行业利益垄断藩篱已迫在眉睫。

于是这个时候滴滴和快滴的进入，算是恰逢其时。

我们再看**传统物业**管理行业。

物业公司：开发商惹祸却让物业来受过，物业不赚钱，甚至贴钱，所以服务不用心，还要想办法多收点钱。

房地产公司：在意品牌的，继续做开发的，会贴钱把物业做好。如果不再开发了，他们才懒得管物业怎么样。

住户：体验极差、想炒掉现在的物业公司，希望有品牌的，服务好的物业公司来管理。但是，好的物管不来。

社会和政府自然也不满意。

所以彩生活一出来，立刻引起轩然大波，连从不接外盘的万科都被逼去接外盘了。

2) + 互联网，打造核心竞争力

找到了行业的痛点，然后运用互联网工具来提高效率，降低成本，如果做到极致就是免费。

为什么要做到极致？做到极致，是为了提升我们的竞争力，打击力和摧毁力。我做到极致，然后还比你便宜，甚至免费，这样就直接摧毁了你赖以生存的根基，流行的说法叫降维打击。

运用互联网工具
降本增效，做到极致

降价到免费
降维打击
摧毁其赖以生存的根基

传统行业，既得利益者
（运营效率低，运营成本高）

3) + 金融，扩大优势

我们把产品和服务做到极致是需要投入大量的资源的，只有借助金融平台的支持，才能从夹缝中生存下来。

羊毛出在狗身上，猪来买单（营销推广平台）。

4）设计盈利模式，形成新的生态圈

免费大平台 + 平台资源再开发

针对同类型、原有的、旧的、竞争者提供的收费服务，我们免费。在免费的基础上，做平台资源的再开发，提供新的增值服务。

平台进阶三级跳

平台进阶	1 客服运营平台	2 营销推广平台	3 数据应用平台
内容	对外客服 对内运营管理 交易服务	营销、推广、娱乐、展示	金融、猜你喜欢、大数据
	地	人	天
	刚需层面	精神层面	
阿里巴巴	淘宝、天猫	淘客、直通车	阿里云、蚂蚁金服、花呗
社区平台	物业服务平台	社区 O2O	社区金融
地图	导航	附近店铺	城市交通数据

我们看优客工场，最开始做共享办公的运营服务平台；然后设立自己的传媒公司，以撮合的方式对优客工场生态体系中的推广和传播诉求予以满足，这就是在做营销推广平台；在有了当下规模的办公平台后，已经在实施并购一家有金融牌照的P2P公司。办公桌是入口，在这个平台上做资源整合，下一步要做数据和金融服务平台。

高德地图发布了《2015年度中国主要城市交通分析报告》，显示2014年我国大部分城市拥堵都在全面恶化，唯有南通市拥堵小幅缓解。此外，报告还公布了2015中国堵城排行榜，北京夺得第一。而哈尔滨、广州则分别获封上下班最艰辛之城，深圳为等灯时间最长之城。这就是平台大数据应用的典型案例。高德地产首先解决地图导航的刚需问题，然后开始在娱乐方面发力，比如：林志玲导航、郭德纲导航找附近店铺、停车位。

再看微信平台，最开始做免费的娱乐平台，现在开始做资源整合平台，如已经开始做社区物业平台，无疑是在彩生活、乐生活、房多多、爱屋吉屋……未来的路上设置了伏击圈。

2015年11月7日福州，正荣集团与微信的合作，双方宣布推出全国首个"微信定制社区"。

"微信定制社区"有哪些亮点？

运用了"脸部识别"，业主可以刷脸进出，方便快捷。

朋友来访时，再也不用担心会被保安拦住了，

你可以生成二维码发给朋友，扫一扫就可以进来了。

下班回家开车进地库时，你不再需要胳膊伸的老长，甚至开门下车，去取卡，也无须再担心斜坡溜车。因为有"车辆自识别系统"。

当你的车进入车库后，通过红外感应、软启动和事件控制等一系列技术，始终为你照亮前方15米的道路。当你停好车后，同样将感应你行走的方向，进行点对点追光。"车开到哪儿，灯就照到哪儿，车过灯暗。"

报修不再郁闷，你可以掏出手机，拍照、扫码或定位、故障描述，提交报事单。手机显示附近具备维修技能的有三位工程师，可以点击头像查看颜值，也可以看到工作评价和岗位星级。你可以自己选择一位工程师，也可以由工程师们自行抢单。工程师接单处理的工作步骤、节点预期完成时间和实际完成时间，在微信平台上都一目了然。当然，少不了点赞和评价功能。

实现在线缴费，以前业主需要现场缴费，日后只需要一步验证业主身份，通过微信支付，直接缴费。

当然还有更多的第三方商户资源，提供社区O2O服务。

只有不属于任何一家开发商与物业公司的社区服务，才有可能突破局限。

◆ 阿里巴巴进军汽车产业链

2015年4月8日阿里巴巴宣布成立汽车事业部，正式进军汽车电商领域，向买车用户提供全套服务，目前已有近50家车企与阿里进行合作。在"互联网+"战略的推动下，汽车行业也在积极"触网"。考虑到我国汽车年均销售量2000多万辆，在阿里等互联网巨头的助推下，汽车产业链电商的渗透率存在进一步提升空间。已率先布局的企业有望获得先发优势，在积累用户数据的同时，也为后续开展增值服务打下基础。

阿里汽车事业部将整合阿里集团大数据营销、汽车金融业务和6000万车主汇聚的平台优势，通过无线业务场景，向车主提供"看、选、买、用、卖"的全链路汽车电商O2O一站式服务。通过整合近1万家4S店、近2万家汽车销售服务网点资源，构建新车和二手车销售、汽车商品等全产业链服务。

阿里巴巴汽车互联网生态圈		
类别	阿里现有业务	相关汽车业务
云	阿里云，阿里妈妈，淘宝指数，观象台	汽车保险，汽车零配件，汽车维修，汽车精品，汽车养护
管	阿里通信，一淘，天猫	二手车O2O，整车厂客服中心，汽车经销商
端	Car YunOS，支付宝，虾米音乐，千千动听，淘宝，UC浏览器，陌陌，高德地图，新浪微博，来往，在路上	整车研发，车载终端提供商

8 E+ 地产创新案例解析：危与机

> 大咖在跨界，草根在逆袭：+ 创业、+ 移动 C2B、+ 金融、+ 社交、+ 智能系统、+ 社区 O2O、+ 养老、养生、文化旅游、+ 产业（工业类、制造类）等数十个案例，解析现状、危机和出路。

◆ E+ 地产模式创新案例扫描

分类	项目	现状	可能的危机	出路
创客空间	SOHO3Q	写字楼短租，类似雷格斯的模式预订、选位、支付等所有环节都在线上完成	提供通用的办公服务，收租金，盈利模式过于简单，很容易被 COPY，未来竞争激烈	细分目标客户群，锁定最有承租能力的用户，打造核心竞争力，最好是别人不能复制的
创客空间	万科云	万科八爪鱼战略之一。通过空间共享、分时使用、优化资源配置等手段，为使用者提供集空间、服务、资源及"互联网+"的线下工作云平台	长期做住宅开发，你有产业资源支撑吗？你的商业模式设计好了吗	作为大咖，其实没有必要一头扎进去。完全可以跨界做平台，鼓励草根来逆袭
创客空间	无界空间	由 90 后创立，借鉴美国"we work"模式，创办中国的"联合办公空间"，为创业者提供创业、生活、社交社区	主要收入还是租金，增值的软性服务则是低价甚至免费的，盈利模式待解	明确锁定目标客户群，深度挖掘客户真实需求，提供个性化的增值服务
移动C2B	爱空间	新兴的互联网家装企业。有三项特点最引人注目：一是宣称 20 天完工，二是家装零利润，三是工人采用"自营"模式	据有关报道：工人培养的速度跟不上业务的发展，被迫外包，质量失控	建立人才培养基地，装修大学
移动C2B	Elab	一个以用户驱动为核心的新房定制交易平台。用户价值导向	核心竞争力在哪？模式如何避免被复制？可能会遭到地产大咖们的绞杀	当务之急是先聚焦：以项目前期策划定位为主导，杀出一条血路，找到立锥之地。待时机成熟，再谋求打通产业链
移动C2B	自由筑屋	一个基于客户定制的虚拟开发商平台。人人都能做开发商，把自由交给业主	理想很丰满，现实很骨感。代表了未来的趋势，但要注意：领先一步是先烈，领先半步才是先驱	求人和，占地利，待天时。真正广泛的推广应用，还需假以时日
交易平台	房多多	国内一流的移动互联网房地产整合服务平台。秉承"让买房、卖房更爽"的使命，致力于为开发商、经纪公司、买房/卖房者搭建高效、可信赖的房地产营销服务平台	新房交易将急剧萎缩	增强用户黏性；快速进入二手房市场，下一步进入租房市场

续表

分类	项目	现状	可能的危机	出路
交易平台	爱屋吉屋	一家不设门店的二手房互联网中介。希望通过"提升效率"来改变传统的房屋租赁模式	追求快，最快速的完成交易，后期服务跟得上吗？用户体验有保障吗	建立规范化的管理，在保障用户体验的前提下，降本增效
	好屋中国	全国最大的房产经纪人推荐平台，首创的全民房产众销平台。改变经纪人模式，帮助普通民众成为创业主体。改变购房模式，为购房者提供更顺畅购房体验	如果仅仅停留在做一个营销推广平台，迟早要被吞掉	利用手中的大数据，整合产业链，由营销推广平台向数据应用平台升级，最后建立生态圈
	自如友家	链家地产推出的全程代理出租业务，其宗旨为打造品质租住生活	自如在装修、服务方面投入了大量精力。取得的效果怎么样？用户体验怎么样？网上抱怨之声如潮，要高度重视	①降本增效，解决装修和服务吃力的问题。②服务水平要努力跟上你的承诺，赢得用户口碑
社区O2O	彩生活	一家集物业服务、资产运营、社区服务为一体的科技型、综合型物业服务运营集团	在资本的推波助澜中，大肆扩张，管理被稀释，服务质量得不到保障	①加强管理人才的培养，建立人才培养基地。②完成从服务平台到营销推广平台到数据应用平台的跃升
	乐生活	定位智慧社区服务运营商，专注于智慧城市，智慧社区，智慧物业建设和运营的创新型企业。成立了物业管理学院，来提升自己内部人员的从业素质，从而进一步增强业主满意度	定位的矛盾，到底是做社区服务还是物业服务？这是两个东西。既然成立物业管理学院，其实就是要做物业服务	脚踏实地，聚焦物业管理与服务
	小区无忧	覆盖全国56个城市、20万个小区，用户数达100万，支持包括外卖、生鲜蔬菜、超市、水果等居家宅配，规范家政、开锁、维修、疏通、搬家等生活服务，提供快递、洗衣、教育、宠物等小区周边生活信息	被爆商户有假，面临类似淘宝假货的危机，对供应商的管理有待加强	建立社区信用体系，在社区的信用体系的基础上，从营销推广平台升级为社区数据应用平台
	叮咚小区	提供邻里社交平台，实现二手交易、拼车、家政推荐、代缴水电煤及物业费、代收快递、提供邻里对话、小区BBS平台	58同城、饿了么、陌陌等的综合体。由于扩张过快，产品体验跟不上其扩张速度，现在全面收缩	外拓疆域的前提是内挖潜力，做到能够免费，再通过新的增值服务达到盈亏平衡点。做到这样之后，才有活下来的希望
金融	平安好房	极大的金融优势，为用户提供全方位、全生命周期的金融服务	排他性，与其他金融机构不能融合	在被超越之前，抢先半步开放平台
	绿地地产宝	致力于服务个人投资者理财投资与中小房企资金解决方案	好借好还，再借不难，绿地的盈利问题如何解决	持续提高盈利能力
	无忧我房	当代置业内部孵化的七个创业项目之一，它希望解决传统房地产众筹模式的缺点——在项目产品、户型全部确定后，才面向市场。通过用户认筹款用于建设、成本价购房回报用户、用户定制未来家园等方式，从获取土地开始到项目开盘进行全流程的房地产众筹	10%的资金众筹，不过是营销的变种	项目众筹资金超过50%后，还能够降本增效，保证用户体验，才能说明是真正的在往全流程"众筹+定制"的方向探索，未来的路还很漫长

第二篇　战略要创新

续表

分类	项目	现状	可能的危机	出路
社交公寓	You+公寓	租下整栋楼，重新改造之后向青年人出租，主要针对初上班的年轻人。卖点是良善的公共空间和紧密的社区氛围，让年轻人之间更好地交流	服务（氛围）比人家好，租金比人家便宜，盈利空间小，拓展盈利空间是You+面临的核心问题。如果不能在有限的空间里，拓展无限的盈利可能，模式被复制后，被逼打价格战，会直接出局	积极营造好这个空间，产生优质创业项目后，应该适当地参与，可以更好的为用户服务。大部分的服务免费，在个别的点上引爆，赚取可观的收入
社交公寓	新派公寓	致力于打造都市白领新居住方式的连锁公寓品牌。理念：新生活方式，新的家，年轻人的社区	①买下CBD区域的物业后再经营的重资产模式，发展缓慢。②对房价的波动敏感，如果贸然进入市场，一旦房价下行超过30%，资产损失可能会超过营业收入	谨慎扩张，精心挑选项目，不冒险进入新市场，采取非常保守的投资策略
社交公寓	蘑菇公寓	平安投资创立的蘑菇公寓，通过线上线下活动建立趣味蘑菇圈，让远在异乡的都市男女相遇，彼此分享、互相成长	蘑菇公寓是分布式的，利用现成的闲置房源。轻资产模式，可以快速发展，但是运营管理难度增大	先整合，再管理升级。在运营管理上下功夫，在趣味蘑菇圈的活动体验上下功夫
社交公寓	蜜柚公寓	不仅仅局限于单身女性用户，以女白领的优质种子用户来树立品牌和口碑，后期会推出如"爱情公寓""男性公寓"等以扩展市场的空间，但项目垂直细分的发展主路不会改变	主题公寓，如果做得不够好，不在服务内容方面下功夫，容易流于形式，有营销噱头的嫌疑	潜入目标用户的内心，挖掘用户潜在的需求，做到名副其实，才有发展壮大的可能
养老地产	北京东方太阳城	依托于北京庞大的养老客户群体，主打养老地产概念，与周边休闲度假别墅形成差异化。项目前期凭借低价策略吸引大量养老客户群体，后期客户群体逐渐趋向多元化	①更多的客户群体是看重性价比优势的中端休闲居住客群，没有吸引到那些真正拥有支付能力的高端休闲客群。②大量公共建设配套需要大量的前期投入，周期长	服务内容与水准升级才能吸引到高端客群。问题是高端客群是否是你的目标客群
养老地产	清朋华友学子园	目标客户定位在1950年到1970年间毕业的高校学子，年龄在65岁到85岁之间。以清华校友为骨干，联手全国高校打造高知白领养老公寓	老专家们各有各的诉求，选址协调难度相当大，项目周期漫长	多方案尝试、沟通，充分了解各自的立场，解决真正的诉求点，尽快的建立统一战线
养老地产	保险公司	泰康、国寿、合众、太平、平安、新华、华夏人寿等多家保险公司血拼养老地产。由于保险企业只能长期持有、不能出售养老地产项目。为了尽可能在早期多回收资金，这类养老项目一般与养老保险产品挂钩，投保者在购买保险计划的同时获得入住养老社区的权利	盈利问题依然是养老保险公司的首要难题。大部分险企都在亏损中苦苦支撑	构建稳健的商业模式
养老地产	太申祥和山庄	定位高端客群，以儒家文化为基础，提倡"天人合一"与"和为贵"的思想，致力建成健康养生、养老、休闲度假等综合性山庄。推行会员制养老模式	太过于高端，资源无法复制，作为核心资源的红色保健专家、国家级的老中医等不愿离开北京	奢侈品本就不具备复制性。如想扩张复制，可开设子品牌，开发省一级的专家资源，还要防止子品牌对母品牌的伤害

续表

分类	项目	现状	可能的危机	出路
养老地产	景宜颐养院	采用国际通行的会员制俱乐部形式管理，会员不用离开温馨的家庭，定期入住颐养院，在享受普通养老服务的同时，享受全程健康管理服务和从饮食、运动、情智、生活习惯等生活方式入手的综合调理服务	靠服务内容取胜。仍然面临模式易被复制的难题，可能被规模化扩张的对手排挤出局	建立人才培养基地，引入资本，在保障用户体验的前提下，快速扩张
旅游地产	万达文化旅游城	高投入、高产出、跨专业研发、与高科技声光电结合	所有的这些都是建立在一个假设的基础上：现在这一套是最好的，最符合中国人需求的。但如果不是呢？巨大的投入何时收回？	DVD、沃尔沃等入中国市场所遇到的问题，值得万达参考。能不能做到降本增效？如果没有这把金刚钻，后果不堪设想
旅游地产	恒大海花岛	"世界级世纪级"的定位，总占地8平方公里，是迪拜棕榈岛的1.5倍，汇聚了600位国际设计大师的智慧，规划了旅游、文化、会议、会展、商务等28大业态，创下"全球最大花型人工岛"等多项世界之最纪录	主要还是卖房子，自己不做内容，不做体验，不做运营，最后可能"人去楼空"	结合海南当地的风俗文化，在旅游"内容"的设计和商业运营上下足功夫，打通相关主题的产业链
旅游地产	碧桂园森林城市	2500亿投资+约1400万平方米，填海造岛、未来城市，从2015年进行开发，持续到2035年	封闭的系统，自己玩，风险大。一旦出现危机，将万劫不复。为什么不联合大家一起来做？	共建共享
旅游地产	长隆旅游地产	酒店+动物世界+主题公园+媒体植入式营销+生态地产	清远、广州、珠海，地理位置接近，业态也接近，当人家对你慢慢失去兴趣后，你的客流量可能面临雪崩似的下降	迪斯尼为什么在香港做了以后，不在广州、深圳、珠海做而去了上海？
产业地产	华夏幸福	园区运营+地产开发	在尝试做产业升级，工业2025，目前园区运营形式大于内容	①真正地在园区运营方面摸索出自己的路，制定行业标准，带领大家开拓美好未来 ②聚焦一个有前途的产业来孵化，从点的突破，到构建产业链，形成生态圈
产业地产	联东U谷	以产业综合体和总部基地为主，涵盖独栋办公、研发中试、标准厂房等产品形态。依托城市原有产业基础，发挥当地优势，精准定位产业方向及产业链环节，着重于产业链两端研发、营销高附加值环节，发展产业链两端"U模式"	如果在一个基地里30~50个产业平均用力，不太容易在短期内收到明显的成效	聚焦，用心地选择3~5个产业做突破，建立制度和模式，让偶然成为必然，一旦有一两个项目快速突破，会具有相当大的示范作用
产业地产	上海张江	上海张江文化科技创意产业基地，园区产业定位：动漫画、网络游戏、高科技影视后期研发设计制作和产品工业造型设计等。园区内构建技术性公共服务平台和投融资公共服务平台，政府给予大量的资金和政策支持推动产业和产业链的形成	虽然在产业基地中排名靠前，但内容太泛，主要还是政府行为，运作成效不是特别卓著	产业园区运营管理要升级换代

下面是对上述案例的简要介绍,供大家参考。

◆ 互联网+房地产+创业

我国正处于大众创业的风口,2014年新注册市场主体1293万户,同比增长45.9%。产业升级也将大批老旧厂房、批发市场腾出来,这些资源亟待"激活"。

无界空间

"无界空间"是一个以线下的联合创业办公空间为载体,为早期创业者提供创业及生活、社交等全方面服务的线上线下创业者社区。

与一些众创空间在讲的"免费低价入驻、靠增值服务收费"不同的是,无界空间的主要收入还是来自于租金,增值的软性服务则是低价甚至免费的。往后规模化的思路是用有调性、高性价

比的办公场地和高质量的服务吸引早期创业者入驻,建立品牌影响力,然后在各地开连锁,用"越来越轻"的模式扩张。比如,合作方自负物业成本,无界空间输出品牌、收取平台管理费。

SOHO 3Q

SOHO 3Q是移动时代的办公方式,是SOHO中国发布的新产品。SOHO 3Q运用O2O模式,即线上Online、线下Offline的双向结合,和网上购物类似,从选房、订房、付款交易,每个环节都在网上进行,为流动人群提供O2O模式的办公场所。

SOHO 3Q项目就是将SOHO中国的写字楼办公室以短租的形式对外租出去,预订、选位、支付

等所有环节都在线上完成。在SOHO 3Q,你可以租一个星期、一个月,可以租一个办公桌、一个独立办公室,可以随时随地手机上预约、付款,还可以享受餐点、咖啡、复印打印等服务,只需要带着手机和电脑来工作。

万科云城

在新型的产业集聚方式下,开发商万科与入驻企业不再是简单的开发、运营、承租分割的关系,万科将与入驻企业共同打造一个动态的产业生态圈。进入万科创客空间的

小微创业公司只需要考虑主业，万科可以提供他们所需的一切服务，甚至可以用写字楼使用权换创业公司股权。

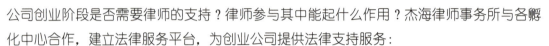

杰海律师事务所

在现今创业公司如雨后春笋般出现的时代，公司创业阶段是否需要律师的支持？律师参与其中能起什么作用？杰海律师事务所与各孵化中心合作，建立法律服务平台，为创业公司提供法律支持服务：

1. 办理创业公司设立时各类法律文件的起草审核修改；
2. 制定期权计划、股权激励计划；
3. 规划资本市场发展路线；
4. 合同风险管理；
5. 知识产权管理。

以上几点，从具体风险管理事务到公司战略层面的设计，律师及时参与，既能有效降低运营风险，又能为公司长远发展进行规划。

◆ 互联网 + 房地产 + 移动 C2B

C2B 即消费者根据自身需求定制产品和价格，生产企业根据消费者需求进行定制化生产。产品定制在工业和日产消费领域较为多见，而说到房屋定制，对国内消费者来说似乎是土豪才能享受的事。但随着经济发展和生活水平的提高，个性化房屋的需求会更加明显。如：万通自由筑屋、爱空间、Elab 等。

万通自由筑屋

2014 年，万通提出了自由筑屋定制梦，就是搭建一个互联网平台，集结一群购房者，根据购房者的集体意愿，提供造房团队，由这个平台全程跟踪建造进程，提供后勤支援。

这种模式的好处在于先定再建，开发商解决了客户问题，而购房者能拥有更多选择权。2015 年 5 月原世茂集团副总裁蔡雪梅宣布离职创业，就是打造中国首个基于 C2B 逻辑的地产移动互联平台，利用移动互联技术与大数据系统完成客户需求开发以及与之匹配的规模化产品定制与营销，创造全新的互联网 + 房地产运营模式。

爱空间

爱空间于 2014 年创立，率先提出互联网家装概念，作为中国第一家标准化家装互联网公司，通过整合知名品牌供应商，以"标准化、产业化"的理念，致力于改变传统行家装不规范、价格不透明、工期冗长、成本浪费的现状，通过互联网思维实现标准化、产业化，把家装过程中的不可控降为零。

实现可定价、定期的标准化家装，并通过线上实现交易和全程监控，线下实现体验和交付的新型家装模式，真正解放一代年轻人的家装。

Elab

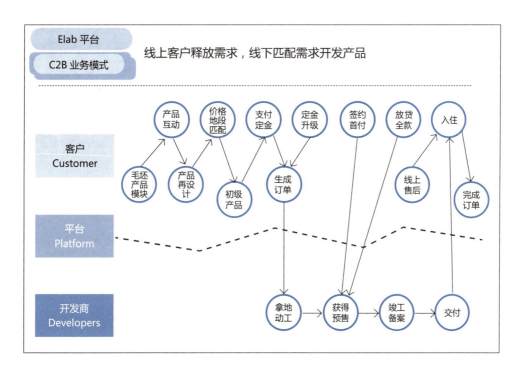

Elab 平台将利用"互联网 +"和大数据提前精准获知客户需求，让客户直接在她的平台下订单，然后拿着这些已有订单跟开发商合作，或进行存量改造，或进行增量定制开发，Elab 从中获得一定比例的抽成。

具体操作方式上，Elab 将会有一个 App，在该平台上推出由设计师设计的粗坯产品，消费者可对户型设计、硬件配置、软件服务、地段、价格、周边配套等做出反馈，数据收集之后，设计师再对产品进行迭代，通过不断与消费者交互、产品迭代，直到消费者满意下单为止。Elab 再对这些订单进行梳理，让喜欢相同类型、相同地段的产品的客群集中在一个项目里，输送给开发商，让开发商按需开发和建设。

◆ 互联网＋房地产＋金融

互联网金融与房地产的结合，能否开辟一条开发商融资和购房者投资的新路？比如近期比较火的房地产众筹，可以为购房者提供优惠和贷款，还可以与金融机构合作开发金融产品，房企借此得到融资和意向客户，消费者可以较少的钱投资房地产，获取投资收益。如：平安好房、无忧我房等。

不论是众筹、P2P、P2W，还是资产证券化，未来房地产与互联网金融的融合大有可为。

平安好房

2015 年 5 月中国平安在入股碧桂园之后，双方携手推出首个"开发众筹"项目，项目以每平方米为单位而不是按套进行资金的募集，把项目包装成保险、债券或者余额宝那样的金融产品，将众筹建房的行为变成购买金融产品，投资者并不会直接接触开发商，"绕开"预售制度。

无忧我房

无忧我房的模式是通过客户与产品匹配、定制设计、开发商互动、众筹买房再到人居社区，开发商所做的一切都是为了让客户拥有更良好的居住环境，该模式更人性化，更符合客户内心对人居环境的真正理解。

绿地地产宝

"绿地地产宝"已作为绿地金融的一个产品商标进行了正式注册，首款产品于 2015 年 4 月 13 日在蚂蚁金服的招财宝网络平台和绿地集团旗下贵州省绿地金融资产交易所上挂牌发行，这也是绿地金融与蚂蚁金服在金融领域的第一次合作。首期上线产品以绿地集团位于江西南昌的棚户区改造项目为基础资产，支持旧城改造，服务民生工程，符合国家政策导向。首期发行总规模为 2 亿元，约定年化收益率 6.4%，产品期限为一年。除拥有绿地品牌优势外，该产品还由安邦财险提供保证保险，保障本金及收益的到期兑付。目前第二期产品已在积极筹备中，将在平安陆金所平台发行。

未来绿地地产宝将不仅仅局限于绿地的自有项目，而是要建设成为互联网房地产金融平台，通过产品设计、包装，将社会闲散资金、机构资金与地产项目有效对接，致力于为中小房企提供资金解决方案，同时为社会投资者提供"高收益、低风险"的投资产品。绿地地产宝产品第一步目标是交易量达到 100 亿元，成熟期规模突破 500 亿元。

◆ 互联网 + 房地产 + 社交

对于大城市的外地年轻人来说，在满足租住的前提下，还有较强的交流需求，于是以社交公寓、长租公寓为代表的新模式出现了，如 you+ 公寓。

与普通公寓相比，"社交公寓"的定位更接近"社区平台"，房子只是载体，重要的是社区运营和管理。以前开发商追求土地价值最大化，是开发的逻辑，是 B 端思维；而"社交公寓"更多是从人的需求要效益，是运营的逻辑，是 C 端思维。租客用私人小空间去换取社交大空间，运营商则通过造圈子、增加黏性，从各种衍生需求挖到金子，同时还可以与开发商、基金合作，实现物业的保值增值。这种模式看似容易，其实却有很高的门槛。

You+ 公寓

You+ 公寓选址在创业公司集中的产业园或者交通便利的地方，采用集中式业态，即通过拿下整栋物业实行集中管理，然后对其进行改造出租。

You+ 公寓把一楼大厅和周围的空间精心布置，装修得富丽堂皇，安排了健身房、台球室、吧台、书架、游戏机等设施，供住户娱乐，同时还有各种活动和沙龙。对 you+ 公寓而言，公寓只是个载体，以此形成的年轻人社交平台才是核心。

把 you+ 公寓打造成创业者之家，吸引更多的创业者住在一起，不仅可以共同研究项目，还可以与来自各行各业的家友寻求资源互补，you+ 公寓还为创业者提供研讨与分享会，并引入投资人与项目对接，相当于把创业链条上的每一个环节整合起来，成为创业孵化基地。

新派公寓

新派公寓是国内领先的致力于打造都市白领新居住方式的连锁公寓品牌。创始人王戈宏先生率先创新提出并实践未来中国白领新的居住理念：Lifestyle（新生活方式），Home（新的家），

Community（年轻人的社区）。

新派公寓创造性地构建并实践了白领公寓独特的有限内容及品质化的服务，新派的 4S 服务模式（Smile 微笑，Sincere 真诚，Social 社交，Share 分享）开创了国内白领公寓服务模式的先河。

魔方公寓

魔方公寓首创连锁集中式公寓租赁模式：寻找市场上的整栋闲置物业，然后进行标准的家庭化装修、改造成服务式公寓出租给个人租房者，并为房间配备统一的物业服务，进行集中式管理。

拥有较高客户黏度的魔方公寓未来将作为一个巨大的线下流量入口，使居住空间这个载体有了更多的生活消费想象空间，可以满足住户全方位的生活需求。比如，"公寓＋工作"一体化可使年轻人有更好的创业空间，甚至还可提供求职、职业培训配套服务；"公寓＋生活"服务可衍生出各类上门 O2O 服务，从而为住户提供更多、更便利的产品；"公寓＋金融"则可使住客足不出户就能进行消费贷款和投资。

其他的还有上海寓见、深圳协纵、成都优客逸家、成都亚朵寓、上海青年汇、上海蘑菇公寓、北京自如寓、南京未来城……

◆ 互联网 + 房地产 + 智能系统

某种程度上，人类就是为了让自己能更"懒"而推动科技和社会进步的，智能系统会让居家生活更简单舒适，于是诸如腾讯、小米、360 等互联网巨头与方兴、正荣、华远等房企都展开了合作。

将来，智能系统绝不仅仅是生物识别、远程控制，而是从单独产品的智能化向系统化、平台化、去中心化发展，最终实现物联网化和人工智能，通过物联网技术将家居中的各种设备连接在一起，并能够统一协调管理，最终为提供更为舒适、安全、便捷、环保的生活环境所服务，科幻电影里的生活场景可能变为现实。

海尔 U-home

海尔 U-home 是海尔集团在物联网时代推出的美好住居生活解决方案，它采用有线与无线网络相结合的方式，把所有设备通过信息传感设备与网络连接，从而实现了"家庭小网""社区中网""世界大网"的物物互联,并通过物联网实现了 3C 产品、智能家居系统、安防系统等的智能化识别、管理以及数字媒体信息的共享。海尔 U-home 用户在世界的任何角落、任何时间,均可通过打电话、发短信、上网等方式与家中的电器设备互动,畅享"安全、便利、舒适、愉悦"的高品质生活。

我们对这种生活的描述是这样的:"身在外,家就在身边;回到家,世界就在眼前"。

公司建立了强大的 U-home 研发团队和世界一流的实验室。海尔 U-home 以提升人们的生活品质为己任,提出了"让您的家与世界同步"的新生活理念,不仅仅为用户提供个性化产品,还面向未来提供多套智能家居解决方案及增值服务。

小米智能家居

小米智能家居是围绕小米手机、小米电视、小米路由器三大核心产品,由小米生态链企业的智能硬件产品组成一套完整的闭环体验。目前已构成智能家居网络中心小米路由器、家庭安防中心小蚁智能摄像机、影视娱乐中心小米盒子等产品矩阵,轻松实现智能设备互联,提供智能家居真实落地、简单操作、无限互联的应用体验。并且,极具竞争力的价格也将小米智能家居塑造为大众"买得起的第一个智能家居"。

索博智能电子

索博因在智能家居和电力线通讯领域的不断创新和领导地位而闻名世界。索博是世界智能家居为数不多的集标准智能家居协议与产品生产的企业之一,拥用全球性的业务和影响力。

核心竞争力是一个企业(人才,国家或者参与竞争的个体)能够长期获得竞争优势的能力。是企业所特有的、能够经得起时间考验的、具有延展性并且是竞争对手难以模仿的技术或能力。

其他品牌还有快思聪、霍尼韦尔智能家居、安居宝、瑞讯、施耐德等等。

◆ 互联网＋房地产＋社区 O2O

未来房地产的竞争看的不是谁的面积大、谁的产品多，而是看谁的体验做的好。住户的生活空间体验是线上和线下 O2O 的，像互联网一样，让住户感觉很好玩、很有趣。所有的社区服务应该围绕家和人展开，社区是生活共性生活的集合体，生活需求的直接的触点。互联网思维和技术是依托，根本目的是借助它们为住户提供增值服务。如彩生活、乐生活、小区无忧等。

服务如何实现真正的 O2O，需要解决几个问题：一是要有集成服务移动平台，通常是 APP 类应用；二是有横向覆盖众多服务的运营机制，比如购买流程、价格折算、积分兑换等；三是线下纵向的服务商管理，如何挑选、合作、利益分配等，让服务商有钱赚，住户更放心。

彩生活

彩生活是一家集物业服务、资产运营、社区服务为一体的综合型物业服务运营集团，目前已经进入全国 500 多个社区，服务的社区面积超过 6000 万平方米。

彩生活在进入一个小区后，主要会做以下几个方面的事：首先，对整个小区实行标准化、信息化的管理。大量的保安、保洁、保绿人员将被专业性更强的"生活管家"所取代，这些管家需要随时和业主互动，并将日常生活方方面面的需求纳入服务体系；其次，彩生活创造了 B2F 模式，即 Business to Family。通过与小区周围 500 米内的商家合作，彩生活将这些商家引上线，打造一公里商业生态圈，业主通过彩之云平台或是拨打"400"电话，就能享受到这些服务；最后，推广彩之云 APP，以社区为中心辐射一公里微商圈，集成衣、食、住、行、娱、购、游等各领域商户的服务资源，时时推送更新活动资讯。

乐生活

戴卫表示，从乐生活智慧社区 O2O 的发展上来讲，下一步会在核心产品上努力做探索，落地和复制。不惜一切资金、人力、物力等资源地助推产品打造。

他计划，通过先进科技技术的引用，打造一系列智慧社区核心产品，比如四点半课堂，在孩子放学而家长没下班的这段时间里，把社区孩子集中起来学习。工程维修 PDA 设备，实时监控维修过程，更便于维修后回访。保安夜间巡岗定位仪，提升小区安全保障。

通过细分和融合，乐生活将智慧社区核心的理念分类梳理，包括社区金融、社区商业、社区健康（含养老）、智慧商业、智慧物业五大类别。尽管前路多歧途，但转型智慧社区三年以来的利润增长和客户满意度的提升让戴卫对乐生活智慧社区的发展前景信心十足。

小区无忧

小区无忧是指弋（上海）网络技术有限公司自主研发的第一款基于移动 O2O 的小区生活信息服务平台，也是中国第一家小区生活服务应用。现已覆盖全国 56 个城市、20 万个小区，用户数达 100 万，支持包括外卖、生鲜蔬菜、超市、水果等居家宅配，规范家政、开锁、维修、疏通、搬家等生活服务，提供快递、洗衣、教育、宠物等小区周边生活信息，精准优选 10 万服务商家，专人实地认证，确保信息真实可靠，让小区生活从此无忧无虑！

类似的还有青年菜君、青青菜园、小农女等。

◆ 互联网＋房地产＋养老、养生、文化旅游

休闲农庄成新宠

随着现代农业的不断发展，政府对农业的扶持力度不断加大，农村得到越来越快的发展，农村市场也日益展开，极具地方特色的休闲农庄是眼下最热门的模式。

毛豆生态园

随着城市居民对有机、绿色、健康食品认知的不断深入，2013 年以来，国内的 CSA 农场出现了积极的增长。

毛豆开心农场通过组建 QQ 群及微信群、建设网上商城进行推广销售，实现了自产自销、产销一条龙的经营模式。并与各地农业合作社及农业公司签署多种合作协议及供销协议，进行立体营销，极大地丰富了农场的产品，满足会员的需求，同时为社会培养大量有机农业人才，为当地村民解决就业问题。

目前毛豆开心农场已拥有上千名会员，其中包括社团、单位、家庭，毛豆开心农场的生鲜及农产品在经过这两年的市场考验，在消费者中赢得了极好的口碑。

田园说

田园说针对的目标人群是大城市当中生活压力比较大、生活节奏比较快、没有时间自己去亲手去种植一下蔬菜感受一下田园生活但是又对于自身及家人的身体健康和食品安全比较关注的中高端人群。

在具体操作上,用户打开手机进入田园说APP,在商城中挑选并购买想要种植的蔬菜种子,点下播种按钮,几分钟后通过田园说APP里的实景模拟视频就能看到种菜能手在菜田里播种了。等到蔬菜成熟,用户可进入收获场景点击采摘按钮,线下团队收到指令会进行实体采摘。采摘完毕后,将有物流公司根据用户要求把蔬菜送达到家。

景宜颐养院

广州市景宜颐养院是广州市民政局核准的社会福利机构。景宜颐养院由广州采用国际通行的会员制俱乐部形式管理,在业内首创"度假式养生养老"的新型养老模式。会员不用离开温馨的家庭,可以定期入住颐养院,在享受普通养老服务的同时,享受暨仁健康管理中心与相关医疗合作机构提供的全程化健康管理服务和从饮食、运动、情智、生活习惯等生活方式入手的综合调理服务。

景宜颐养院在养生、保健、医疗、康复、生活护理与心理关怀相结合的养老服务基础上,倡导亲情管理的养老服务模式,营造温馨的家庭生活氛围,让会员在颐养院生活也能享有家庭生活的欢乐。会员及家属一致评价景宜颐养院"地处龙脉得旺气,龙水相随利人居",是真正的上风上水、天医之地,适合长者居住颐养天年。

观澜湖为什么卖得好？

观澜湖卖的不是房子，是一种生活方式！观澜湖卖的不是房子，是环境和身份的象征！观澜湖卖的不是房子，卖的是平台价值！观澜湖到底卖的是什么？他为什么卖的好？

2007年进驻海南，观澜湖便开始了旅游地产闯荡之路。

作为世界第一大球会，2007年观澜湖将商业版图扩展至海南，在21.5平方公里的荒漠地上打造出观澜湖国际度假区。为什么不但海南人争相入住观澜湖，其他城市也拥有它的大票"粉丝"，它更是拿到了2014年海口楼市销冠？关键在于他们找准了受众定位，然后展开"横扫地推式"深度挖掘客户。本着先旅游后地产的运营理念，先建配套，再建房子。不做开发商，做土地的运营者。

大理老城隍庙，老树发新芽

大理古城的老城隍庙，在苍屏街下段，历史悠久，但日久失修，已荒废多年。如今老城隍庙迎来了新的春天，大理老城隍庙文化旅游产业发展有限公司在保护原有古建筑，修复损坏建筑的基础上，在周围建造仿古建筑群，商业内容极具当地白族特色，将白族的民俗文化融入进来，并让游客亲自参与、体验，这种旅游+文化+商业地产的模式为大理古城增添了一道新的风景线。

养老地产不能再"挂羊头卖狗肉"

在中国，整个养老产业的系统还没有形成体系，相关的游戏规则也没有建立起来。其实，中国有非常庞大的养老产业需求，中国的养老产业形势非常严峻，但是，中国养老产业的市场却还没有成熟。

中国很多的养老地产，都是打着"养老地产"的名义，行圈地之实，是挂羊头卖狗肉之举，最终的销售与普通地产项目别无二样。"养老地产"一词逐渐与"投机"同义。

我们所说的养老地产，实际上是指老年住宅，其使用主体是老年人。因而在设计、规划方案、定位时都要根据以后服务的人群进行通用的设计，要满足老年人的精神需求，以及有一定的预见性和前瞻性。养老社区还要考虑运营的可行性和有效性,养老地产不能再"挂羊头卖狗肉"了！

◆ 互联网＋房地产＋产业

华夏幸福

华夏幸福基业独特的"园区＋地产"模式，以园区开发立项，地产开发随行。该模式除了能确保低成本获取土地外，还可以依靠其对政府的影响力不断在园区周边获取土地，并参与到城市综合体、酒店和旧改等种多业态物业开发经营中，正因为如此，公司后期土地储备超预期的概率很大。

其中，专门负责园区开发的九通投资在区域开发实践过程中形成了一体化的园区开发招商运营模式，覆盖区域规划、产业定位、区域建设、品牌推广、招商引资、投资服务、区域维护等多种业务形态。

以固安工业园为例，固安县人民政府与九通投资签订《开发建设有关事项的委托协议》及补充协议，约定固安县人民政府委托九通投资子公司在固安工业区开发中提供工业区规划、基础设施建设、土地整理、产业发展服务（招商引资专业化服务）等；该委托是排他性的、非经华夏幸福基业同意不可撤销或变更；且委托期限长达 50 年。

联东 U 谷

产业园运营 U 模式：抓住政府与企业需求，"先产业，后地产"；专注微笑曲线的两端，只做园区规划与营销，设计可复制的模式。

为"政府＋企业"解决后顾之忧：目标客户定位就是政府和企业。

地方政府最关心什么问题呢？第一是土地集约利用；第二是税收，辖区内企业能否带来长期稳定的税收；第三是模式问题，产业规划能否把企业高密度集合在一起，产生聚合效应；第四个退出机制，中国的企业生命周期很短，一定要保证产业能够持续流动起来，持续产出；第五是快速见效，因为政府领导是有任期的，希望任期内迅速把事情做出成效。

而企业客户有什么需求呢？第一，企业客户选址关心效率和成本，从投产，运营，配套，必须让运营成本降下来。第二，要能够提高品牌形象，在哪里办公就代表是什么档次。第三，要有投资价值，很多企业都购置自己的物业，只要产生购买，就带有投资行为。

联东 U 谷为入驻企业打造舒适、高效的运营平台，帮助企业提升品牌形象，降低综合运营成本,实现高效率、低成本的发展;为政府打造产业平台,节约利用土地资源,创造更多的税收和就业,协助地区产业集聚和升级,提升区域综合价值。

上海张江文化科技创意产业基地

张江文化科技创意产业基地搭建三大功能平台:产业孵化器、研发平台、展示和交易平台。

基地总体目标:以先进的科技水平、多样的艺术形式、健康的文化内容、现代的产业功能为发展主线,服务于上海建设世界文化产业大都市的总体战略目标。将以与园区信息产业相关的动漫画、网络游戏的创意、设计、制作,高科技影视后期设计、制作,多媒体软硬件研发和制作以及产品工业造型设计等作为基地主要产业发展内容,同时,建立服务于此类产业领域的投资、中介、展示、交易平台,从而形成结构完整、互相依存、充满活力的现代文化科技创意产业架构和产业链。

星期8小镇:儿童角色体验风靡全国

星期8小镇是首家将国外儿童社会角色扮演的教育模式引入中国的公司,这种全新的模式在国内受到了很大欢迎,星期8小镇以其独特的模式和优秀的用户体验迅速风靡全国。现在除上海外,星期8小镇在广州、武汉、济南、临沂、南昌等都开设了分店,每家都提供超过5000以上平米的全仿真体验场所,建立了一个以虚拟货币为基础的微型社会,孩子们通过在"小镇"内扮演

各种社会角色学会,如何在社会上独立生活。这种新颖的模式吸引了众多小朋友,星期8平均每家店每年吸引的游客达20万人次。

爱屋吉屋、丁丁租房、自如友家、"YOU+",租房O2O谁将胜出

最初的互联网对传统产业的渗透,主要停留在信息载体的改变,即使是当红的移动互联网,也只是从PC客户端转移到移动客户端。慢慢地,有些产业革新到现在,出现开创性甚至颠覆性的改变。

而如今的传统产业要真正借力互联网达到颠覆性的变革和发展,需要从内到外的变革。

但模式再完美,还需技术的到位、人力的到位。房源的供给,租房平台所宣传的增值服务是否真正到位,盈利模式的多样化,这些都影响着租房O2O的发展。

未来租房O2O，谁主沉浮？我们静候佳音。

无忧我房、房多多、爱屋吉屋、彩生活等普遍面临的问题是打通产业链。作为项目来讲，就是拿地、策划定位、设计、建设、营销、运营，打通后形成一个闭环。他们没有打通，还是在点上解决问题，更谈不上构成一个完整的生态，所以他们不是最终的模式，是有缺陷的。

之前都扎堆在一手房，现在一手房交易极度萎缩，要向二手房转移，再向租赁漂移，再做闲置房屋的运营（自如友家、优客工场），最后做什么呢？积累用户大数据为用户提供小额的金融服务（平安好房），更可以挟用户以令开发商，为用户定制房屋。**与用户互动的频率决定了平台的生死**。

打通了，如果不扩大，也可能被吞掉。

9　从0到1难在突破，从1到0更难，难在归零！

> 创新，是一朵带刺的玫瑰。哈佛 VS 西点：再 NB 的梦想也抵不住 SB 的坚持。归零心态是战略制胜法宝，世间本是有无相生，戒定方能生慧。

对创新我们有多方面的理解，说别人没说过的话叫创新，做别人没做过的事叫创新，想别人没想的东西叫创新。

但是我们也不能盲目的创新，在过去单纯追求利润和增长率时，一些我们认为的标杆企业的优秀管理者却因为使用最好的管理技巧而导致了企业的失败。但是企业并不应该仅仅因为这些管理技巧现在无法应对破坏性技术所带来的威胁，而放弃这些能力、组织结构和决策流程。

企业面对的绝大多数的创新挑战在本质上都属于延续性创新。我们的企业管理者需要认识到，这些能力、文化和方法只是在某些特定的条件下才具有价值。

创新，是一朵带刺的玫瑰。在创新的过程中，我们总是遇到许多的困境以及陷阱，但是再牛 B 的梦想也抵不住 SB 的坚持。这也就是为何西点军校培养出来的商业领袖居然比哈佛商学院要多。

创新不是从 1 到 N，而是从 0 到 1。创新的关键是战略管理，战略就是从 0 到 1 的突破和从 1 到 0 的归零。我们在战略分析时，要经常从 0 到 1，到不了 1 就没有 2 了。就是太极里面的无极生太极：从 0 到 1 难；从太极回归无极：从 1 到 0 更难。归零心态，制胜法宝，有无相生，戒定方能生慧。

如果我们能够倒空自我，将心归零，便能获取更多新鲜的知识、能力及良好的心态等等。我们才能获得更大的力量，才可以坚持不断进取、不断超越自我，以及不断的创新！

曾国藩说："未来不迎，当下不杂，既往不恋。"这可以称得上是一种归零心态。在这个世界上，一个人建立功业易，放弃功名难。做人如此，做企业也是如此。

第三篇
文化要革命

德国大众数据造假，ICBC（工行）爱存不存，为人民币服务？易趣退出中国，MSN退出中国市场淡出江湖。诸多乱象的根本原因在于企业文化出了问题。

问题在于企业文化中的使命与核心价值观有没有起到应有的作用？文化革命不彻底，就是埋下定时炸弹，随时有引爆的可能，苹果你能封闭到几时？持续的自我批判才是拆弹神器。

不忘初心，方得始终，企业文化要回到"和"的原点，"E+"时代的"和"就是要开放透明、共建共享。

> 为什么很多明星企业成为流星企业?重要原因之一是不重视企业文化的建设。而企业文化是基业长青的基石、根本保证,正如莲的美丽取决于其水下看不到的态度、气度、底蕴的厚度。本书在企业文化方面的积极探索,值得肯定与推荐。
>
> ——解浩然(北京大学管理学博士,和君咨询高级合伙人)

1 说一套,做一套,假大空,无人信
2 企业文化不接地气,死得快
3 企业文化不接战略,走不远
4 企业文化三要素,四层次
5 求人和:从软无力到软实力
6 人力资本 VS 人力资源
7 "E+"时代,企业文化革命要彻底
8 以用户为中心,共建共享

1　说一套，做一套，假大空，无人信

德国大众数据造假，ICBC 爱存不存，为人民币服务？好好的价值主张怎么就搞成这样？企业文化是噱头还是来真的？错就错在文化与执行两张皮。

【段子】从前有一个和尚跟一个屠夫是好朋友。和尚天天早上要起来念经，而屠夫天天要起来杀猪。为了不耽误他们早上的工作，是他们约定早上互相叫对方起床。

多年以后，和尚与屠夫相继去世了。屠夫去上天堂了，而和尚却下地狱了。

Why？？你觉得是为什么？？因为屠夫天天作善事，叫和尚起来念经，相反地，和尚天天叫屠夫起来杀生……

说一套，做一套，文化革命不彻底是很要命的。文化基因里面有一点小纰漏，会把我们带到万劫不复的境地。

◆ 银行 = 弱势群体？

2015 年 3 月 4 日下午，中国建设银行行长张建国发言时提及银行是弱势群体，现场哄堂大笑，李克强总理也大笑。关于各大银行坊间流传着这样一种说法：

存不存？——中国建设银行：CBC

屁，不存！——中国人民银行：PBC

爱存不存！——中国工商银行：ICBC

存，有病！——中国光大银行：CEB

不存！——中国银行：BC

啊，不存？——中国农业银行：ABC

中国招商银行：CMB——存，没病！

中信实业银行：CITIC——存啊，特爱存！

北京市商业银行：BCCB——不存，存不？

虽然这些是网友们的玩笑之作，不得不说确实也反映了相当一部分人对各大银行的认识。企业文化不在一朝一夕，是需要长期坚持的。有一些一直以来我们认为做得很好的企业，却在关键时候掉链子。

◆ 德国大众在美国伪造数据 VS 德国诚信

我们眼里的德国人是什么样子的？严谨、认真和诚信，在全世界也是可以名列前矛的，这个几乎没人会反对。"德国制造"在全世界都是耐用、务实、可靠、安全、精密的象征。但是2015年9月，德国大众汽车集团陷入排放数据造假丑闻，事件引爆美国市场。这次大众造假丑闻让"德国制造"蒙羞。

为此，美国当局已经展开进一步调查，德国大众汽车公司首席执行官马丁·温特科恩发表声明进行了道歉，称"辜负了顾客和公众的信任"，并将配合调查。

一直以诚信著称的德国企业，现在居然爆出造假，我还能信谁？

◆ 蒙牛牛根生的起与落

蒙牛2005年时已成为中国奶制品营业额第二大的公司，但是在三聚氰胺事件下，在蒙牛致癌报道声中，外资企图强行并购的愿望催生出了悲剧的中粮入主。最后的结局只能是牛根生黯然离场，灰溜溜地回家种地。

有毒何止只有毒奶粉：毒大米、地沟油、杜丹红、孔雀绿……如今食品安全成为头等大事，众多企业为了利益不惜以次充好，甚至拿有毒食品来卖给消费者赚钱，完全不顾消费者的人身安全。这些都导致国人对国内企业失去信心，那么到底有没有做的好企业呢？

◆ 同仁堂：济世良药仁义心

在300多年的风雨历程中，历代同仁堂人始终恪守"炮制虽繁必不敢省人工，品味虽

贵必不敢减物力"的古训，树立"修合无人见，存心有天知"的自律意识，造就了制药过程中兢兢小心、精益求精的严细文化，其产品以"配方独特、选料上乘、工艺精湛、疗效显著"而享誉海内外。

同仁堂的文化值得我们传承下去的，那房地产行业的现状又是怎样的呢？

◆ 挂羊头卖狗肉

某些地产开发商的各种忽悠：开盘售罄、日光盘、×万抵×万，认筹优惠×万、绿化率？绿地率？挂羊头卖狗肉！

偏远地段 —— 远离闹市喧嚣，尽享静谧人生
挨着臭水沟 —— 绝版水岸名邸，上风上水
挖个水池子 —— 东方威尼斯，演绎浪漫风情
边上是荒草地 —— 超大绿化，满眼绿意
边上有家学校 —— 浓厚人文学术氛围
边上有家诊所 —— 拥抱健康，安享惬意
边上什么也没有 —— 简约生活，闲适安逸
难道这就是他们的企业文化？

◆ 不行贿造就万科竞争力

万科坚守着不行贿的底线，在以城市中心区难以拿到优质土地情况下，万科只有到郊区、偏远地方来开发，所以万科有一个名称叫做郊区开发商。但是正是这个郊区开发商从1993年10个城市发展到2013年60个城市。

王石在自己的微博里说，"不行贿成就了万科竞争力。万科过去、现在不允许任何员工有行贿行为。"

正是因为创始人一直坚守这种价值观，进而影响员工、影响客户、最终影响了政府，形成了

自己的企业文化。万科不行贿经营，理直气壮！现在更多的地方政府以引进万科来标榜自己的廉政。

中国许多房地产老板都是靠"忽悠"起家的：没有地，就忽悠政府说自己有多少钱；没有钱，就忽悠银行说自己有多少地；没有建材，就忽悠包工头说自己要盖多少房；没有销售，就忽悠客户说自己会优惠多少价钱……到头来，这些没地、没钱、没材的"负债人"凭借空手套白狼的绝技，赚了比那些有地、有钱、有材的人不知高多少倍的钱，转眼间成了名副其实的亿万富翁。

在整个行业都乱象横生的时候，万科依然坚守自己的价值观，不能说与他的企业文化没有关系。

人人嘴上讲，个个都摇头，自己都好笑，别人更不信。

"忽悠文化"盛行的时代,当屡次被人忽悠欺骗，经历过各种悲剧之后，我们不禁要呐喊：文化不能再靠忽悠了！说一套，做一套，那些假大空的文化，说得好听点，是说与做两张皮，说穿了就是两个字——骗人！没有人信的。诚信是企业成功的基因和基石，特别是更透明更开放的移动互联时代，所有人和组织的的诚信都面临着考验，连诚信都没有的企业，没有存活的可能性。

对企业文化认识不到位，是出现"忽悠文化"的深层原因，必须对企业文化体系有一个系统的认识。

在企业文化建设指导思想上，只图好看、不图可行，只讲理论、不讲实践，是导致企业文化"假"的主观原因；

在文化体系设计上只有口号、没有系统，只有理念、没有制度，是导致企业文化"大"而无边的客观原因；

在践行企业文化上只讲精神激励，不讲物质激励，是导致企业文化"空"的表层原因，需要把企业文化外化于行。

"看上去很美，说起来很甜，做起来很难"，这句话成为企业文化落地的真实写照。企业文化是噱头还是来真的？企业文化落地难的根本原因在哪里呢？企业文化最大的误区就是文化与执行两张皮，企业文化要说到做到！

◆ 胡庆余堂：戒欺

胡雪岩创建的胡庆余堂。一百三十多年过去了，胡庆余堂国药号始终秉承"戒欺"祖训、

"真不二价"的经营方针,已成为保护、继承、发展、传播祖国五千年中药文化精萃的重要场所,是杭州人文历史文化不可或缺的重要组成部分。

"凡百货贸易均着不得欺字,药业关系性命,尤为万不可欺,不至欺予以欺世人。"戒欺"匾高悬在店堂内侧,时时告诫员工。胡庆余堂高悬的"真不二价"匾也同样引人注目。

◆ 阿里巴巴:让天下没有难做的生意

马云说,阿里巴巴一直坚持**"让天下没有难做的生意"**这一使命。这也决定了阿里巴巴不应该成为一家商业帝国。"只有打造一个开放、协同、繁荣的商业生态系统,这样才能真正帮助到我们的客户,也就是小微企业和消费者。"

没有成功的企业,只有时代的企业。
——张瑞敏

所有的企业都要跟上时代的步伐才能生存,就是你的**企业文化要顺应时代的潮流**。移动互联时代来临,时代变迁太快,所以企业必须不断的挑战自我、战胜自我,即文化要革自己的命。

2　企业文化不接地气，死得快

富士康"血汗工厂"？肯德基凭什么超越麦当劳？从南COPY到北，宁夏恒大200多套房滞销，某地5万平方米的别墅小区无人买。凝聚人心的企业文化，要符合企业实际，更要具有地域特色，本土化。

【段子】客机坠落海面，乘务员让乘客从滑梯上下海，乘客不敢，空姐求助于机长，机长迅速搞定。空姐问其原因，机长答："对美国人说这是冒险，对英国人说这是荣誉，对法国人说这很浪漫，对德国人说这是规定，对日本人说这是命令，就好了。空姐继续追问："那对中国人说什么呢？"机长："**中国人**太容易搞定啦，告诉他是**免费**的就可以了。"

◆ 卓别林《摩登时代》

《摩登时代》开头的文字旁白："一个描述工业时代的故事，描述了私营企业与人类追求幸福间的冲突。"

工厂的管理层们疯狂地压榨员工，昏天黑地的工作使人们开始麻木。工人查理在工厂干活、发疯、最终进入精神病院。

工业时代的企业缺乏人性化的管理，高强度的工作扭曲了人性。

虽然这是发生在20世纪工业时代的故事，但是在现代社会却依然存在。

◆ 富士康跳楼事件

仅自2010年1月23日富士康员工第一跳起至2010年11月5日，富士康就已发生14起跳楼事件，引起社会各界乃至全球的关注。富士康被贴上"血汗工厂"的标签。

富士康在回应外界时，力图将死亡的主要责任归

咎于死者自己和社会，对工人工作和生存状况闪烁其辞，上演了一出 21 世纪的《摩登时代》。

企业这种对利润的不择手段的追求，其实极度的扭曲了人性，不接地气！

◆ 房地产项目赶工

相信在房企工作过的人，特别是工程现场的管理人员，一定经历过为赶工期通宵达旦作业的情况。不但扰民，而且工程质量难保证，夜晚作业对人员的安全也构成威胁。连续高强度的作业引发的安全事故屡见不鲜，是工程进度重要还是建筑工人的性命重要？以人为本的理念何在？

时代在发展，社会在进步，在现代企业的经营和管理中，企业文化的建设和管理必须提到应有的高度。前面我们说过文化的柔性弥补了战略和执行的刚性，刚柔并济。

我们来看一下现在的 90 后是怎么玩的。

◆ 那些"老家伙"根本不知道我在想什么

"超级课程表"创始人、90 后总裁余佳文说道：都说我吹牛皮，我倒觉得其实那帮老家伙根本不知道我在想什么！我就是喜欢吹牛皮怎样？你有你的做法，我有我的做法，这是各人的自由选择。

我每天就到公司里跟员工聊聊天、吹吹牛皮，了解一下他们在做些什么。

员工上下班时间自行决定，每个人只要完成自己的工作就行。

我用人的唯一准则就是"会干活、人品好"。

老板天天吹牛皮没关系，不要过多干预员工的工作，他们对自己的工作、自己的薪水、自己的未来有期待，他们会干得很好。

从传统工商到互联网，再到移动互联，我们可以看到不同时代的人所传达出来的文化理念是不同的。

建设以人性化为基石的、积极向上的企业文化变得越来越重要。

时代的发展对企业的要求越来越高，不仅要符合当下年轻人的文化理念。而且随着经济的全球化发展，跨国企业也越来越多。对于跨国企业来说，最大的问题就是要解决走出去后的本土化问题，也就是面对差异的区域文化、宗教信仰、政治制度等，要快速的完成转型，与当地的文化进行有机结合。

说到本土化，我们就不得不聊一聊肯德基与麦当劳了。

◆ 肯德基 VS 麦当劳

从全球范围看，麦当劳和肯德基不属于一个重量级：2003 年，麦当劳以销售额超过 221 亿美元的业绩排名榜首；而肯德基则以销售额 49.36 亿美元排名第七。

但是，现在作为全球快餐第一品牌的绝对老大麦当劳在中国市场的发展现状，却远远落后于肯德基，两者之间的业绩相去甚远。原因何在？

肯德基在打入中国市场后，他们为此专门成立了咨询委员会，聘请专家顾问，研究中国人的饮食习惯，针对不同地区用户的饮食偏好，推出了诸如：豆浆、油条、盖浇饭等一系列极具中国特色的传统食物，取得了巨大的成功。而麦当劳在本土化这一块做得就明显不如肯德基这么彻底。**肯德基制胜的武器就是本土化。**

现在，越来越多的中国企业也在走出国门，开始了国际化的探索，从早期的中兴、华为、海尔、TCL、长虹、联想、天狮等，到现在的房企们，如：万科、万达、碧桂园、绿地等，如何本土化也是这些中国企业要面临的问题。

本土化是企业文化接地气的主要方式之一，也是捷径之一。

从上面这些案例我们可以看出：企业文化不仅要**以文"化"人**，凝聚成"企业—员工命运共同体"的活力源。而且管理者要顺应人性的规律去改造人性的弱点，要为员工创建良好的工作环境，更要为员工提供广阔的发展空间，使工作成为一种学习、学习成为一种乐趣，在与企业共壮大的同时，活出生命的意义来。不仅如此，凝聚人心的企业文化，要符合企业实际，更要具有地域特色，要本土化。

◆ 日本终身雇佣制：成也萧何败也萧何

终身雇佣制是由创立于1918年的松下公司提出的，松下幸之助称：松下员工在达到预定的退休年龄之前，不用担心失业。企业也绝对不会解雇任何一个'松下人'。"

终身雇佣制在当时二战结束后日本经济低迷的背景下得以形成和巩固，给日本经济腾飞以不小的推动作用。

随着时代的变迁，经济趋势的变化，终身雇佣制的弊端越来越显现：人才流动受阻，企业缺乏活力；导致日本很多年轻学生拼命学习，考进排名前三的大学，然后到大型集团谋职，最后因为终生雇佣制而不思进取。

◆ 欧洲高福利：希腊危机欧债危机

2015年11月12日希腊再次爆发全面罢工，抗议总理齐普拉斯采取新一轮财政紧缩政策。大约2.5万名希腊民众当天走上街头，在首都雅典市中心发起了三轮游行。身处债务危机泥潭的希腊政府为削减赤字、争取援助而采取紧缩政策，削减工资、增加赋税、降低福利等做法让民众无法接受，引发严重抗议。

第二次世界大战后，欧洲各国的社会福利制度迅速发展。庞大的社会福利支出用于消费，增加了西欧国家产品的生产成本，国民对福利的过度依赖导致工作积极性不高和劳动力市场僵化，诱发了长期困扰西方社会的"福利道德"问题。

福利制度太好，过于人性化，大家都没有危机感了。而**危机感是最大的保护伞**。

企业文化要顺应人性，但是又不能过于迁就人性。

当然，企业文化在顺应人性的同时，更要与企业发展战略同出一源，方向上保持高度的一致性，并能够渗透到员工的行为中去。

3　企业文化不接战略，走不远

"最懂政府的开发商"可能成为房企老大吗？三里屯 SOHO 大卖之后房价大跌，运营长尾如何化黑洞为金矿？没有长期做好客服运营的理念，城市运营商的战略怎么落地？

◆ 从"君万之争"到"宝万之争"，万科在反抗什么？

【段子】

宝能府姚员外要包深万科，

老鸨王婆：你不讲信用。

姚员外：我有钱。

王婆：你睡过刘寡妇。

姚员外：我有钱。

王婆：你这么玩会破产的。

姚员外：我有钱。

王婆：她是头牌你不配。

姚员外：我有钱。

王婆：原来包她的华少爷比你有品位。

姚员外：我有钱。

王婆：你的钱都是坑某拐骗借来的。

姚员外大怒：你他妈既然挂牌出来卖，出得起钱就可以买，那么多废话干什么。

王婆：……万科身体不适，暂不接客……

这是网上最近流传的一个段子，很形象地描绘了"宝万之争"。面对宝能系的步步紧逼，一系列疑问也成为外界关注的焦点，风暴眼中的万科管理层是否愿意多年的平衡被打破？

王石直接呛声："你现在还没到能当万科第一大股东的程度，虽然英雄不问出处，未来没准也可以当，但你宝能首先要逐步建立起整个系统的信用体系，万科也是从很小的公司一步步走到今天的。什么时候你的信用赶上万科了，什么时候我就欢迎你做大股东。"

这让我们也不得不想起来当年的"君万之争"，那么万科到底在抵抗什么呢？

其实不管是"君万之争"还是"宝万之争"，都是文化之争！是彼此价值观的认同！

◆ 海尔主动砸冰箱 VS 西门子冰箱被砸

1985年,海尔集团总裁张瑞敏接到一封用户的投诉信,说海尔冰箱存在质量问题,他率人到仓库检查发现了70多台不合格电冰箱,最终决定砸掉它们,当员工们含泪眼看着张瑞敏总裁亲自带头把有缺陷的76台电冰箱砸碎之后,内心受到的震撼是巨大的,人们对"有缺陷的产品就是废品"有了刻骨铭心的理解与记忆。

无独有偶,作为德国老牌企业西门子,它所生产的冰箱也砸过,不过是被消费者砸。2011年9月开始,老罗英语培训创始人罗永浩连续发布微博,指西门子冰箱存在"门关不严"问题。

西门子表示:关上关不上门是心理问题,只要消费者想关门,都可以关得上。

于是从文字、图片到视频、音频,在老罗的带领下,网友纷纷在网上"晒"自家关不严的西门子冰箱,此事经过传统媒体的报道影响迅速扩大,兴起了一场针对西门子的集体维权。

从海尔与西门子对待问题冰箱不同的态度,再到两家公司现在的发展状况,可以看出在不为战略服务的企业文化下,员工的言行最终会损害企业的战略。

◆ 最懂政府的开发商,你的未来在哪里?

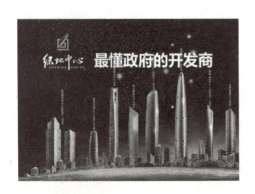

问:建那么多的超高建筑,你的招商有什么绝招?
绿地:靠政府啊!
问:物业管理成本有什么绝招可以降下来?
绿地:靠政府补贴!
问:有什么绝招提高客户体验?
绿地:靠政府支持!

问：……

绿地：靠政府！

绿地自称是"最懂得政府的开发商"，政府就那么可靠吗？政府可以管你 10 年、20 年？在市场经济的环境下，政府是对市场风向感应最迟钝的，讨好政府无非是政府能占更多资源，想投机赚暴利或者当老大。

作为一个企业，应该**把最懂用户和创造用户价值作为最高战略导向**。绿地的地标模式要想走远，必须要解决后面三五十年的运营黑洞，但是你能解决吗？

◆ 到星河湾看好房子的标准

"到星河湾看好房子的标准"，"星河湾住的房子就是样板房，我们的样板房就是交给业主的验收标准。"当星河湾放出这样的豪言，业界刚开始是一片嘘声："星河湾是哪根葱？一个项目都没做就开始吹牛了？哗众取宠！"

从做第一个项目广州星河湾开始，黄文仔的车上就备一把锤子，只要不符合他的标准，连价值近百万的玻璃幕墙也会毫不犹豫地砸掉；曾在开盘前一天，指令将沙盘模型、栏杆、走道全部重做；为了呈现接近无缝拼接的效果，他把星河湾的每一块石材都进行编号，对应纹路时，石材严格按照编号排列，所有的拼接处即便是尖刀也插不进。所以当广州星河湾开盘时，很多业内人士来看过星河湾之后非常惊讶，因为他们几乎挑不出星河湾的毛病。

拿大家都知道的赵四小姐与张少将的故事来说吧：赵四小姐从 16 岁开始跟张学良。跟 1 年，属奸情；跟 3 年，算偷情；跟 60 年，便成为千古爱情！很多事情不是看做不做，而看你做多久，**坚持就是有文化**。

◆ 城市服务配套商，城市运营商，是空头支票还是来真的？

过去，房地产开发商往往被打上投机客、土地买卖者、资本操盘手等"土豪"标签，如今，万科、绿地、龙湖、首创置业等纷纷提出理想目标——要成为城市运营商，立志变身"高大上"。

伴随新型城镇化推进、纯住宅地产触碰天花板，巨大的机遇与挑战面前，大批的房企开发商谋求转型，在探索的道路上，谁能真正成为城市运营商？而且这种吃力不讨好的事情真的能说到做到吗？就算做到了，能坚持一直这样吗？要知道做服务要盈利可是在针尖上削铁，做运营赚钱是很费劲的！那些地产商习惯了土豪的赚大钱模式，这种苦逼的生活他们愿意熬吗？

说起来容易，做起来难，一些企业在政府压力下转型，迎合政策，等到政策宽松，又会回复本性。企业文化必须与战略协调，才能使战略顺利实施、有效推进，从而不断规避企业经营上的种种风险。

面对 E+ 转型的浪潮，外部环境不断变化，企业的战略也必须不断调整，相应地也要进行文化的变革。当企业文化与企业战略相吻合时，就可以推动整个战略的顺利实施，反之则会成为制约战略实施的助力。由于企业文化的变革速度非常慢，很难及时对新战略作出反应，所以**文化要革命**。

◆ 乔布斯：Think Different，不一样的苹果

在 1997 年 9 月乔布斯回归苹果公司并成为临时 CEO 时，之前的一个财年公司已经亏损了 10.4 亿美元。

然而一条广告短片的面世改变了一切。员工第一次看到这条名为 Think Different（"非同凡想"）的广告短片的时候，是在公司内部的一个员工大会上。当时乔布斯走上讲台，向员工们播放了这个短片。

整个小礼堂瞬间鸦雀无声，没有人说话，一些人甚至开始掉眼泪。

最后，还是乔布斯自己打破了这种寂静："这支广告说白了是为了给我们自己打气。我们必须要问问自己：'我们是谁？我们的使命是什么？'"

一年以后，愿望成真——到了 1998 财年，苹果公司已经实现了 3.09 亿美元的盈利。

Think Different 的价值观决定了苹果公司的目标用户群体。而苹果公司则将全部精力放在那些"**具有 Think Different 价值观**"用户身上，满足他们的极致体验。2014 年，苹果品牌超越谷歌（Google），成为世界最具价值品牌。

正是这种**企业文化革命到底**的决心，造就了今日苹果的**与众不同**。

◆ 万科：房地产行业的领跑者

万科企业股份有限公司成立于 1984 年 5 月，是目前中国最大的专业住宅开发企业，号称要做行业的领跑者。

第一个上市：万科 1991 年成为深圳证券交易所第二家上市公司，持续增长的业绩以及规范透明的公司治理结构，使公司赢得了投资者的广泛认可。

第一个业主委员会：1991 年中国第一个业主委员会在万科物业诞生。

第一个启动合伙人模式：2014年4月，万科推出了合伙人持股计划，也就是事业合伙人制。

你说，他是不是**行业的领导者**？他倡导的价值观被我们普遍认可。

所以，我们倡导的价值观，要真抓实干地去把它落实，把它变成现实，由实实在在的东西体现出来，而不是空讲，否则就变成假大空，无人信了。

◆ 企业文化误区的种种

前面我们看到了企业文化喊口号、不顺应潮流、与战略不匹配、不顺应人性的种种问题，那还有没有呢？下面我们来列清单。

1. 企业文化就是宣传口号、标语、横幅，注重形式，轻视内涵；
2. 企业文化就是旅游、聚餐、培训等集体活动；
3. 把企业文化等同于文化；
4. 企业文化就是老板文化；
5. 企业文化僵化、守旧，与时代潮流不符；
6. 企业文化和战略无关，甚至背道而驰；
7. 只要管理到位，不需要企业文化；
8. 企业文化四分五裂，不成体系。

面对种种问题，究竟什么才是好的企业文化？我们先看看业界有什么标准：

标准一：任何优秀的企业文化必须满足四个标准：基于个性、基于战略、基于最根本的商业准则、基于人性。

标准二：首先，企业文化必须坚决地服务于企业战略的实现；其次，企业文化不是为了讲给外面人听的，是为了给自己人用的。"好听""好看"不重要，关键是"好用"。

我们认为：企业文化必须满足三个顺应。

【和龙三德聚人心】

1 顺天意——企业文化必须顺应时代潮流，与时俱进。

2 顺战略——企业文化要顺应战略要求，为战略落地服务。

3 顺人性——只有顺应人性，才容易被认同，才能接地气。

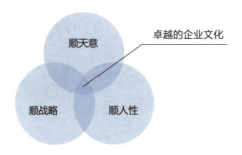

三者交集的企业文化，才有可能成为卓越的企业文化。

企业文化在不同竞争阶段的制定原则

三德原则 \ 竞争阶段	产品为王	渠道为王	用户为王
顺天意	结合潮流、政策等，不断推出新产品、服务、提升体验		
顺战略	产品生产有保障	服务	用户体验、粉丝
顺人性	消费者满意度	客户忠诚度	用户尖叫度

良好的企业文化可以增强企业的内部凝聚力，士气高涨，提供有特色的服务，对外形象良好，产品有竞争力。

企业文化是企业的灵魂。它包含着非常丰富的内容，其核心是企业的精神和价值观。这里的价值观不是泛指企业管理中的各种文化现象，而是企业或企业中的员工在从事商业活动中所持有的价值观念。

没有企业文化，或企业文化出偏差的企业，最终将走上不归路。既然企业文化这么重要，那企业文化有哪些要素？

4 企业文化三要素，四层次

> 万科为什么能远超金地？华为与联想、IBM与惠普，故事一直在重演。用显微镜来为你剖析企业文化的内核，还原其本来面目，并预判企业的未来。国际××，百年企业？中国×× 正德厚生？然并卵！

◆ IMB为什么远超惠普？

尽管惠普和IBM有着诸多相似之处，但这两个巨头的理念却全然不同。虽然历史底蕴类似，目前两家公司都在谋划未来，但却选择了不同的道路。IBM认准了软件和服务是行业的未来，惠普则坚持软硬两手抓。

两家公司前景如何？金融市场给出了不一样的分数。2015年11月为止，IBM股价上涨了13%，惠普却下跌了29%。IBM市值为2360亿美元，惠普市值仅为360亿美元，不到对手的六分之一。

像惠普与IBM这样可以对举的案例不胜枚举：万科与金地、华为与联想等。造成如此局面的深层原因，在于企业文化的差异。

从前面的案例分析，我们已经知道了企业文化的重要性，那企业文化的要素有哪些？先来看看各位大师的不同观点，他们有哪些是好的，哪些是有偏颇的：

最早提出企业文化概念的**威廉·大内**认为：企业文化由传统和风气构成，此外还包含企业的确定活动、意见和行为模式等价值观。

【和龙观点】传统和风气是社会背景是时代潮流，对企业文化有决定性的影响，但不是企业文化的构成要素。企业的确定活动是企业文化落地的实施，属于企业文化管理的范畴，也不是企业文化的要素。意见和行为模式等的价值观即我们所说的核心价值观，是企业文化的核心要素。

特伦斯·迪尔和阿伦·肯尼迪出版了《企业文化——现代企业精神支柱》，他们认为企业文化包括五个要素：企业环境、价值观、英雄人物、礼仪和庆典、文化网络。

企业环境是指企业的性质、企业的经营方向、外部环境、企业的社会形象、与外界的联系等方面。它往往决定企业的行为。

价值观是指企业内成员对某个事件或某种行为好与坏、善与恶、正确与错误、是否值得仿效的一致认识。价值观是企业文化的核心，统一的价值观使企业内成员在判断自己行为时具有统一的标准，并以此来选择自己的行为。

英雄人物是指企业文化的核心人物或企业文化的人格化，其作用在于作为一种活的样板，给企业中其他员工提供可供仿效的榜样，对企业文化的形成和强化起着极为重要的作用。

文化仪式是指企业内的各种表彰、奖励活动、聚会以及文娱活动等，它可以把企业中发生的某些事情戏剧化和形象化，来生动地宣传和体现本企业的价值观，使人们通过这些生动活泼的活动来领会企业文化的内涵，使企业文化"寓教于乐"之中。

文化网络是指非正式的信息传递渠道，主要是传播文化信息。它是由某种非正式的组织和人群，以及某一特定场合所组成，它所传递出的信息往往能反映出职工的愿望和心态。

【和龙观点】同样将企业文化管理与企业文化的要素混为一谈。

河野丰弘在《变革的企业文化》中提出企业文化构成的七要素：

1. 员工的价值观 ——核心价值观；
2. 情报搜集的取向 ——即企业信息搜集的来源；
3. 构想是否为自发地产生 ——激发员工的创造性；
4. 从评价到实行的过程 ——反应企业对待失败的态度；
5. 员工的互助关系 ——员工之间的关系；
6. 员工的忠诚度 ——员工对核心价值观的认同程度；
7. 动机的形态 ——员工对待工作的态度，即责任感。

【和龙观点】过于琐碎了，把简单的问题搞复杂了。

海能从认知与行为的视角提出，企业文化是企业的价值观念和行为准则，它们是组织成员的共同思想体系。

【和龙观点】核心价值观是企业文化的重要组成部分。

科特和赫斯克特认为，企业文化是指一个企业中各个部门、至少是企业高层管理者们所共同拥有的那些企业价值观念和经营实践……是指企业中一个分部的各个职能部门或地处不同地理环境的部门所拥有的共同的文化现象。

【和龙观点】与海能的观念相同，只是换了个说法。

陈春花《企业文化》：企业在实践中创建和发展的用以解决企业外部适应和内部整合问题的一套共同价值观，与价值观一致的行为方式以及由这些行为所产生的结果与表现形态。

【和龙观点】我们比较赞同这个观点。

周易智慧启示我们要化繁为简,简则易从。所以从指导实践的原则出发,我们认为:
企业文化的核心三要素:愿景、使命、核心价值观。

◆ 愿景

我们先来看看一些著名企业的愿景:

企业	愿景	和龙点评
麦当劳	控制全球食品服务业	"控制",粗放转向规范的语言,不符合移动互联的精神。现在已经不顺天意了
柯达	只要是图片都是我们的业务	愿景太泛了,不聚焦,不可信,战略有没有跟上?想转型,从胶片转向图片,最后失败了
索尼	为包括我们的股东、顾客、员工,乃至商业伙伴在内的所有人提供创造和实现他们美好梦想的机会	太长了,不易于传播。 一句话能够团结凝聚三代人的魂
万达	国际万达,百年企业	刚开始喊喊"百年企业"可以,现在还这样说,就搞笑了,房子的产权都70年了,百年后房子谁来管?
格力电器	缔造全球领先的空调企业,成就格力百年的世界品牌	在那个时间段可以这样讲,现在这个愿景,已经没有人怀疑了,没有挑战性了,现在要赶紧更新
联想	未来的联想应该是高科技的联想、服务的联想、国际化的联想	这个愿景已经实现了,要赶紧换,否则就会失去凝聚力

从上表可以看到企业愿景常常会出现的问题有:
1. 过于空泛,不聚焦,比如柯达"只要是图片都是我们的业务"。
2. 不够高远,没有"勾引力",比如:联想"未来的联想应该是……的联想"。
3. 过于琐碎,不易于传播,比如索尼"为包括……在内的所有人提……的机会"。

哪些企业的愿景比较好?我们来看一些例子:

企业	愿景	和龙点评
苹果	让每人拥有一台计算机	聚焦产业,有挑战性,而且语言简练,记得住
福特	使每一个人都拥有一辆汽车	非常好,甚至苹果抄去了
高盛	在每一方面都成为世界上最优秀的投资银行	愿景设计的逻辑正确,聚焦"投资"
迪士尼	成为全球的超级娱乐公司	与高盛一样
通用电气	使世界更光明	更好!"光明"一语双关,"我带来什么"和"我要成为什么"境界是不一样的
万科	成为中国房地产行业领跑者	不是固定目标,有持续的调整,随时有危机感,万科一直在努力保持领跑
阿里巴巴	让天下没有难做的生意,打造开放、协同、繁荣的电子商务生态圈	非常好的愿景
小米	让每个人都能享受科技的乐趣	"乐趣"有意思,不仅仅是科技,还有艺术

以上都是非常不错的企业愿景，大家可以参考。

接下来我们看看管理大师关于愿景都有哪些观点：

《基业长青》作者**柯林斯**："一个企业从优秀到卓越，最重要的标志是能提出超乎利润之上的终极追求。"

【和龙观点】"超乎利润之上的终极追求"就是愿景与使命。

"人生不只有苟且，还有诗和远方。""利润"就是苟且，"诗和远方"就是愿景。

"不提愿景的领导，不是好领导。"孙正义这句话说得太对了，不提愿景的企业家，就是一个生意人、买卖人。

德鲁克认为企业要思考三个问题：

第一个问题，我们的企业是什么？

第二个问题，我们的企业将是什么？

第三个问题，我们的企业应该是什么？

这三个问题集中起来就体现了一个企业的愿景。

我们认为：**没有愿景的企业走不远**。企业愿景是存在于员工心目中的美好景象，是所有员工对企业未来的一种设想和期望。企业愿景并不是说现在要给员工什么，而是让大家拥有一种共同的愿望——通过大家的努力，在将来能得到什么。也就是说，**描绘愿景不是为目前充饥，而是让人们将眼光放长远，从而激发出内在的动力**。没有愿景的企业，就像断了线的风筝，不知要飞到哪儿去。

愿景给企业发展指明方向，凝聚人才，创造一个将个人目标与企业目标相结合的沟通平台，从而产生了将个人命运与企业命运相结合的契机。企业不再是由一群普通人的简单组合，而是一个有共同理想、共同使命的生命联合体。每一个人不再是一个被动的服从者，而是为了共同目标进行创新学习的开拓者。共同的愿景从 DNA 的角度改变了人与人之间的关系，这样的组织就如原子弹爆发一样，释放出每一个人的巨大潜力。同样是碳元素，结构的不同形成两种截然不同的结果，一个是金刚石，另一个是石墨。

中国企业，平均寿命只有 3 年。为什么如此短？因为没有找到企业存在的理由。企业的使命从市场及消费者的角度来看就是客户的需求。市场的需求是企业使命的基础。赢利不是企业的终极追求目标。赢利是企业的基础需求，就好比人呼吸一样重要。但是人活着，不仅仅是为了呼吸，还应该满足社会的某种需求，如果一味地追求赢利，便会动摇企业生存的基础。

◆ 愿景与战略的区别

愿景是长远的，模糊的，美好的愿望，是宏愿，是远景，不是三五年能够实现的。比如愿天下有情人终成眷属，就是一个美好的愿望，因为不可能所有的有情人都能在一起，我们可以努力去接近这个目标,但是永远无法真正的到达。像"实现中华民族的伟大复兴",这就是愿景。

还有最近叫得特别热的"中国梦"也是愿景,每个人都有一个中国梦,不仅仅是中国人的梦想,更是世界的梦想。国际汽车产业,餐饮业,世界投行都已经实现中国梦了,现在该老百姓的中国梦实现了。

战略一定是清晰的、可执行的、能落地的,否则就是空谈,就没有牵引力,没有领导力。 "一带一路""亚投行"一提出来,不仅亚洲,连欧洲都趋之若鹜,连最有绅士风度的英国也顾不得斯文,顾不得和美国的交情,与中国站到了一起。

短期战略要有挑战性,如蓝光的战略:到2020年,蓝光的年销售目标达到千亿元。然后就开始计划从现在到2020年逐年的销售目标,每年的项目数量,城市进入计划,拿地计划……所有的一切都是为了保证战略的达成。挑战性的战略会产生压力,压力又产生动力。

梦想还是要有的,万一实现了呢?

◆ 使命

还是先看看著名企业的使命:

企业	使命	和龙点评
苹果	藉推广公平的资料使用惯例,建立用户对互联网之信任和信心	绕口,没有做到朗朗上口。可能是翻译的问题
微软	致力于提供使工作、学习、生活更加方便、丰富的个人电脑软件	符合描述企业使命的通用语法"致力于……",但是有点啰嗦
惠普	为人类的幸福和发展做出技术贡献	强调"技术",这就是惠普与IBM的差距
索尼	体验发展技术造福大众的快乐	还是在讲技术,技术公司要有超越技术之上的追求
华为	聚焦客户关注的挑战和压力,提供有竞争力的通信解决方案和服务,持续为客户创造最大价值	围绕客户转,好。 但最后将"成也客户,败也客户",要从客户到用户
联想	为客户利益而努力创新	不错,但面对与华为一样的问题
中国移动	创无限通信世界,做信息社会栋梁	呵呵
龙湖	为客户提供优质产品和服务并影响他们的行为。在此过程中,成为卓越的企业并创造机会	没有激情
金地	科学筑家	科学(实)筑家(实),LOW了; 使命要从实到虚,语法才OK

从上表可以看到企业使命常常会出现的问题有：

1 不够简练，如苹果"藉推广公平的资料使用惯例，建立用户对互联网之信任和信心"和微软"致力于提供使工作、学习、生活更加方便、丰富的个人电脑软件"；

2 华而不实，没有做到虚实结合，如金地"科学筑家"；

3 激情不足，没有起到使命应有的作用，如龙湖"为客户提供优质产品和服务并影响他们的行为。在此过程中，成为卓越的企业并创造机会"。

哪些企业的使命比较好？我们来看一些例子：

企业	使命	和龙点评
IBM	无论是一小步，还是一大步，都要带动人类的进步	很好，有诗意，场景化，还有哲理
迪士尼	使人们过得快活	非常好，很平实，而且是广大人民群众的终极追求
沃尔玛	给普通百姓提供机会，使他们能与富人一样买到同样的东西	厉害，得草根者得天下；人优我廉
青岛啤酒	用我们的激情酿造出消费者喜好的啤酒，为生活创造快乐	通过……（实），实现……（虚），非常好
万科	建筑无限生活	"建筑"（实），"无限"（虚）
万达	共创财富，公益社会	"财富"实+"公益社会"虚
格力电器	弘扬工业精神，追求完美质量，提供专业服务，创造舒适环境	过于平实，没有激情，但是符合格力的风格，也做到了
阿里巴巴	促进开放、透明、分享、责任的新商业文明	太厉害了，"文明"有高度。真正做到弱水三千，只取一勺。借助互联网工具，正在做
小米	为发烧而生	激情四射！以前讲使命是为了……要献出生命，现在小米提出要为……而生
共产党	为实现共产主义事业而奋斗终生	共产党在这方面值得所有企业学习

管理大师谈使命：

德鲁克：管理就是界定企业的使命，并激励和组织人力资源去实现这个使命。

【和龙观点】是在管理的层面去讲使命，而使命如果仅仅这样去讲，就有点 Low 了。使命要让人瞬间激情爆棚。

我们认为：**使命不仅是为自己，要渡人渡己，成人达己**。比如迪斯尼的使命：使人们过得快活。为更广泛的人群服务，在更广大的领域中寻找自己的价值，寻找自己的灵魂，把为人和为己做结合。也就是让使命来拯救我们散乱的能量，使我们有一种为他人工作的神圣感。我们都是普通人，一旦我们的命运与一个伟大的使命联系起来，我们便可以创造出历史的辉煌。许多企业没有思考为什么要办企业，这是导致其灭亡的重要原因之一。

使命是对自身和社会发展所作出的承诺，是公司存在的理由和依据，是组织存在的原因，是企业在社会进步和社会经济发展中所应担当的角色和责任。

使命让我们更加专注。"舍得一身剐，敢把皇帝拉下马""愚公移山"小米"为发烧而生""生当为人杰，死亦为鬼雄"，都是一种使命感。**使命感让你了断生死，激情飞扬。**

企业使命不是企业愿不愿意做的事情，而是企业必须做的事情，是企业的天职与责任。它不仅是企业生产发展所必需的指导思想，也体现着企业的社会责任。当企业有了使命，它会让企业更专注，更用心。如果企业缺乏正确的企业使命观和社会责任感，受到危害的绝不仅仅是企业本身，比如"三鹿事件""毒地板门"等。

◆ 核心价值观

诺贝尔奖获得者：莫言和屠呦呦

2015年12月，同样是诺贝尔奖获得者的，莫言和屠呦呦两篇诺贝尔奖演讲引发网友热议。

演讲中屠呦呦把自己的成绩归功于那个火红年代，归功于党和国家的信任和支持，归功于中国科技界的万众一心、攻坚克难，同时期望全球抗疟工作者共同努立解决疟原虫对于青蒿素和其他抗疟药的抗药性问题。

莫言表述的则是对同一时代的伤痕和仇视，正如他的书一样，通过讥讽手法让读者从书中阅读出社会的阴暗面。

当然，这与每个人生长环境以及所从事的工种有很大关系，我们不予置评。但是不难发现，两位诺贝尔获得者其截然不同的价值观。

核心价值观

生命诚可贵，爱情价更高。若为自由故，两者皆可抛。——裴多菲

这是价值观表达方式的经典之作。人的价值观不同为人处世的方式和最终的结果也不同，企业呢？

先看看这些著名企业的核心价值观：

企业	核心价值观	和龙点评
波音公司	永为先驱，尽善尽美	也不错，但还是像使命多一些
苹果	提供大众强大的计算能力	不是价值观
星巴克	为客人煮好每一杯咖啡	作为核心价值观就有点空，更像是使命

续表

企业	核心价值观	和龙点评
柯达	尊重个人、正直不阿、相互信任、信誉至上、精益求精、力求上进、论绩嘉奖	多、散、乱、空,主次不分
微软	正直、诚实;对客户、伙伴核心技术满怀热情;直率的与人相处,尊重他人并且乐于助人;勇于迎接挑战,并且坚持不懈;严于律己,善于思考,坚持自我提高和完善;对客户、股东合作伙伴或者其他员工而言,在承诺、结果和质量方面值得信赖	没有水平,不值得点评
迪士尼	极为注重一致性和细节刻画;通过创造性、梦幻和大胆的想象不断取得进步;严格控制、努力保持迪斯尼"魔力"的形象	勉强及格
摩托罗拉	高尚的操守和对人不变的尊重;全面地顾客满意	空、泛
索尼	体验以科技进步、应用与科技创新造福大众带来的真正快乐;提升日本文化与国家地位;做先驱,不追随别人,但是要做不可能的事情;尊重、鼓励每个人的能力和创造力	太 LOW,把简单的问题搞复杂了,不方便记忆和传播
华为	以人为本、尊重个性、集体奋斗、视人才为公司最大财富而不迁就人才;在独立自主基础上开放合作和创造性地发展世界领先的核心技术体系,崇尚创新精神和敬业精神;爱祖国、爱人民、爱事业和爱生活,绝不让雷锋吃亏;在顾客、员工与合作者之间结成利益共同体	思路很好,最好提炼成四个关键词
TCL	为顾客创造价值,为员工创造机会,为社会创造效益	可以,但是通用性太强,作为企业价值观要避免通用性,要顺应自己的企业战略
中国移动	正德厚生,臻于至善	这 8 个字跟移动有什么关系?你怎么证明你在这样做?你在什么时候用这个价值观做判断的标准?你懂的
金地	用心做事,诚信为人;果敢进取,永怀梦想	难道不写这些,就不用心做事了?永怀梦想何以成为核心价值观?怎么证明你"永怀梦想"?

从上表可以看到企业核心价值观常常会出现的问题有:

1 过于通用,别的企业都可以拿来用,显得空泛。如金地"用心做事,诚信为人;果敢进取,永怀梦想",TCL "为顾客创造价值,为员工创造机会,为社会创造效益";

2 核心价值观,没有有抓住核心,啰里啰嗦。如华为 "以人为本、尊重个性、集体奋斗、视人才为公司最大财富而不迁就人才;在独立自主基础上开放合作和创造性地发展世界领先的核心技术体系,崇尚创新精神和敬业精神;爱祖国、爱人民、爱事业和爱生活,绝不让雷锋吃亏;在顾客、员工与合作者之间结成利益共同体";

3 没有主次和排序,没有起到价值判断的作用。如柯达"尊重个人、正直不阿、相互信任、信誉至上、精益求精、力求上进、论绩嘉奖"。

哪些企业的使命比较好?我们来看一些例子:

企业	核心价值观	和龙点评
福特汽车	客户满意至上,生产大多数人买得起的汽车	好,有价值排序,方便做出选择。而且简明扼要,方便记忆和传播
IBM	成就客户、创新为要、诚信负责	可以
通用电气	坚持诚信,注重业绩,渴望变革	好,核心价值观就要简练,不超过4个,最好是3个
飞利浦	客户至上、言出必行、人尽其才、团结协作	可以
惠普	信任和尊重个人, 追求卓越的成就和贡献, 在经营活动中坚持诚实和正直, 靠团队精神达到目标, 鼓励灵活性和创造性	整体可以,有提升空间
沃尔玛	尊重每一位员工,服务每位顾客,每天追求卓越	太好了,扎实,提炼得很好,很朴实
联想	成就客户、创业创新、精准求实、诚信正直	可以
万科	创造健康丰盛的人生 1. 客户是我们永远的伙伴; 2. 人才是万科的资本; 3. 阳光照亮的体制; 4. 持续的增长和领跑	朗朗上口,而且是别人没讲的。每一条都是实实在在地在做。特别是"阳光照亮的体制"真真起到了核心价值观的功用
万达	人的价值高于物的价值,企业价值高于员工个人价值,社会价值高于企业价值	非常好,为价值判断提供标准,但是太直白了
格力电器	少说空话、多干实事;质量第一、顾客满意;忠诚友善、勤奋进取;诚信经营、多方共赢;爱岗敬业、开拓创新;遵纪守法、廉洁奉公	格力做得很好,一直在践行其核心价值观,但是形式上多了一些,再提炼一下会更好
阿里巴巴	六大核心价值观:客户第一、团队合作、拥抱变化、诚信、激情、敬业	在"六大"上面再加"一个核心价值观"会更好

大师们是如何认为的?

德鲁克说过:企业诚信作为企业核心价值观是万古长存的。其实这都是特定历史时期所强调的,过了这个时期,就不能被提到价值观层面了。移动互联时代,如果诚信还是你最大的问题,那么恭喜,你已经淘汰出局了,这个时代不诚信的企业是不可能存活下来的。移动互联已经把你一网打尽了,大数据分析已经有95%的准确率了,每个人都没有隐私可言。对于个人、组织、企业的诚信问题是一个基石。这是移动互联带来的最大颠覆。现在,如果还写到核心价值观里面,就太 low 了。

我们认为:**核心价值观是企业判断和决策的依据,**是解决企业在发展中如何处理内外矛盾的一系列准则,如企业对市场、对客户、对员工等的看法或态度,它是企业表明企业如何生存的主张。

强生公司 1954 年提出 **"客户第一、员工第二、社会第三、股东第四"** 的价值观。这四条价值观实际是强生的宪法,即使董事长也不能违背。这些价值观保证了强生的可持续发展。1982年发生了泰诺中毒死亡事件，强生马上召回其产品。这短时间给强生造成经济损失；但从长远来看，赢得了市场的信任，因为他们把客户放在第一位。

在执行时要有很明确的价值判断，核心价值观凡是没有体现这一功能的，都是不合格的核心价值观。

那么愿景、使命、核心价值观三者间的关系如何？

从愿景到使命，到核心价值观是**从模糊到清晰，从远到近，越来越可执行。**

愿景是诗中的意境，是指企业的长期愿望及未来状况，组织发展的蓝图，体现组织永恒的追求，有较大的想象空间。就像"中国梦"要装得下大家的梦。

使命是远方，是彼岸，能让我们激情飞扬，值得我们为之舍生忘死而奋斗三辈子。要解决为什么而生、为什么而死的问题。"为中华之崛起而读书！"

核心价值观是苟且，是清晰而具体的，有明确的价值排序，非常具有可操作性，是执行的判断标准和依据。就像"质量第一、安全至上"。

愿景、使命、核心价值观三位一体的企业文化是企业的最终竞争力。毛泽东说过：没有文化的军队是愚蠢的军队。我们现在可以说：**没有文化的企业，是愚蠢的企业。**

◆ 企业文化的四层次结构

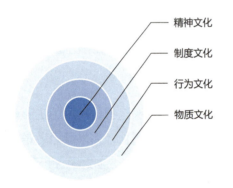

荷兰组织人类学和国际管理学教授G·霍夫斯塔德在其著作《跨越合作的障碍——多元文化与管理》中开篇即论述：尽管不同时代、不同民族的文化各具特色，但其结构形式大体是一致的，即由各不相同的物质生活文化、制度管理文化、行为习俗文化、精神意识文化等四个层级构成。

据此而把企业文化分为四个层次，是目前国内比较流行的一种划分方式。

即：物质文化、行为文化、制度文化、和精神文化四个层次。

我们先从表层的物质文化说起。它主要表现在企业的一些器物和标识文化上。CIS（企业识别系统）就属于表层文化的范畴。它包括企业的厂房装修、设备设施；产品的结构、外表、特色和包装；厂容厂貌、服务场所；以及企业的信纸信封和员工的工作服等。物质文化是给客户和社会的第一印象，所以企业一定要加以注重。成功的企业都有成功的物质文化，但有良好的物质文化的企业不一定都成功。

再来看看浅层的行为文化。它主要表现在企业的活动文化和礼仪文化；人的行为和语言；团体的共性行为活动；各种文体娱乐活动和公关、社交和礼仪活动等。比如，丰田公司每一条路中间一定有一条黄线，员工必须走在黄线的右边，不可以超越黄线。它的企业文化告诉大家，黄线就等于一堵墙，不能超越！碰到客人礼让，公司里面干干净净，想上厕所有标示，就能找到。所以行为文化不要去小看它，它体现了整个公司的一种价值取向。

在中层的是制度文化。它显示了整个企业对文化的一种规范，它包括一些强制性的制度文化和纸文化，如企业基本制度、所有权、责任机制、分配机制、用人机制、组织机构和管理模式等。比如中国的道路经常堵车，在很大程度上是因为有太多的人不遵守交通规则。如果大家都遵守交通规则，中国道路的利用率会提高大约30%～50%。也就是说我们30%～50%的道路效益被坏的文化、坏的习惯破坏了。同样，企业的管理如果离开了文化的积淀，就会变成制度的管、卡、压，而不是一种制度文化了。企业管理薄弱的环节往往就是在中层制度文化这一层次，中层制度规范人的行为方式，明确的文件化并证实是正确的内容，就要有力的执行贯彻下去，而不是用人情来破坏它。

企业文化的最深层次也是最核心的层次就是精神文化，是指企业在生产经营中形成的独具本企业特征的意识形态和文化观念，是企业文化的核心层，它包括企业的愿景、使命、核心价值观。

企业文化的四个层次之间既有各自的特点，同时又有相应的关联性。精神层决定了制度层、行为层和物质层。制度层是精神层和物质层、行为层的中介。制度层、物质层、行为层是精神层的体系。企业文化的四个层次密不可分，它们相互影响、相互作用，共同构成企业文化的完整体系。

接下来我们看看一些著名企业的愿景、使命、核心价值观。

企业	要素	内容	戏说，我们是用心的
腾讯	愿景	最受尊敬的互联网企业	QQ、微信还是很受尊敬的，在利润之上有追求，比阿里更OK；核心价值观稍微空了一点，通用程度高，与腾讯所处的行业关系不大
	使命	通过互联网服务提升人类生活品质	
	核心价值观	正直，进取，合作，创新	
百度	愿景	为人们提供最便捷的信息获取方式	很难相信这是百度的水平。百度一下！
	使命	为互联中国提供及时、丰富的信息，为网友提供最好的上网体验，改变人们的生活方式	
	核心价值观	永远保持创业激情；每一天都在进步；容忍失败，鼓励创新；充分信任，平等交流	
绿地	宗旨	营造美好生活	啰嗦，企业核心价值观要动用很多资源来宣传，这么啰嗦本身就是一种浪费。还在讲诚信经营，这是企业最基本生存法则
	核心价值观	企业精神：永不满足，思变图强；永不止步，争创一流。 市场理念：诚信经营，客户至上 工作理念：睿智进取，激情坚韧；团结实干，忠诚奉献	

续表

企业	要素	内容	戏说，我们是用心的
龙湖	愿景	善待你一生	善待你的一生——不明觉厉！解决了专有性，独特性。 使命描述还行，但不够激情，不够精炼，要提炼。 核心价值观显得空泛，不具体，精神太多，显得神经兮兮，不是核心价值观，不能提供价值判断的标准
	使命	为客户提供优质产品和服务并影响他们的行为。在此过程中，成为卓越的企业并创造机会	
	核心价值观	追求卓越、人文精神；研究精神、信任共赢、企业家精神	
顺驰不动产	愿景	成为中国房地产营销服务的市场领导者	愿景虽说模仿的万科，但还是有自己的个性，有水平。 这个使命有特色，但不像使命，应付之作。 "使命般的激情"，你的使命有激情吗？
	使命	推动不动产，开启新生活	
	核心价值观	使命般的激情；信任并尊重每一个人；永不满足的挑战精神；鼓励创新、主动变革；创造奇迹的团队精神；共同发展、分享成功	
保利	愿景和使命	致力于将集团打造成为在各主业领域具有行业领导地位、管控能力强、国际化程度高、公司治理优良、具有高度社会责任感、具备可持续发展能力、进入世界500强的大型跨国企业集团	高大全
	核心价值观	务实、创新、规范、卓越	
恒大	宗旨	质量树品牌、诚信立伟业	太过通用，与房地产无关，与恒大无关，应付之作，在恒大身上看不出这一套企业文化。没有自身的定位，企业文化没有顺应战略
	企业精神	艰苦创业、无私奉献、努力拼搏、开拓进取	
绿城	愿景	成为中国最具完整价值的房地产企业	请问什么是最具完整价值？ 使命描述是老掉牙的套路，有演变成假大空的可能。 "真诚"，融绿闹剧，你的真诚在哪里？
	使命	为员工创造平台，为客户创造价值，为城市创造美丽，为社会创造财富	
	核心价值观	真诚、善意、精致、完美	
碧桂园	愿景	创造百年经典企业	泛泛之作。 百年企业！50年后，你的房子还保多少年？ 企业文化： 给你一个五星级的家 像卖白菜一样卖别墅。 这个多有特色，多鲜明，多有追求，多有质感！
	使命	希望社会因我们的存在而变得更加美好	
	核心价值观	我们要做有良心、有社会责任感的阳光企业	
金科	愿景	百年地产，中国榜样	百年地产！ 使命更像愿景。 三个满意矛盾时，谁优先？"三个大于"非常好，但是报告金科君，被万达抄去了
	使命	建筑人居梦想	
	核心价值观	实现"三个满意"，奉行"三个大于"。 "三个满意"即员工满意、客户满意、社会满意。 "三个大于"即人的价值大于物的价值；团队价值大于个人价值；社会价值大于企业价值	

续表

企业	要素	内容	戏说，我们是用心的
中海	愿景	打造百年长青基业，促进持续发展的长远发展；坚持"诚信卓越"的经营理念，稳健发展，不断开拓，使公司成为"人才齐备、管理科学、服务勤恳、产品优质、效益领先"的大型房地产综合企业	建议愿景6个发展：百年发展，长远发展，持续发展，开拓发展，不断发展，稳健发展。"效益领先"做到了，在地产界单品利润率最高，营销成本最低，号称地产界的丰田。作为一家中字头的国有企业，这么注重效益，而且做到NO.1，非常难得，实在佩服！
	核心价值观	诚信、创新、务实、求精，把个人追求融入到企业的长远发展之中	
河南建业	企业精神	追求卓越，坚忍图成	这个核心价值观，更像愿景。聚焦河南，非常好。企业文化特征倒像核心价值观
	核心价值观	根植中原，造福百姓	
	理想与使命	让河南人民都住上好房子	
	企业文化特征	守信用、负责任、走正道、务正业	
华润置地	宗旨	提供优质创新的楼宇产品和服务使人们的生活更加美好	干脆把"楼宇产品"改成"房屋"，更扎实
	标语	品质给城市更多改变	
	精神	诚信、务实、专业、团队、积极、创新	
阳光100	愿景	让中国人住上世界上性价比最好的房子	民营企业里比较早想做品牌管理，想法很好。但是只有牌子输出，没有管理，执行不给力，惹了一堆麻烦。核心价值观是承上启下的角色，如果没有核心价值观，执行时没有判断依据，执行如何给力？执行不给力，愿景就成了空话
	使命	用建筑来推广一种生活方式	
	核心价值观		

我们可以看到愿景、使命、核心价值观，三者中有两个或两个以上做得比较好的企业，如：苹果、福特、腾讯、万科、万达等。这些企业都表现良好。而三者都做得欠佳的企业，如：柯达、索尼、金地等，企业都或多或少出现了一些状况。这种现象不得不引起我们的反思。

郭士纳在《谁说大象不能跳舞？》中说：

当年我在麦肯锡公司做企业发展顾问时，我惊奇地发现许多公司的高级经理们都把"远景规划"等同于"战略"了。制定一个公司远景规划是一件很容易的事情，它简单得就像大个子鲁思（美国著名棒球运动员）成功地进行防卫一样。

远景规划可以带来一种自信感——一种安慰，但这种自信和安慰感却是十分危险的。远景规划是最具有煽动性的，而且它们也可以在一个组织机构起到让员工们兴奋并为远景规划承担工作的作用。但是究其本身和实质来说，它们丝毫也没有起到指路的作用，即没有为一个组织机构指出如何将充满激情的远景规划转变为现实。

我们通过研究中国的企业，发现这个规律在中国也成立，大咖们如果想着应付了事，是要付出代价的。为什么要杀杨修？扰乱军心，特别是在关键时刻，三军不可夺志。一个团队没有共同的愿景，没有共同的使命，没有共同的核心价值观，何以谈魂？没有魂，凝聚力从哪来？没有凝聚力，战斗力从哪来？没有战斗力就是一群乌合之众。人家是众志成城，你却是乌合之众，关键时刻一定作鸟兽散，溃不成军。

为什么会出现这样的情况？

1. 企业文化是软体，是隐性的，不着边际的，是虚的，通常不被重视，玩虚的，只是作为宣传来用，多是应付之作，抄袭之作。

2. 好的样本不多，抄也抄了一些差的。

3. 根本原因在于对企业文化的作用，严重认识不到位，绝不仅是口号和标语。其作用远高于执行系统，是战略和执行两个硬件之间，起联接作用的软体。

那么如何把虚的企业文化做到实处，落地生根，就成了企业文化建设的关键。

5 求人和：从软无力到软实力

> 小报告拍马屁、小圈子大锅饭、背国学拜佛祖，这就是你企业需要的文化？它凝聚的是什么心？树的是什么风？企业文化要顺天意顺众愿，才能得人心得天下。

在上一节，我们明白了企业文化的三要素和四个层次，也明白了企业文化要从虚到实才能落地生根，这一节我们来看看企业文化要如何才能落地。

在拿出我们的观点前，先来看看一些企业在怎么做企业文化建设：

◆ 工厂里的大佛

青岛双星集团一度受到员工不严格执行工序和质量要求甚至偷窃原材料的困扰，加强监控、培训教育都难以奏效。总裁汪海仔细分析后，找到了令很多企业管理专家惊愕不已的"法门"：在工厂里塑一尊大佛，并不断地告诫员工，鞋子要被千千万万人穿在脚上，造鞋的工作是"良心活"，你做得怎样，佛看在眼里，记在心间，善有善报，恶有恶报，善恶报应，自有因果。这个办法还真

管用，企业担心的问题基本得到了有效控制，员工虔诚面佛，安心工作，产品质量很有保障。在接受电视台采访时，汪海对此毫不讳言："要不，你让我怎么办？"

有一位咨询客户，在自己的办公楼层内建了很大一间佛堂，来了嘉宾与客人，都到佛堂拜拜，在公司的企业月刊上，大量篇幅抒发对佛的虔诚之心……

短期内借力于佛文化是可以省力气的，因为佛文化自武则天以来就有了很强大的社会群众基础，但是问题是，你凝聚了一批没有欲望的人，长远的看，对你的企业有帮助吗？所以把佛文化完全的等同于企业文化就有问题了。

◆ 老板的政治情节

某老板 20 世纪 80 年代末，从江苏农村带领一帮兄弟来到山东，先做劳务分包，后做建筑施工，又转做房地产，还收购了一家上市公司。随后又收购了几家国有建筑公司、钢结构公司……现在业务遍布全国各地。公司从创业时的 28 人发展到 25000 多人，资本 5000 元

增加到 150 多亿元，前后用了不过 20 年时间。

他把事业上的成功都归功于自己活学活用毛泽东思想的结果。他十分崇拜毛泽东，20 多年来，一直不停地总结提炼企业的理念体系，形成了从一到十的一套文化理念（一个声音、两大战略、三型管理、四大转变、五大模式、六大价值观、七大转型、八要八不要、九化管理、十大强企），要求所有的中高层都能熟练背诵，新员工入司培训内容之一就是熟悉、背诵、默写这些语录。

该老板经常在公司召开所谓的"井冈山会议""古田会议""遵义会议""延安会议"，刻意模仿毛泽东当年在不同历史时期解决不同问题的做法，来解决公司不同阶段存在的问题。

有一个从万科离职过来的职业经理人进公司不到三个月就走了："我觉得自己在这里什么也不懂，什么也不会做了！公司负责和我们专家组对接的战略规划部的四名成员，都是从标杆企业和知名咨询公司招聘进来的，我们每开一次会，就发现少了一个人。最后，有一个一直想坚守下去的总监，终因融入不了环境，在守了不到两年以后也走了。"

◆ 奇葩公司文化巡礼：这些老板怎么作死的？（来自网络，有删补）

1. 公司老板信佛，让员工背弟子规，背下来有奖励。墙上贴的不是公司文化，而是弟子规！整整一面墙啊。

2. 我们以前的公司以西点军规为公司理念，每天早晨站军姿去背，然后背诵一个西点军校的故事，打扫卫生老板会用白手套检查。

3. 贸易公司，行政无比奇葩。入职一个月后转正考核上，最后一个问题是请在三秒钟内回答，你对公司的爱有百分之多少？

4. 朋友在学校工作，校长信仰某教，每天见到教职工就说：某某，你是谁？你不是你自己，你是光和爱……

5. 有次公司网站宕机，好几天不能访问，女老板急得哭鼻子，然后把大家聚成一个圈，手拉手低头祷告，因为她是基督徒。

6. 天津某公司里有藏传佛教大师，新建办公基地快竣工时，大师说门的方向不对，然后前门拆掉砌墙，门被开到了后面。

7. 电脑处于随时监控状态，悄无声息那种，如果你发现你的鼠标莫名其妙乱动，不用说，肯定是信息部的人正在看你电脑。

8. 曾经的公司受到成功学培训影响，每天早上都要拜客户拜父母拜团队拜平台，还要祈祷公司兴旺发达祈祷父母健康长寿。一到发钱的时候老板总是带着高层跪着给员工发钱并沉重的告诉你"拜托了"。

……

企业文化如果这样搞，不是成了妖魔鬼怪了？

我们再来看看几位大师的观点。

约翰·科特是世界领导与变革领域的权威，哈佛商学院终身教授。科特的重要思想之一是：企业文化对长期经营绩效有巨大的正相关性，文化变革是耗时且极端复杂的八步骤流程，包括：1. 建立更强的紧迫感；2. 成立指导联盟；3. 形成远景和战略；4. 传播变革远景；5. 授权员工行动；6. 创造近期成果；7. 累积成功，建立变革动力；8. 深植变革于文化中。这八个步骤必须依顺序执行，否则成功机会非常微小。

陈春花教授在《企业文化》一书中提出：企业文化建设的程序，一般包括调研阶段、提案阶段、实施阶段、巩固阶段、完善阶段等几个阶段。

【和龙观点】陈教授的划分更注重整体，把价值观的形成看简单了，后期执行很困难；调研和提案相当于【七步和成龙】的第1234步，我们更注重起步，因为起步很重要，前面的功夫做足了，后期才好执行。天意、战略、人性，只要一个出问题，功亏一篑，如果合起来，两步一走，出问题了，你也不知道。企业文化方案最后聚焦是很难的，难上加难，但是做好了以后，推广和实施就很容易了。后面出现问题就是在前面埋下了隐患。

【七步和成龙】企业文化落地方案

	1	2	3	4	5	6	7
七步和成龙	战略导向	基础调研	给力中层（辅导，提升认识）	中高层达成共识	全员宣讲	实战演练	实操辅导，巩固完善
	顺战略	顺天意	顺人性，接地气	找焦点			
	终点	起点	关键点	合成地图	燎原	扶上马	送一程
画龙	龙头	龙尾	龙脊	初具龙形	画龙点睛	见龙在田	飞龙在天
约翰·科特			1. 建立更强的紧迫感	2. 形成远景和战略	3. 传播变革远景	4. 授权员工行动；5. 创造近期成果	6. 累积成功，建立变革动力；7. 深植变革于文化中
陈春花	调研阶段		提案阶段		实施阶段		巩固阶段、完善阶段

1. 战略导向——企业文化的建设必须要以企业战略为导向，要为战略服务。我们前面讲过企业文化要"顺战略"；

2. 基础调研——市场调研、政策解读，顺天意；

3. **给力中层** ——中层人员辅导，提升认识，顺人性，接地气；
4. **达成共识** ——顺天意、顺战略、顺人性的焦点，企业文化方案形成；
5. **全员宣讲** ——企业文化传播；
6. **实战演练** ——行动，实施；
7. **实操辅导** ——巩固完善。

◆ 企业文化建设升级三段：粗放——规范——精细

粗放阶段	规范阶段	精细阶段
和龙文化 1.0	和龙文化 2.0	和龙文化 3.0
老板文化、山头文化、英雄文化、一枝独秀	制度文化	共建共享共和制、民主集中制 众志成城、万众一心
点	框架	全方位渗透
产品为王（创新）	渠道为王（标准化）	用户为王（个性化）
愿景、使命、模糊的价值观	核心价值观，及整套价值观体系。渗透到制度、流程、规范、活动、产品、VI、服务……	从里到外，一以贯之，全方位渗透到每一个员工的血液里面

和龙文化 1.0：企业文化的粗放阶段，这一阶段的典型特点是"人治"。即文化的内容基本来源于老板个人的愿景、信念、价值观和基本假设；主要是依赖老板身体力行，率先垂范，以个人感召力展开以及依据个人价值观标准，招聘、选拔和奖罚员工。

和龙文化 2.0：是企业文化的规范阶段，这一阶段的特点是文化的"法制"。组织已经建立了规范、全面和有效的价值观体系，是企业领导体制、组织机构和管理制度的具体体现。

和龙文化 3.0：是企业文化的精细阶段，共建共享共和、民主集中，先充分民主再高度集中。这一阶段的特点是企业文化已经全方位的渗透到全体员工的血液里，大家自动自发，从里到外，对公司倡导的企业文化，高度认同，并体现在平时的一言一行中。

我们来看看标杆企业是怎么做的。

◆ GE

被誉为 20 世纪最成功的企业领导人的美国 GE 公司首席执行官杰克·韦尔奇堪称优秀企业文化的伟大创造者。自 1981 年执掌 GE 的帅印后，他大胆创新，从文化变革入手，创建了一整套企业文化管理模式。为了使企业能更具竞争力，能更好地沟通，在"硬件"上，韦尔奇通过他著名的"数一数二"论来裁减规模，进而构建扁平化结构，重组 GE；在"软件"上，则尽力试图改变整个企业的文化与员工的思考模式。

韦尔奇指出："如果你想让列车再快 10 公里，只需要加大油门；而若想使车速增加一倍，你就必须要更换铁轨了。资产重组只可以提高一时的公司生产力，**只有文化上的改变，才能维持高生产力的发展**。"张瑞敏则无限感叹地说："我认为做得最好的，就是美国通用电气公司的杰克·韦尔奇。"如今，杰克·韦尔奇的"掌握自己的命运，否则将受人掌握；面对现实，不要生活在过去或幻想之中；坦诚待人；不要只是管理，要学会领导；在被迫改革之前就进行改革；若无竞争优势，切勿与之竞争"的成功理念正成为全球企业管理者们顶礼膜拜的"圣经"。

◆ Google 公司文化如何传播与落地

Google 公司通过十大信条将企业愿景、使命和精神等文化理念同其企业发展规划结合，实现了文化的的完美落地。

1. 以用户为中心，其他一切水到渠成；2. 专心将一件事做到极致；3. 越快越好；4. 网络也讲民主；5. 信息需求无处不在；6. 赚钱不必作恶；7. 信息无极限；8. 信息需求无国界；9. 认真不在着装；10. 追求无止境。

其中第六条赚钱不必作恶表现在，Google 上投放的广告总是明确地标记为"赞助商链接"，因此，这些广告不会破坏搜索结果的完整性。绝对不会通过操纵排名将的合作伙伴放在搜索结果中排名靠前的位置，也没有任何人可以购买到更高的网页排名。用户信任 Google 的客观公正性，Google 也不会因为任何短期利益而去破坏这种信任，这些都能看出 Google 人的价值观。

◆ 海尔

张瑞敏认为，企业管理者在建设优秀企业文化实践中，应该"第一是设计师，在企业发展中使组织结构适应企业发展；第二是牧师，不断地布道，使员工接受企业文化，把员工自身价值的体现和企业目标的实现结合起来"。为建设优秀的海尔文化，张瑞敏提出要把"个人生涯计划与海尔事业规划的统一"作为海尔的企业口号和海尔企业文化的核心，并进行大力宣传，努力使海尔的每一名员工接受企业的共同价值观，并为实现企业的总体目标和个人的生涯计划而积极奋斗。在海尔优秀企业文化的激励下，海尔员工齐心协力、勤奋工作，使公司从 16 年前的一个只有 800 人、亏损 147 万元的集体小厂，发展成为名列全国 500 强第 30 位、品牌价值高达 265 亿元的特大型企业。

◆ 万科企业文化体系

万科企业愿景：成为中国房地产行业领跑者。万科企业宗旨（组织使命）：建筑无限生活。万科核心价值观：创造健康丰盛的人生。

万科的人才理念：人才是万科的资本。尊重人，为优秀的人才创造一个和谐、富有激情的环境，是万科成功的首要因素。尊重每一位员工的个性，尊重员工的个人意愿，尊重员工的选择权利；所有的员工在人格上人人平等，在发展机会面前人人平等；万科提供良好的劳动环境，营造和谐的工作氛围，倡导简单而真诚的人际关系。

我们倡导"健康丰盛的人生"。工作不仅仅是谋生的手段，工作本身应该能够给我们带来快乐和成就感。在工作之外，我们鼓励所有的员工追求身心的健康，追求家庭的和睦，追求个人生活内容的极大丰富。学习是一种生活方式。

当然万科还提出"阳光照亮的体制"以及"持续的增长和领跑"。不得不说万科今天的成功与其企业文化是分不开的。

◆ 阿里巴巴文化落地的招数

简单梳理一下阿里巴巴文化演变。

第一阶段：2000年3月至2001年3月 湖畔花园创业时代——约法三章

在阿里创业的半年后，马云提出了：可信、亲切、简单

第二阶段：2001年4月至2004年7月 华星时代——独孤九剑

2001年1月13日，阿里巴巴第一次将企业文化总结、提炼，固化为文字，这就是独孤九剑，即九大价值观。

独孤九剑有两个轴线。

一是创新轴：创新、激情、开放、教学相长。其中激情是核心，这是马云的本质。

二是系统轴：群策群力、质量、专注、服务与尊重，其中贯穿创新和系统轴线的是简易。创新要简易，系统也要简易，简易就是防止内部产生官僚作风，防止办公室政治。

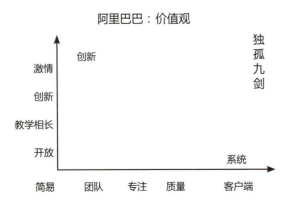

第三阶段：2004年8月至今　创业大厦时代——六脉神剑

作为价值观，独孤九剑在阿里巴巴灌输了三年多，它不但成为员工的行为准则，而且进入到员工的绩效考核体系中。2004年8月，阿里巴巴决定将独孤九剑进行简化。最终的结果，即六脉神剑的内容是：客户第一、团队合作、拥抱变化、激情、诚信、敬业。

阿里巴巴的六脉神剑

Customer First 客户第一	核心判断标准 与使命相关
Team Work 团队合作 / Embrace Change 拥抱变化	我与他人，个体与环境的关系
Passion 激情 / Integrity 诚信 / Commitment 敬业	个体成长与自我发展
商业行为准则	阿里高压线

子橙文化

随着公司的成长，不同业务在经营模式及文化表现上的差异也很大。如何保持文化的统一性是需面对和解决的重大问题，阿里巴巴的解决办法是以"六脉神剑"为核心，子公司或其他业领域在此基础上去丰富。

结合阿里巴巴的 LOGO 色——橙色，提出了阿里橙的文化模型，即核心不能变，只能在核心的基础上去丰富和发展。

阿里一路发展到今天，其企业文化也在不断地适应中变化着。企业文化并不是一层不变的。

◆ 万达文化

万达王健林在《万达哲学》中有一段是这么说的："如果说一个企业的文化可以是万达的，也可以是万科的，可以是中海地产的，这肯定就不是企业文化，企业文化一定具有差异性，不能复制、不能模仿。"

万达有远大愿景，对工作标准要求极高，追求"让一切工作成为精品"。如果万达定位做中国一流的企业，就不用一年开业20个广场，每年有2个就够。但"万达的目标是做世界级企业，我们要靠自身努力，跟垄断央企比比高低"。

而且他提到企业经营的最高层次是经营文化，这一点我们是很认同的，企业文化基因里面有一点小纰漏，会把我们带到万劫不复的境地。

◆ 华为企业文化是这样落地的

华为企业文化传递来自于制度，而不是来自于任正非一个人。1. 建立企业精神。华为向往什么？追求什么？主张什么？反对什么？都通过《华为基本法》表现出来。让员工认同华为企业文化，而不是让员工琢磨华为企业文化。2. 高层管理以身作则。3. 全员普及传承。企业文化是个系统工程，那绝不是说做好哪一项就有企业文化建设管理，那是机会主义的想法。4. 通过制度牵引。

华为的企业文化建设管理不是因为有个基本法就落地了，也不是因为任正非没有专车就落地了。华为的企业文化建设管理最核心、最关键的是通过制度使企业文化建设管理落地，华为的制度为华为企业文化提供强有力的支撑，能够变成生长在大地上活生生的有活力的企业文化建设管理。

华为坚守企业文化培育，好的企业文化建设管理会吸引更多的人加盟，而那些孤立者最终选择是流出。

华为企业文化是考核出来的，华为考核的最终目标是不让雷锋吃亏，奉献者得到合理回报，同时让不偷懒的得到惩罚。用制度培养优秀企业文化，而不是仅仅用道德和说教培养企业文化建设管理，相信制度的力量，相信优秀企业文化建设管理的力量。从华为的案例我们可以看出，文化也是需要制度保障的。

通过上面这些案例，大家对企业文化到底要怎么做，已经有一个基本的认识。企业文化的核心三要素愿景、使命、核心价值观的问题解决，再将企业文化的三个顺应解决，同时企业文化的落地方案"七步和成龙"也有了,在企业发展各阶段的企业文化建设路径"化龙三跃"也知道后，理论上就已经理顺。但是真正实施起来，还有个关键因素：人的因素，特别是关键人物。正所谓"千军易得、一将难求"。

6 人力资本 VS 人力资源

大风起兮云飞扬,安得猛士兮守四方!史玉柱东山再起,从顺驰到融创,人才是资本还是资源?千军易得一将难求,美团的"狼牙棒"和龙湖的"老房",价值认同是关键。

【段子】

三个人去提亲。女方家长:请自我介绍。

小李说:我老爸有100亿。

小王说:我老爸是部长。

家长很满意。就问第三个:你有什么?

小张说:我什么都没有,只有一个孩子,在你女儿肚子里。

小李、小王无语,默默走了。

【启示】:核心竞争力不是钱和房子,是在关键的岗位有自己的人。再好的战略,再好的梦想,都要靠人去推行,否则就会落空,永远停留在梦想阶段。所以关键岗位上,一定要有自己的人,得力的人,靠谱的人!

◆ 项羽 VS 刘邦

"大风起兮云飞扬,威加海内兮归故乡,安得猛士兮守四方!"可以看出刘邦的求贤若渴。"夫运筹帷帐之中,决胜于千里之外,吾不如子房;镇国家,抚百姓,给馈饷,不绝粮道,吾不如萧何;连百万之军,战必取,攻必胜,吾不如韩信。此三者,皆人杰也,吾能用之,此吾所以取天下也。"这段话可以说是《大风歌》的最好诠释。

反观项羽,威名远震,诸将"入辕门,无不膝行而前,莫敢仰视"。恃武轻才,狂妄自大,听不得别人意见,对身边的人才冷然相待。韩信在他手下,无知无名,得不到任用,一气之下跑到了刘邦那里出力献策。陈平在他身边默默无闻，投靠刘邦后，屡建奇谋。彭越走了，英布走了，一个个的谋士良才都相继离他而去，就剩一个范增而不能用，最后偏信刘邦的离间计，赶跑了范增，只剩下孤家寡人。

人才观是项羽最终失败的原因之一。

◆ 曹操为什么留不住关羽

关羽为顾全大局，降汉不降曹，虽受曹操的赏识和厚遇，但仍难忘桃园兄弟结义主臣之情。在杀颜良、文丑立下战功报答曹操之后，挂印封金，辞别曹操，单骑匹马，保护二夫人，辗转千里北上，过五关斩六将，历尽千辛万苦，最后终于与刘备、张飞相聚。

曹操对关羽这么好，送金钱、送权位、送美女，为什么还是留不住关羽？

道不同不相为谋，愿景、使命、核心价值观不同。

如今的很多老板，甚至黑社会都拜关羽，就因为关公忠不二、义无双，我拜关羽表面我的价值观是讲义气的，价值观相同的人就很容易走到一起。

◆ 史玉柱为什么能东山再起

外界常常用"沉浮""动荡"来形容对史玉柱团队的印象，但谁也不能否认其"嫡系"十分稳固。陈国、费拥军、刘伟和程晨被称为史玉柱的"四个火枪手"，史玉柱在二次创业初期，身边人很长一段时间没领到一分钱工资，但这四人始终不离不弃，一直追随左右。

史玉柱用人的一个原则是**"坚决不用空降兵，只提拔内部系统培养的人"**。他认定的理由是，内部人员毕竟对企业文化的理解和传承更到位，并且执行力相对更有保障。

◆ 从顺驰的激进到融创的稳健

2003年到2004年间，顺驰在全国凶猛扩张，先后在华北、华东、华中等诸多城市高价拍得10余块土地，孙宏斌独创性地采取分期支付土地款、缩短拿地开盘周期等方式，把有限的资金运用到极致，就像是"十个瓶子两个盖子"。

从顺驰到融创，孙宏斌貌似从一个极端走到了另一个极端：他不再追求规模，不再追求速度，而非常关注风险控制。2006年之前的孙宏斌，与现在的性格截然不同。现在的孙宏斌越来越成熟，融创将会成为一个让人尊敬的企业。

常言道："千军易得，一将难求"，古人用这句话既比喻人才的难得，又表明人才在战斗中起着举足轻重的作用。

企业文化，任何企业都需要也都具有，只是对其存在与运用处于有意识或无意识状态。文化的东西具有隐蔽性，很容易因人的问题而搞变。而大多数企业招聘员工的时候只谈薪资和能力，几乎不谈企业的愿景、使命、核心价值观，这从一开始就让你的公司少了凝聚的精神。

价值观不认同的人，走不远，所以一开始就要找到价值观认同的人，即使后期改造也很难彻底。

企业文化就是企业发展的DNA。它决定了你公司的性格和命运。物以类聚，人以群分。你使命的格局和坚信度决定会有如何的员工来加入你和帮助你。

上等公司治理靠文化，中等公司靠制度，下等公司靠亲友义气。

星星之火何以燎原？预见未来，不是因为看到，而是因为相信。凭什么相信？有体系支撑，靠系统思考，最稳健。

◆ 人力资本 VS 人力资源

虽然人力资本与人力资源只有一字之差，但是他们之间却有着很大的区别。

人力资本是投资品。与货币资本与实务相对应，属于投资范畴，是指通过教育、培训、保健、劳动力迁移、就业信息等获得的凝结在劳动者身上的技能、学识、健康状况和水平的总称。资本是讲究回报的，因为这种技能或者知识可以为所有者带来工资等的收益，所以就产生了人力资本，以便于其他的资本类型相对应。

人力资源是消耗品。就是那些具有价值的人，这种价值表现在可以创造价值并且可以被利用。在经济学角度上，人力资源是指一定时期内组织中的人所拥有的能够被企业所用，且对价值创造起贡献作用的教育、能力、技能、经验、体力总的总称。

对于企业来说，人力资源就是企业所具有的可以创造财富的员工数量，而人力资本，则是那些真正认同企业文化，对企业忠诚、有能力且有归属感的员工。所以一个企业优秀的人力资本管理，就是使企业的人力资源变成人力资本。

在企业里，人力资本是非常难得的，所谓一将难求，企业要想立起来至少要抓到3个伙伴，而"天使看团队"，就是看一将难求的"将"。俗话也说"一个篱笆三个桩，一个好汉三个帮"。

人力资源就属于"千军易得"的层面了，具体内容详见本书第七章：黄埔西点铸千军。

◆ 让巨头颤抖：美团的"狼牙棒"地推王干嘉伟

在美团最危急的时刻，面临千团大战，原来美团的创业团队全部是清华系的，基本上是产品系组出身的。当时美团总裁王兴也搞不明白所谓的地推或者线下，可能完全是两个世界。但是他就是用这种方法论，就是他看团购所谓O2O线下的供给是非常重要的，是一个核心的竞争力，他就想的很明白，我一定要去这个行业找最牛的人。所以他当时看了一下，因为在互联网搞直销的可能就是阿里B2B，当时是最厉害的，然后他就到B2B找一个，他认为不错的。

第一优先级去把最合适最牛的人找进来，这是投入产出比最高的一件事。

◆ 龙湖人力资源老总，从咨询到老总

2004年当龙湖吴亚军正苦于想谋求全国化，但没有管理一个大组织的能力和经验时遇到了房晟陶。吴亚军也曾经说过：老房的出现，让我眼前一亮！

房晟陶本来是龙湖聘请的人力资源顾问，后被聘请为人力资源老总。在他的任职过程中：2004年，龙湖地产，年销售收入仅有区区6亿元，团队不过区区100多人。2012年，在全国近20个城市快速布局扩张的龙湖，已成为市值800亿港币的上市公司，年销售收入做到了近400亿，而员工团队更是成长超过7000人。

◆ 毛朱周的组合

关键人物的重要性，不仅是企业，一个国家的政权的领导核心也非常重要。不得不说中国共产党革命的胜利，与毛泽东、周恩来、朱德组合有很大的关系。

毛、周、朱缺一不可，无人替代，不能重叠。作为王者，要有大气磅礴的视野和决断能力；作为宰相军师必须办事周密，胸怀宽广，才能弥补统帅决策的宏观性，协调各方力量；作为仅次于王者的实际军事副帅必须艺高一筹而又厚道，否则就会与统帅发生冲突。而他们三个人正好符合以上特点。周恩来和朱德，铁心拥护支持毛泽东，三人凝成一个团，像

一株坚稳的树。

党从延安时期至 1976 年，虽一路暴风骤雨雷电交加，但坚固不倒，就是因为：毛、周、朱从始至终，团结一致。

我们说一将难求，即是说信任的，有共同价值观的人才难得。而人与人之间的信任与沟通的频率有很大的关系，借助互联网的工具可以让我们随时随地，高效低成本的沟通，降低我们的误会频率，更容易化解误会，相互理解，彼此包容，共建和谐。容许和认可个性的存在，与公司的共性不矛盾，通过价值排序，把不完美的个人，组合成完美的团队，"E+"可以降低一将难求的难度。

"E+"，让三个臭皮匠更容易合成一个诸葛亮。找诸葛亮难，组建诸葛亮小组容易。

7 "E+"时代，企业文化革命要彻底

> 微软是互联网企业？万科去"总"，万达赢了官司，还要赔钱？企业文化革命不彻底，就是埋下定时炸弹，随时有引爆的可能，持续的自我批判才是拆弹神器。开放透明、共建共享的"E+"时代，苹果你能封闭到几时？

企业文化的要素和结构，以及企业文化建设的步骤和路径，我们都弄明白了，那是不是我们的企业文化建设就可以了呢？可能还是不行。我们还是先从案例开始：

◆ 上海万科去"总"，总部不吭声

上海万科公司内部文件流出，宣布公司内部执行无"总"称谓的要求。据网上传出的图片显示，该文件由上海公司总经理孙嘉签署，落款时间为 2015 年 10 月 23 日。

有业内人士表示，这一规定的推出，预示着万科正在为深度推行合伙人制度进行管理层面的改革和转型。

从形式到实质的改变才是真正的改变。企业文化节能否彻底革命是万科真正要面对的问题。

◆ 微软说自己是互联网企业，你信不？反正我是不信！

20 世纪 90 年代初期，微软曾说自己是互联网公司，实际上过了这么多年，微软在互联网公司的跟风中仍没找到互联网企业的感觉。

为什么 ipad 这样的产品没有出现在微软？不管是手机还是平板电脑，微软都先人一步，但在 1999 年时，整个市场还不成熟。**起个大早，赶了个晚集**。

微软的传统 PC 基因决定了其与互联网公司不同的行为模式，如授权费、移动操作系统的人性化配置不够等。而谷歌等互联网企业的**互联网基因**，决定其在构建商业模式想到的就是不向用户端收费。微软必须意识到时代已经改变。

◆ 三株口服液：赢了官司，输了市场

曾经在 1996 年创造年销售额 80 亿元的三株，现在怎么样了？

1996 年 6 月，一度辉煌的三株口服液被一老汉家属告上法庭，称三株口服液导致老汉死亡。

1998 年常德中级人民法院作出三株公司一审失败的判决，有二十多家媒体因此做了"八瓶三株口服液喝死一条老汉"的报道，一时间流言四起，"八瓶三株喝死一位老汉"被传到全国大地。

1999 年 4 月，三株公司在汉寿县老汉陈伯顺的官司中二审胜出，同时明确"三株口服液是安全无毒、功效确切、质量可靠的高科技产品"。但由于消费者早已对三株失去信心，不再购买三株口服液。事件终审裁定时，400 多个子公司已经停业，年销售额高达 80 亿元、累计上缴利润 18 亿元、拥有 15 万员工的"三株帝国"几近崩溃，最终退出公众的视线。

实际上在企业文化革命的彻底性方面，华为给我们做了一个很好的示范：

华为任正非：自我批评是核心价值观的护法宝器。

◆ 吾日三省吾身，高否？富否？帅否？否，上班去！

华为通过多年的自我批判，形成了一种可持续发展和改进的习惯，20 多年来，任正非讲的最多的，一个就是核心价值观，一个就是自我批判。核心价值观是华为的根本大法，是确保华为在激烈的市场竞争中持续制胜的精神图腾，而自我批判则是核心价值观的护法宝器。

◆ 万达赢了官司，为什么还要赔钱？

沈阳太原街万达广场只有 3%~5% 的客户能得到相应回报，于是几百位客户集体诉讼。

2006 年，万达做出了中国企业史上可谓惊天动地的决定：对所有出售商铺进行退铺，退铺后进行重建。退铺不仅退还购铺金额，而且连本带利一起退。原来销售这些商铺收入是 6 个多亿，退付的总金额达到 10 亿，如果加上重建费用达到 15 亿元。对于任何一个企业来说，拿出 15 亿的现金都是巨大的事。

2006、2007 年还是中国房地产宏观调控非常艰难的时候，万达也面临着巨大的经营压力。而且这是在法院终审裁决胜诉的情况下，万达主动提出退铺，这种举动全国只有万达能做到，全国房地产行业中绝对是空前甚至绝后。

这件事上，**万达虽然输了金钱，但是赢了人心**。开展退铺后，在整个沈阳市，从政府、各个单位到业主这三个层面都获了极佳的口碑。大家都说，只有万达能做到这一点。

◆ 上海万科炒人事件：假如你是王石，你怎么办？

1997 年大年三十，劳累了一年的万科人力资源部总经理谢东正准备度假时，上海分公司一个销售主任，飞抵深圳总部向谢东投诉——上海分公司违反人事制度把他解雇了。

谢东接到投诉后，开始调查此事。调查过程中了解到：原来，销售主管与总部刚派过去的销售经理，发生了严重的工作冲突，以至于工作不能正常进行下去。上海公司认为该员工不服从管理，应该予以辞退；同时销售经理也表示，如果万科总部要撤消这个炒人决定，他就立刻辞职。

这名被炒的主任却认为：上海分公司违反了万科公司的制度，同时也违反了公司《职员手册》在炒人程序的规定。他觉得仅凭因工作问题与上司发生冲突，并不足以将其辞退。一气之下，大年三十向万科总部讨"说法"来了。

最后，官司打到了董事长王石的台面上，假如你是王石，你怎么办？

让上海公司收回成命，就意味着不仅要失去一名刚派去的高级管理人员，而且对新管理层的士气影响巨大。支持上海公司的公告？又不合规定。

王石经过同上海公司新的领导层充分沟通之后，说服他们收回成命。最后上海销售主任保住了饭碗，但受到降职降薪的处理；而销售经理也辞职了。

王石为什么要这么做？因为失去一位销售经理，只是点上的损失，**如果坏了公司的制度，那整个企业的根基就动摇了**。

◆ 褚橙何以成为"励志橙"？

同样是橙子，为什么褚橙却成了众人眼中的"励志橙"，它是怎么做到的？

褚橙被人赋予了褚时健大起大落的人生经历。褚时健总爱说，他和老伴都是属牛的，其实他们并不属牛，只是有牛的性格。他说："我一辈子都要干事情，任何情况下，我都要有所作为。只要活着，就要干事，只要有事可做，生命就有意义。"

在褚时健眼中，放在第一位的永远是国家和社会的利益。他总说，"在处理企业的事情时，要先考虑这个事情对国家好不好，要顾及社会问题，不能影响社会。"

◆ 巴菲特，彻底的极简主义者

巴菲特以100美元起家，2007年以身家620亿美元成为世界首富。富豪巴菲特常年承受高强度工作，但生活极其简朴，几近"抠门"！不仅爱吃汉堡可乐，衣着也总是很随便，西服挑选保守的剪裁方式，鞋子常常穿到磨损得很厉害，周末往往是穿着一件松松垮垮的T恤度过。

2006年8月30日，巴菲特76岁生日那天迎娶了60岁新娘艾丝翠·孟克斯。不少人可能会想，当时世界第二富翁的婚礼，况且是一起生活和等待了28年的女友，一定会规模宏大，十分奢侈和豪华。然而，出乎意料的是，这场婚礼只有15分钟，女儿主持，异常低调，获邀前来的宾客也非常少。

巴菲特与60岁的艾丝翠穿着很普通。15分钟婚礼结束后，他们与客人一起到附近一家海鲜餐馆就餐，没有蜜月，第二天巴菲特按时到公司上班。更令人感到惊讶的是，婚礼举行前几天，一向生活简朴的巴菲特让女儿陪他专门到一家自己能够享受折扣优惠的珠宝店选购了一款漂亮的钻戒，作为给艾丝翠的信物。

他说："我的本性是，做那些有意义的事情。我按照我的这个本性去做事。在我的个人生活中，我也是这样的。我并不关心别的富翁在做什么；在看到别人买了一艘游艇的时候，我并不想去买一艘比他更大的船。"

我们看到巴菲特是一个文化革命非常彻底的人，在生活的方方面面都遵循极简生活主义。

只有坚持不断的批判与自我批判，企业文化革命才可能彻底！

但是这样做下来，太难了，太慢了。就慢慢做？现在互联网时代变化这么快，有没有神器，绝招让我轻易做到？

"E+"可以帮助你更大量，更及时，更频繁的进行互动。让企业文化建设更容易，效率高，成本低，效果好。

"E+"促使企业文化更加回归人性，回归本源。但企业文化革命如果不彻底，迟早还是要死，而且死不瞑目。

8 以用户为中心，共建共享

> 天时不如地利，地利不如人和，企业文化的原点就是"和"；不忘初心，方得始终。众创空间、众筹买房、Uber模式来袭，大咖你准备好了吗？

孟子说：天时不如地利，地利不如人和。可见人和的重要性。

"和"有7个音，"和"有转换的能力，化不利为有利。和的能力越强，生存能力越强，天时和地利的不利因素，可以通过人和来化解，度过危机。

和，能整合资源，做平台就要有和的能力。

文化原点：和

个人之和：和为贵、与人为善、和善、君子和而不同，小人同而不和

家庭之和：家和万事兴

企业之和：和气生财

社会之和：和谐社会

国家之和：政通人和、和平共处五项原则

世界之和：维和

和龙文化：企业文化的一种境界，太极祥和中国龙，简称【和龙】。

【太极】就是无极生太极，从0到1，讲的就是战略要创新！从0到1突破难，从1回归到0更难，难在阶段性成功后的归零，做不到，就会像诺基亚没做错什么，也不见了。

【祥和】我们做人讲究和为贵，一个家庭是家和万事兴，开门做生意创办企业是和气生财，社会要和谐国家要和平，所以联合国有维和部队！"和"是所有文化的原点。

【中国龙】十二生肖里的动物，都是真实的存在，除龙以外。龙是我们祖先虚构的，而且是最高统治者的符号，我们华夏子孙都是龙的传人！其意义何在？皇帝的权威是人为虚构的！他就像龙的组成一样，是集体智慧的荟萃，没有完美的个人，可以有完美的团队，一条龙就是一个完美的团队的形象化符号！特别是中国龙，从管理学角度来讲，它就代表一个和顺的系统！

【和龙】从管理学角度来说，它就是代表从战略到文化、从文化到执行的一整套系统解决智慧与方案，这个智慧方案，得人和而上应天时下接地气！

◆ 苹果VS谷歌

乐视网董事长贾跃亭在微博上发布的一封《致苹果的一封信：下一代移动互联网不再

需要专制者》引发了无数网友的热议。在信中，贾跃亭表示，**只有时代的模式，没有永恒的模式**，封闭的苹果已不符合时代的发展趋势，必然会衰弱。

乔布斯凭借着封闭系统打造了极致用户体验的苹果产品，让很多果粉至今沉醉于此。但是越来越多的苹果用户却开始抱怨库克领导下的苹果系统、产品设计等缺乏创新，其实错不在库克，而是错在苹果自我陶醉的封闭系统上。

就在苹果封闭自己的系统，借此来构筑强大的专利壁垒，击败不同的竞争对手的时候，谷歌选择了完全开放自己的系统，从安卓系统到人工智能系统。

互联网时代，提倡的是自由、开放、共建共享的精神，而苹果的这种封闭却严重地违背了互联网精神。更让人感到忧虑的是，苹果的这种封闭还阻碍了整个行业的创新和发展。

周易的系统为什么能够承载五千年的智慧，成为一个最智慧的系统，就是因为它是一个开放、共建、包容的系统，大家都在为这个系统添砖加瓦，贡献自己的力量。

◆ 中国的崛起 VS 美国的衰落

苏联解体后，美国是主导世界地缘政治格局的唯一霸权。

美国今天的成功是建立在其100多年前的高明战略上的，今天的世界格局都在美国的如意算盘之中，俄罗斯、中国、欧洲等都被美国玩弄于股掌。那中国有可能超越美国吗？

答案不是可能，而是一定会超越美国。

我们看美国在做些什么：借着反恐的名义打击这个国家那个国家；倡议开放、平等，自己却又搞贸易保护；号称透明，却在做窃听他国领导人的事情；提倡环保，又拒绝在《京都协议书》上签字……**美国正在一点点的丢掉这个世界上最宝贵的东西：信用**。

要知道：**信用比黄金还重要，比航空母舰更有力**！

中国这些年在干嘛？

中国外交政策一贯坚持和平共处五项原则，已经同许多国家建立和发展了友好合作关系。中国基本上没有敌人。

美国终将衰落的根本原因不在经济，不在军事，而在信用的丧失。而这也是中国之所以终将超越美国的根本原因。

"共享"不是口号，不是商业模式，不是现象，不是工具，更不是流行，是思维，是趋势，是潮流，形成共享思维才能有真正的行动自由！只有彻底地融入内心，做出来的效果才有长远的生命力，无关资金、实力与品牌。

第四篇
执行要给力

　　房地产的"好日子"已经结束，闭着眼睛都能赚钱的时代已经过去，要深耕细作了。重经营轻管理的房企们，在管理上欠下的债该还了。

　　管理不升级，互联网思维就是假大空。我们明确提出了管理执行给力的三个重要标准、集团管控的"三管""三抓"，执行系统如何打造？

　　是什么让万科的团队如狼似虎？猪八戒网修成正果靠什么？企业平台化，员工创客化，用户个性化，"E+"让你梦想成真！

> 房地产企业大多"重经营,轻管理",面对存量时代、供给侧改革,我们都在谋求转型。段老师团队在充分调研的基础上,为我们系统辅导了以客户为中心的三条价值链(搭班子、做项目、带队伍,共10多个模块),通过上上下下的反复沟通,达成高度共识,提升执行力,为白银时代的发展打下坚实的基础。
>
> ——杨振(宏府企业集团总经理)

1　执行出偏差,再好的战略也落不了地
2　执行与文化格格不入
3　房企的"管理债"该还了
4　管理不升级,互联网思维就是假大空
5　择地利:执行给力的三个标准
6　丢掉KPI你敢吗?绩效管理方案设计
7　一条龙:市场竞争　系统为王
8　驾驶舱让你闲庭信步
9　大数据大平台,零距离零时差

1 执行出偏差，再好的战略也落不了地

> 谁来负责：某项目延期交房 15 个月违约赔偿 2000 多万元？客户买的房子不见了？没有执行力，战略如何落地！

◆ 南辕北辙

南辕北辙比喻行动和方向正好相反，大家一定忍不住怀疑，这是连 5 岁小孩都知道的道理，难道我们不懂吗？恰恰相反，这样的事情在房地产行业层出不穷。这其实就像战略与执行，如果方向出偏差，执行越好，离战略目标就越来越远！**方向不对，努力白费**。

◆ 延期交房 18 个月，谁的责任？

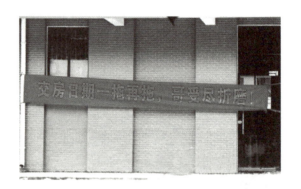

某房企做城中村改造项目，招标拖 2 个月，进场拖 1 个月，基础拖 1 个月，车库拖 1 个月，报批拖 2 个月……最后延期 18 个月交房，赔偿违约金 2000 多万。老板要求管理团队找出原因，管理团队总结：招标时老板一直不拍板拖了 2 个月，到进场时老板又迟迟不给进场费拖了 1 个月，基础方案等老板拍板等了 1 个月……

老板：都是我的责任，难度你们就没有一点责任？

这样的执行力如何能保障战略？

2007年我还在房地产公司做老总的时候,隔壁的某某花园,方案设计一直不能拍板,拖着拖着,到2008年的金融危机,项目拖黄了,之后好几年都没有缓过劲来。

◆ 铺位去哪了?

云南某地产公司,项目在西双版纳,售楼处设在昆明,销售经理得知一老客户要来买房,连夜坐大巴去西双版纳拿图纸,设计部说图纸还在改,项目上又没人理,老板还出国了,就在他心灰意冷准备离开时,发现墙脚有一套图纸,二话不说拿上就走了。

回到昆明,客户高高兴兴的选了两间商铺,签合同,付钱。等到销售经理带客户去现场看房时,找来找去也找不到那两间商铺,问项目部的人,才知道图纸改过了,那两间商铺早就取消了。

这个案例给我们什么启示?一个项目从策划,到设计,工程建设,再到营销与客户服务,是不可能靠一个人从头到尾完成的,也不可能靠一个部门或者一个小团队,从头到尾完成。他是一段接力赛跑,需要我们组成一个一个的小分队来完成。

那么,接力赛跑最容易出的问题是什么?就是交棒接棒的时候,容易掉棒子,那么上面这个案例这就是一个比较典型的掉棒子的案例。这种现象在房地产公司还有很多,没有暴露出来的原因只不过是有很多活雷锋在后面在补位,让项目得以顺利进行下去。

没有执行力,战略落不了地,反过来如果方向不对,执行越给力,我们就离战略越远!仍然到不了我们要去的地方!

2 执行与文化格格不入

> 打了胜仗还被处分的李云龙,爱屋吉屋被指"卸磨杀驴"?为达目的,不择手段?重结果,不重过程?行动是为了宣扬我们的价值观,面临生死关头,仍然坚持。长征是宣传机、播种机。

◆《亮剑》李云龙打赢了,为什么还要受处分

《亮剑》里的李云龙很会带团队。他的队伍有战斗素质,像狼一样所向披靡。拿破仑说过,一头狮子带领的一群羊,能战胜一头羊带领的一群狮子。而李云龙是一头狮子带领一群狼,你说厉害不厉害?李云龙的团队管理能力很高超,但是为什么他每次打了胜仗却还要受到处分呢?

李云龙们要明白执行的目的是什么,是为了战略落地。文化是支持战略的,如果你的执行违反了文化,就等于违反了战略。一个手脚不听使唤的人,会被认为是神经错乱。

党指挥枪,党就是文化的代表,是核心价值观的代表。

◆ 爱屋吉屋"卸磨杀驴"?

2015年11月25日,爱屋吉屋上海公司的数百位员工来到人民广场、南京东路上海等人口密集的地方拉起"爱屋吉屋,拒发薪资"的横幅,并集体大声呼喊口号"爱屋吉屋拖欠员工工资"等进行大规模的维权。这也是继爱屋吉屋上海公司多家门店经纪人数次到爱屋吉屋上海总部讨薪维权未果之后再次掀起的大规模维权活动。

其二手房佣金只收1%的口号也遭质疑:二手房的名义佣金确实仍然是1%,但现在要向买房人多收一个担保服务费,比例为房款的0.5%。

仅仅一年多的时间,就从3个人变成了16000人,业务城市从1个变成了10个。在这高速发展的光环下,爱屋吉屋背负了高居不下的人力成本和广告费用,虽然多次成功融资,但依然挡不住高速增长的成本压力。

业内人士置评,爱屋吉屋此举是想改变以往的高补贴烧钱模式,在新一轮融资之后需要讲新的故事,实现上市目标。

爱屋吉屋的行为是否符合其宣传的文化理念？是爱屋吉屋要进行思考的。

◆ 高官庇护、村官出地、房企出资的腐败铁三角格局

冼村，广州最繁华城区的一个城中村。伴随旧城改造、地价飞升，演绎出一幕现实版的"《窃听风云3》"：宗族大咖把控村务、地产集团低价拿地、政界高官权力庇护、大谋私利矛盾不断……

2014年7月，广州市中级人民法院开庭审理冼村7名班子成员涉嫌贪污受贿案，"腐败铁三角"随之浮出水面。其暴露的城中村改造腐败漏洞令人震惊、引人深思。一个城中村改造工程，"绊倒"了广州市副市长曹鉴燎，端掉了整个村干部班子，牵扯了一批开发商。

为了利益改规划，行贿受贿，不仅阻碍城市发展的战略目标，更违反了社会主义的核心价值观。

◆ 工程 VS 销售

某房企，老总特别重视团队精神，大会小会不断强调。但是工程与销售的奖励机制却不同，工程干得再好也没有提成，都是拿死工资，而销售却是卖得越多奖得越多，干工程的就不舒服了：房子卖的多还不是我们做得好？凭什么你们就靠一张嘴皮子就能比我们多拿这么多钱？于是干工程的就给做销

售的下绊子，导致内部不和：设计的没有奖金，也给销售下绊子，不帮客户优化设计；财务没有加班费不加班，客户来交钱没人收……

执行层的制度设计与企业文化完全是背道而驰，这样的情况屡见不鲜。

◆ 为达目的，不择手段，是不可取的；重结果，不重过程，是要不得的

我们现在很多企业"只重结果，不重过程！""为达目的，不择手段。"这种思维还

很大比例的存在于中国企业里，只是程度不同而已。这就导致大部分企业执行与文化的不匹配。

团队的执行会受到企业文化的影响，对于企业而言，核心的价值观为企业的生存和发展提供了基本方向和行动指南，它是企业领导和员工追求的最大目标及据以判断事物的标准。共同的价值观是企业成功的关键，是企业凝聚力的核心，是企业发展的活力源泉。

◆ 长征就是播种机、宣传机

1935 年 8 月 21 日，红军开始作阵地的大转移，开始过草地。讲到长征，请问有什么意义呢？毛泽东说：长征是宣言书，长征是宣传队，长征是播种机！在长征过程中，红军散布了许多种子在 11 个省内，发芽、长叶、开花、结果，希望将来有收获。

长征就是重过程，不重结果的。正是因为它在过程中播下了一粒粒革命的种子，才有后来的农民揭竿而起，跟随共产党闹革命，到最后的革命成功。

而国民党军队的所作所为反而更加让老百姓和共产党站到了一起。这就是共产党的最高境界了：**把敌人也变成了自己的播种机和宣传队**。

在执行过程中一定会遇到各种各样的困难，我们会找借口，放弃坚守我们的核心价值观。比如：大家都在送东西，我们不送怎么行？

大家都说：开发商在施工单位面前很牛，但是在面对政府就软了，真的都是这样吗？万达是怎么**站着还把钱挣了**的？

各地政府对万达模式趋之若鹜。王健林曾透露，每年到万达总部邀请其投资的城市有数百个，万达只能从中挑选 10% 来做 —— 这种强势的"选择权"，使得万达在与地方政府的合作谈判中总能处于"类似于甲方"的优势地位，不但能以极低的价格获得土地，还能获得各种税费减免及补贴。

在执行的过程中我们遇到的状况是千变万化的，在面对利益诱惑、甚至是生死考验的时候，只有坚守住核心价值观，才能真正地有效执行。

3 房企的"管理债"该还了

> 房地产的"好日子"已经结束,闭着眼睛都能赚钱的时代已经过去,要深耕细作了。重经营轻管理的房企们,在管理上欠下的债该还了。

◆ 老鼠掉进米缸里

正是青黄不接的初夏,一只觅食的老鼠竟掉进了一个盛得半满的米缸里,踌躇再三,贪婪的本性还是使它忍不住要试一试。它开始用舌尖舔了一舔米粒的表层,发现自己口不干、头不疼,接下来自然是一通饱餐。吃完了,这只老鼠便跳出米缸回到自己的洞里,这样不知不觉过了好长一段时间。后来,它

觉得再也没有危险了,索性住在米缸里,吃饱了,倒头便睡。有时,它也想跳出来,但一想到这么多这么好的白米,心里便直发痒痒,屁股再也不愿挪动。直到有一天,它发现米缸见了底,才开始惊慌起来,它拼命地试了几次,可是面对这样的一个高度它竟再也难以跳出去了。

这大半缸米换取了母老鼠的自由和生命。因此,也有人把这只老鼠能够跳出来的高度叫"生命高度",它多待一天,就失去一天的自由;多吃一粒米,就更接近死亡一步。

回过头来看看我们的房企们,之前的日子太舒适!就像这米缸里的老鼠一样,等到发现危机来临的时候,已经出不去了。

◆ 国家正在对房地产行业加强规范管理

我国房地产一直处于粗放管理阶段,国家现在已经开始实施的一系列措施,加强对房地产行业的规范管理。

人民银行上调人民币存贷款利率,导致地产企业贷款越来越难,融资成本越来越高。一些高价购地、跨业经营、过度扩张、负债率偏高的高风险房地产公司,经营状况也将越来越难。一些企业甚至可能会因资金"断链"而突然死亡,行业整合将加速。

有关专家认为,在接下来的房地产行业洗牌过程中,过往房地产企业投机的经营模式难以为继,最后留下来的房地产企业可能只有30家到50家左右的全国性公司。

我们在前面也讲过房地产界正迎来破产潮，2015年年底又曝出萧山的21家房企同时破产。2015年12月8日，每日经济新闻报道：区域经济排名靠前的百强县浙江萧山，突然出现21家企业濒临破产。而这21家地产企业共同的问题是：市场突然降温，运营管理落后，资金链紧张。

房地产业在逐步规范化的同时，那些不重管理、只重经营的房企终将被市场淘汰。

◆ 重经营轻管理的房企们，在管理上欠下的债该还了

中国的房地产业经过二十多年的发展，出现了一批管理规范、实力强大的企业，比如万科、龙湖、恒大、万达等等，但是客观地说，我国房地产业的整体管理水平还处于比较初期的阶段，大部分房企都还停留在粗放阶段，房地产行业长期以来都存在着"重关系，重经营，轻管理"的现象，可以说管理是房地产企业内部非常严重的一个问题。

近年来，各大房企惊呼"拐点来了"，可以说，"习李新政"以来，房地产的"好日子"已经结束，闭着眼睛都能赚钱的时代已经过去，要深耕细作了。

房地产白银时代的到来，导致市场分化，对房企自身的管理水平要求越来越高。**房企管理应更加精细化，产品具备差异化，服务做到精细化，把对经营的依赖降到最低，把管理打造成企业的核心竞争力**。无法适应变化的房地产企业，将慢慢退出这个行业。

以**中海地产**为例，依靠高效的团队与精益的管控，多年以来，中海地产的效益创造能力独步业内，引发同行研究并开始学习其在众多方面的管理运营经验，包括直接猎取中海的人才。如前文所述万科曾经为从中海挖人，甚至制定了"海盗计划"。

中海地产在产品背后的各个环节中，打磨雕琢：从买地投资、设计营销、建筑施工到营销策划、售后服务与物业管理等房地产开发全过程的价值链体系，皆一一考量推演，精益管控。

而就内部运营管理而言，中海地产通过一系列管理经验与原则，**建立高效的管理团队，强大的执行力，确保了中海地产稳健的高速增长**。业内熟知，中海地产坚持稳健的财务管控，严格控制借贷比率，确保充裕的现金流，在高潮时能抓住机遇顺势而上，在低潮时则能稳健经营；中海地产的成本控制能力一直为行业榜样，依托完善的集中采购管理与信息化管控平台，中海地产的管理费用、营销费用一直保持业内最低水准。

拥有众多运营管理经验与优势的中海地产，过去十年的年均净利润复合增长率超过40%，这一指标在业内首屈一指。

移动互联时代到来，世界高速运转，企业发展形势变得更为严峻，管理升级势在必行！企业想要生存和发展，就必须管理升级。管理升级增内力，这是时代要求，也是历史选择。

4 管理不升级，互联网思维就是假大空

在管理上不升级，做微信平台就算"E+"了吗？在淘宝卖房就算互联网转型了吗？互联网思维说的再高大上，没有执行力，一切都归零！

◆ 彩生活？惨生活？

据有关报道：拥有"内地物业第一股"的光环，携令人耳目一新的模式，花样年旗下的物业"**彩生活**"虽一度在国内各大城市社区高歌猛进，但现实的运作却并非像企业所预言的那样完美。

2015年1月，南京万达华府、兴元嘉园及翠屏清华三小区先后掀起了"赶走彩生活"的业主维权活动，物业管理质量之差、在主管部门投诉之多已经让"彩生活"在南京有了"惨生活"的风评。

彩生活在资本的助推下，开始了极速扩张之路，而扩张的最大成本是人力成本。黄埔军校还没有建立起来，运营管理人才不足的情况下扩张，等于是摊薄了管理，所以才会发生上面的故事。

◆ 管理不升级，做微信平台就OK了吗？在淘宝卖房就算互联网转型了吗？

2014年8月26日，阿里巴巴集团旗下的淘宝网与万科宣布，淘宝用户全年花了多少钱，就可在万科全国12个城市23个楼盘直接冲抵购房款，最高可抵扣200万元，这一举动将让淘宝用户的购房成本最多节省10%。此方案刚刚公布不久，就取得了"奇效"：据统计，页面上线不到半天，已有140余位网友享受到100万元的优惠。

万科与中国最大的电商平台淘宝联合,在电子商务平台上销售住房。万科的根本思路还是借力互联网新经济的优势。互联网能拯救万科吗?

互联网风潮来袭,房地产公司纷纷开通微信平台,在淘宝卖房,希望搭上互联网这趟顺风车。然而,管理不升级,做微信平台就OK了吗?在淘宝卖房就算互联网转型了吗?这是值得我们每个人思考的!

凡客自2007年成立至今一直顺风顺水,还未上线就引来数百万美元的融资。而到了2011年,凡客优越感不再,库存积压,IPO搁浅、质量缩水等消息将凡客从天堂拉下了地狱。**空有互联网思维,管理不升级,没有执行力,一切都归零。**

默克顿:执行力就是每个员工在每个阶段都做到一丝不苟。

杰克·韦尔奇:没有执行力,哪有竞争力。

德鲁克:管理是一种实践,其本质不在于知,而在于行。

比尔·盖茨:在未来的10年内,我们所面临的挑战就是执行力。

迈克尔·戴尔:执行力就是在每一阶段、每一环节都力求完美,切实执行。

西点军校在二百多年的历程中,培养了2位美国总统,3700位将军,1000多名董事长,5000多名高级管理者。其培养商家精英的数量远高于著名的哈佛商学院,为什么?从西点著名的22条军规中可以找到答案,其第一条就是:**无条件执行**。

◆ 万达的高效执行力

一直以超强执行力行走江湖的万达又是怎么做的呢?万达执行力强的两个方面:第一个方面,说到做到。第二个方面,算到拿到,而且用科技保障执行。

万达如何依靠科技化、信息化来保证执行力?第一个是高度信息化。第二是计划模块化。第三是慧云集成化。这些都是利用互联网工具,真正地做到了降本增效。

执行力是完成目标的能力,是提供结果的能力!如果没有执行力,所有的互联网思维都是坑!

◆ 可怕的碧桂园营销

2013年碧桂园超60个项目获当地年度开盘销售冠军,"金海湾"创马来西亚全国销售金额、面积、套数"三冠王","十里金滩"创全国单日销售套数、面积双料冠军……其实碧桂园的营销人背负着比同行更多的压力,其压力不仅来自于严格的考核,更来自于时刻要求超越自我的团队文化,让每个人不敢有丝毫懈怠,一定要把工作在最短时间做到最好。

当同行还坐在售楼部等客上门时,碧桂园的销售员已经用几天时间铺开数百个外展点,完成超过 3.6 万次圈层营销活动;

当同行斥巨资主办或赞助大型活动时,碧桂园的策划人员正在策划水手送情书、亲情车贴、西瓜节等能吸引全城关注的成本极低的活动;

当同行还在考虑该打刚需牌还是吸引改善客户,碧桂园营销已经从资产配置的角度挖掘客户需求,短时间内发动 21 万客户跨区域甚至跨国看房;

当同行还将销售视作朝九晚五的工作,碧桂园售楼部里的"夜间营销""黄金派对"天天登场;

可怕的执行力,是碧桂园营销团队接连不断创造出一个个奇迹的主要原因。

既然执行给力如此重要,那执行给力的标准是什么?

5 择地利：执行给力的三个标准

小米遭遇质量冰山，创造极致体验的绿城，为何频现危机？执行给力的标准在哪里？万达恒大的高效执行力，你学不会？

◆ 小米遭遇质量冰山，碧桂园的质量危机

2013年，据中央财经大学数据挖掘研究室主导的中国IT研究中心（CNIT-Research）最新发布的5月份国产智能手机品牌影响力报告显示，小米手机居国产智能手机品牌第一名，同时报告还显示，小米手机负面舆情严重，质量问题频发，屡遭投诉。小米在智能手机领域的业绩有目共睹，但其应该对快速发展过程中可能产生的短板，比如技术和服务等有足够的准备，否则小米公司的长远发展将受制于品牌损伤。

◆ 6省13地项目沦陷 碧桂园"伤城"频现

有媒体统计数据显示，2015年内，碧桂园在安徽安庆、巢湖、芜湖、江苏如东、靖江、无锡，广东台山等地，涉及6个省13地楼盘均出现工程质量问题和投诉。

下半年，碧桂园因质量问题遭到业主维权几乎已成"常态"。同年6月，安徽芜湖碧桂园项目被曝质量问题；7月，无锡碧桂园业主集体拒绝收房；8月，宜都碧桂园业主投诉及堵路；9月，碧桂园在江苏如东项目也深陷其中；10月，安徽安庆碧桂园业主讨说法。

三四线城市一直为碧桂园业务提供了强大的支撑。不过，在楼市黄金期过去后，三四线城市的房地产市场已经供需严重不平衡。因此，碧桂园又开始瞄准一二线城市，试图通过掘金大城市来为企业的快速发展提供足够的后劲。由于急速扩张，爆发质量危机。碧桂园效率提高，成本控制住了，却把客户体验降低了。

◆ 创造极致体验的绿城，为何频现危机？成本与效率出问题

绿城前20年的飞速成长与惊人成功，在于其对品质近乎信仰的推崇，以纯粹而坚决

的姿态做产品。曾经持续两年的房产调控，使得专注于高端精品住宅的绿城中国一度濒临绝境，2011年年底其资产负债率高达148.7%，成为大型开发商中负债率最高的企业。生存还是灭亡？作为行业旗帜，绿城能否挺过难关甚至

被视为中国地产能否熬过寒冬的重要标志。曾经"生命按天计数"！

126亿"断臂求生"。为了活下去，2012年上半年，绿城先后转让了上海外滩地王、绿城广场、无锡香樟园、台州等地的项目股权，回笼资金约51.1亿元人民币。6月8日，绿城中国宣布与九龙仓达成认购及投资协议，交易金额总计约41.6亿元，完成配发后，九龙仓成为绿城第二大股东。6月22日，绿城将其在上海、苏州、无锡、常州、天津等地的9个项目的一半股权转让给融创中国，收取对价33.7亿元人民币。

小米遭遇质量冰山，碧桂园的质量危机，创造极致体验的绿城，为何频现危机？**执行给力的标准到底在哪里**？我们到底要如何去做？

◆ 执行给力三个标准：用户体验要好 成本要降低 效率要提高

1. 用户体验是用户使用产品过程中建立起来的感受，会影响用户对产品或品牌的忠诚度以及喜好程度。给他们一个积极、高效的体验，会提高用户黏性。产品对用户的价值是产品得以立足的基础，也是一切商业行为的基础，而用户体验又决定产品成败。

2. 降低成本对企业来说是赢利的首要条件，对企业的经营效益至关重要。如果一个企业的生产成本很高，会直接影响企业的产品价格，价格高的产品在竞争中也是没有优势的，也将会面临着一定的困境的，降低成本是每个企业都在追求的，都希望以最少的投入获得最大的效益。而在市场竞争白热化时，能否有效地降低成本决定企业是否在竞争中站稳脚跟，以及最终能不能赢得客户，企业最终能否飞速发展。

3. 提高效率。"时间就是金钱，效率就是生命"的观念早已深入人心，只有不断地提升企业效率，才能提高企业的竞争力。在激烈的市场竞争中，才能生存下去。发展是企业经营的根本目的，要快速发展，就必须有强劲的竞争力。要使企业有竞争力，那么企业的生产效率必须要提高。

◆ 海尔：日事日毕 日清日高

海尔集团的"OEC管理法"，即"日事日毕，日清日高"的思路得到了众多企业管理人员的赞赏。当天的工作当天完成，当天工作要清理并有所提高。首先确立目标：日清是完成目标的基础工作；日清的结果与正负激励挂钩。海尔的执行力度可见一斑。

◆ 碧桂园的华丽转身

曾经碧桂园在房地产局势面临困境、政府打击腐败的情况下，豪宅市场受到巨大冲击。此时的碧桂园开始谋划战略转型，秘密练兵，打造出碧桂园十里银滩系列。

2011年首次开盘单日便创造30亿元销售成绩，2012年碧桂园集团首家滨海五星级酒店在此开业，2013年二期山林海商业街、三期金海岸商业街启动运营……

作为碧桂园集团在深圳东海岸打造的首座滨海大城，碧桂园十里银滩在短短三年间，从十里沙滩和亿万年礁石演变为如今拥有8大重磅配套、120项全方位配套的滨海大城，成为超2万家庭、6万人居住与生活的倾心之选。

碧桂园通过产品线（十里银滩，十里金滩）复制，在降本增效的前提下，用户体验又提升上来了。

◆ 谷歌：互联网思维下的绩效管理

Google的OKR就是"互联网思维"的一个经典代表。OKR是让员工和企业围绕共同目标前进的简明系统。一位员工有很多目标，需要定义可量化的方法来达成目标。最后就是所有人都能看到其他人的OKR，这样确保全公司的管理做到真正的透明化，达成行动策略上的一致性。

在 OKR 系统下，在该考核系统下，员工们不但明确自己的任务，同时也能了解他人在做什么。员工首先要制定一个目标，然后设定一系列"主要结果"，可以用来衡量是否已经实现目标。目标的设定要明确，具有可量测性。

谷歌对 OKR 考核按照季度和年度进行，季度 OKR 考核不会变化，但是年度考核目标会随着业务的进行作出调整。OKR 的设定涵盖多个层面，包括公司层面、团队层面、高管层面和普通员工层面，其目的是确保公司平稳运行。

通常，员工每个季度接受 4 个到 6 个 OKR 考核。如果考核数量超过该数目，表明这位员工有可能被解雇。每个季度末期将对 OKR 考核进行打分，分值从 0 到 1。一般的分值为 0.6 至 0.7，如果获得 1 分，可能是目标制定得太简单；如果低于 0.4，员工可能就要反省自己哪里做错了。

执行给力的有力保障就是绩效管理方案的合理设计。接下来的一章，我们就来探讨绩效方案如何设计。

6 丢掉KPI你敢吗？绩效管理方案设计

小米真的没有 KPI？让 KPI 去死？没有满意度忠诚度的尖叫度，你能持续多久？一味靠金钱补贴的转介绍，你能走多远？

◆ 老板与员工都讨厌绩效管理？

员工不满：
1. 简单的事情复杂化了，增加工作量，结果却做得并不好；
2. 激励没有明显增加，不像当初描述的那么好；
3. 目标与标准定得很高，经常达不到，压力明显增大；
4. 规则经常修改，不顾及当事人感受；
5. 评价不公正。

老板不满：
1. 增加了人手与资源投入，效果却不明显；
2. 听到员工很多抱怨与抵触；
3. 有一些核心员工离开，将责任推给绩效考核；
4. 考核引起其他负面效应，如员工计较工资、相互比较等；
5. 老板觉得很复杂，自己掌握不到位。

◆ 小米真的没有 KPI？

庞大的团队，繁杂的业务，小米却号称自己在进行"轻管理"，极度扁平化，组织架构简单得惊人：不做 PPT，没有工作报告和年终总结。

不仅如此，更甚的是，外界一直在盛传小米无 KPI！而且很多所谓的管理大师也在鼓吹学习小米去 KPI 化。

其实小米不是没有 KPI，而是它实行的不是通常意义上的考核指标。"小米追求的是活跃度。"以路由器为例，一台路由器卖出去的活跃度有多少？用户是不是真的使用了这些功能？传统企业追求总销量，但在互联网时代，小米追求的是客户满意度。即小米不把财务指标当成目标和考核指标,而是鼓励员工以客户为中心 —— 客户对产品体验的满意度就是标准。例如,做到手机维修一小时内完成,配送速度从三天提升到两天,客户电话接通率 80% 等。

◆ 沃尔玛 VS 凯马特

相信很多朋友都知道沃尔玛,但是凯马特却没有或很少听说过,因为凯马特已经在 2002 年破产。凯马特是现代超市型零售企业的鼻祖,凯马特之于零售业,正如福特之于汽车业。综合性零售企业的行业标准一度是由凯马特创立的。曾经是世界最大的连锁超市、世界最大的零售企业、世界首家使用了现代超市收款系统的凯马特是如何被一家特价商店击败的?沃尔玛是如何在凯马特的围追堵截中杀出一条血路,并最终站在世界零售业的顶端?

销售额对比(单位:亿美元)

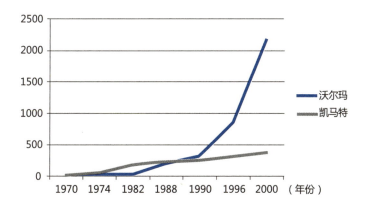

沃尔玛战胜凯马特的原因有很多,但其中很重要的一点就是沃尔玛率先推行了绩效管理,把企业的收益与员工的收入挂钩。这样在沃尔玛的超市里,来的顾客越多,工作人员越累,越开心,服务做得越好,而凯马特正好相反,来的顾客越多,工作人员越累,越不高兴,服务也越差。慢慢地,不仅顾客开始从凯马特向沃尔玛流动,就连凯马特的人才也开始向沃尔玛流动。等到凯马特意识到问题时,也学着沃尔玛做绩效管理,但画虎反类犬而且也太迟了。

实施超越对手的战略,必须要有超越对手的绩效方案匹配

◆ 质量管理培训有用吗?

经常有企业请我去讲质量管控或质量文化,老板觉得最近质量下滑,想倡导一下质量文化，品质地产。那问题来了，这么强调质量文化，那把你们的绩效指标拿来看看：

1. 质量好坏不影响绩效评价；
2. 绩效好坏与收入无关；
3. 绩效与收入挂钩后，各人自扫门前雪，反而导致绩效下降，战略不明。

绩效管理真的没有用吗？还是我们把绩效管理做偏了？

◆ 建立绩效管理体系应处理好的几个关系

绩效管理 VS 绩效考核

绩效管理执行不下去，很多时候是由于将绩效管理做成了绩效考核。

绩效考核	绩效管理
系统中的一部分	完整的系统
阶段性的总结	持续循环的管理过程
注重过去	注重未来
每月或每季度填表	与企业目标相结合
人力资源部为主	直线经理为主
主管与员工的对立关系	主管与员工的合作关系

一个完整的绩效管理体系应该包括四步：**绩效计划制定、绩效辅导、绩效考核见证、绩效结果反馈及运用**。但大部分企业通常的做法是：前期计划目标制定阶段，草草了事；上下级未进行充分沟通，尚未对目标达成共识的情况下就将目标定了下来。而在具体执行过程中，又不重视过程的跟进，认为下属都是罗文，都能把信送给加西亚，缺乏过程的监督、辅导。到了最后，结果不理想了，就是打板子，而不去寻根溯源找出问题的实质。结果是双方不满：企业领导不满意，认为绩效管理管不出高绩效；员工不满意，认为绩效管理就是为了考核，为了罚款。最后，员工不堪重负，一走了之，企业付出了重大成本！

在咨询的过程中，常常碰到业务部门的发难：人力资源部考核我们，谁来考核他们？

谁都不希望被考核，但是你做了事情，为公司做了贡献，要不要人来为你做见证？所以我们要变**"绩效考核"** 为**"绩效见证"**，不要陷入了考核的怪圈。

绩效管理 VS 人力资源管理

在探索建立绩效管理制度的过程中，由于绩效管理与战略性的人力资源管理的选、育、用、留等环节，尤其是"用"的环节，有密切的关系，很多企业直觉地将绩效管理作为人力资源管理的一个部分，交由人力资源管理部门负责。这种作法在实践中会造成很多问题，使绩效管理流于形式，还可能会在部门之间、员工之间产生很多矛盾。产生问题的根源，是企业的管理者将绩效管理等同于绩效评价。绩效评价仅是对员工工作结果的考核，是绩效管理的一个部分而不是全部。

绩效管理是企业将战略转化为行动的过程，是战略管理的一个重要构成要素（见前文），其深层的目标，是基于企业的发展战略，通过员工与其主管持续、动态的沟通，明确员工的工作任务及绩效目标，并确定对员工工作结果的衡量办法，在过程中影响员工的行为，从而实现公司的目标，并使员工得到发展。

从严格意义上讲，企业的人力资源管理部门，和其他职能部门一样，是为业务部门提高运营效率而提供支持和服务的，是企业人力资源管理政策的管理者。显然，绩效管理的功能超出了人力资源管理部门的职能范围，其真正的责任人，应当是企业的 CEO 及各级管理人员。人力资源管理部门在绩效管理过程中的角色，是在具体的操作中，承担横向的组织和协调工作。

绩效管理 VS 激励体系

绩效管理体系必须获得激励体系的良好支持才能充分地发挥作用。但是绩效不应仅与工资和奖金挂钩，这样会使员工认为实行绩效管理就是涨工资或减工资。应使激励的手段**多样化**，如员工个人能力的发展，承担更多的工作责任，获得职位的提升，以及获得公开的精神奖励等。随着资本市场的成熟和规范，还可以尝试股票期权等激励方式。

奖励优秀的员工总比处理绩效表现不好的员工要容易得多。为保持并发展企业的竞争力，有效的管理绩效低下的员工可能更为重要。如 GE 实行严格的 ABC 管理法，规定必须有 10% 的员工为 C 类，这些人会被降职或淘汰。在海尔，通过考评将员工划分为优秀、合格及试用三类，并将三类员工的比例保持在 4：5：1，试用的员工必须设法提高绩效，否则必将会淘汰。还有一些企业采用末位淘汰制。这些做法均是市场竞争的残酷性在企业内部的反映，管理者必须正视绩效不良员工的管理问题，使绩效管理制度真正地运作起来。

◆ 绩效管理四步走

1. 绩效计划

在绩效管理初期，上级主管与下属就本管理期内（如当年、季度、月等阶段）绩效计划的目标、内容、指标设计以及实现目标的措施、步骤和方法所进行的沟通交流，达成共识。

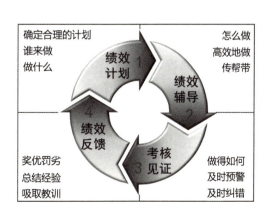

2. 绩效辅导

绩效辅导是绩效管理的灵魂与核心，是最关键、最能促进工作开展、产生效果的环节。在绩效管理活动的过程中，根据下属在工作中的实际表现，主管与下属围绕下属工作态度、流程与标准、工作方法等方面进行沟通指导，以达到及时肯定或及时纠正引导的目的。

3. 考核见证

对被考核部门在某个绩效考核期间存在的不足指出改进指导建议后，随时对改进情况进行交流评价、及时预警、及时纠错。此沟通可在绩效管理过程中随时进行，也可以在月末绩效考评时进行。

4. 绩效反馈

绩效反馈中我们要总结经验、吸取教训、奖优罚劣，不让好人吃亏。

在绩效管理的过程中，常用的工具有哪些？

平衡计分卡：平衡记分卡源自哈佛大学教授Robert Kaplan与诺朗顿研究院的执行长David Norton于1990年所从事的"未来组织绩效衡量方法"之一种绩效评价体系，当时该计划的目的，在于找出超越传统以财务量度为主的绩效评价模式，以使组织的"策略"能够转变为"行动"；经过将近20年的发展，平衡计分卡已经发展为集团战略管理的工具，在集团战略规划与执行管理方面发挥非常重要的作用。其核心内容包括四个方面：**财务角度、顾客角度、内部经营流程、学习和成长**。这几个角度分别代表企业三个主要的利益相关者：股东、顾客、员工，每个角度的重要性取决于角度的本身和指标的选择是否与公司战略相一致。

360度评估：是指由员工自己、上司、直接部属、同仁同事甚至顾客等从全方位、各个角度来评估人员的方法。评估内容可能包括沟通技巧、人际关系、领导能力、行政能力等。通过这种理想的评估，被评估者不仅可以从自己、上司、部属、同事甚至顾客、外包方等处获得多种角度的反馈，也可从这些不同的反馈清楚地知道自己的不足、长处与发展需求。其特点是评价维度多元化，适用于对中层以上的人员进行考核。

再加上月度计划考核。企业可以通过**年度平衡记分卡考核+360度季度评估+月度计划考核**，建立完善的评价系统，建立更符合公司发展的绩效管理系统确保执行给力。

◆ 恒大绩效管理诊断

2011年恒大请赛普咨询为其设计绩效管理体系，赛普在开始前对恒大的绩效管理现状进行了诊断，提出恒大绩效管理的三大问题：

1）考核不客观：绩效考核方式不全面，单纯依靠被考核者自评和直属上司评语作为依据，容易陷入流于形式的"人情考核"；绩效考核方式对企业经营计划及企业战略目标的支撑程度弱，甚至与企业目标或计划脱节；考核周期过长，往往在年终进行，不能及时引导员工的工作方向、提高员工积极性。

2）激励无效果：激励周期过长，往往在年终激励，不能及时激励；奖金分配机制没有体现岗位价值差异和绩效差异，内部公平缺失，激励效果薄弱；奖金额度没有与企业经营状况有效关联，导向性不强；奖金具体金额无法进行有效规划。

3）监控无机制：由于绩效考核无效，导致绩效差异不能体现工作业绩，无法对员工进行有效辅导和淘汰；没有形成绩效报表，无法从深层次查看企业经营问题，绩效管理体系失控；缺乏系统的计划管理流程和业务流程管理体系的支撑，也缺乏各类经营及业务管理数据的积累。

◆ 龙湖绩效管理特点

目标导向：各阶段性成果作为项目开发阶段最重要的标志；
全过程：从项目策划管理到后评估全程的成果管理；
目标现行：项目启动前明确项目成果标尺；
工作前置：每个阶段成果都是下阶段的重要输入；
逐级管理：集团关注关键节点，总裁审批各关键节点的调整。

◆ 万科绩效考核体系

对于众多房地产企业而言，绩效管理体系必须基于经营目标的分解和组织能力的建设，方有可能保障落地执行，经营目标的分解决定短期的业绩，组织能力的建设决定长期的发展，同时，流程管理的基础会决定绩效管理体系的有效性。

对于房地产的标杆企业万科来说，其绩效考核就完全构建在公司的战略地图之上，绩效考核成了战略达成的促进利器，这也是在做平衡计分卡体系中非常重要的保障方法。

无论什么样的考核体系，都需要将考核最终落实到人身上，万科根据不同层级的人员，设定了不同的考核周期和考核内容。对于区域公司总经理、区域城市公司总经理以年度考核为基准，不做季度考核；而部门经理、一般管理人员、部门员工都要做季度考核。不同岗位的考核标准也不尽相同：如下属公司总经理的考核采用的是年终KPI考核（平衡计分卡）加管理层述职的方式，平衡计分卡中的KPI是刚性考核，则管理层述职责相对柔性一些，也体现了绩效考核中的"刚柔并济"原则。

互联网+房地产 战略创新与管理升级

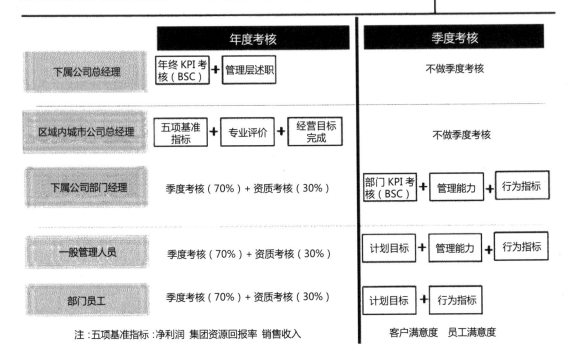

最有意思的一点，万科提出了五项基准指标，这五项基准指标成为城市公司总经理的基本考核指标，即：净利润、集团资源回报率、销售收入、客户满意度、员工满意度，涵盖了公司（利润、收入、回报率）、客户和员工三个层面。

互联网思潮，引起我们思考执行力，执行力靠绩效来保障。不要KPI，靠战略往前冲、靠文化往前冲的企业，有没有？有，小米就是。核心团队不需要KPI，但是下面的人要不要KPI呢？要的，那为什么小米可以不用KPI呢？因为他是在粗放管理阶段！小米、百度、腾讯这些企业都还停留在粗放管理阶段，而阿里、京东、联想、苏宁这些企业呢，也只是在初步规范阶段而已！

7 一条龙：市场竞争 系统为王

是什么让万科的团队如狼似虎？"猪八戒网"修成正果靠什么？……给我们什么启示，执行系统如何打造？

◆ 成本总 VS 项目总

某项目赶工中，总包施工单位的铝合金专项工程队伍迟迟进不了场，为什么？原来公司成本管理老总对分包工程的认质认价、核价与谈判遇到障碍，难以达成协议，僵持不下！但是现场项目总心急如焚，督促双方以进度为重，尽快达成协议，进度！进度！进度？

最后整个项目延期交房，支付了巨额的违约金。公司要问责项目公司，项目老总火冒三丈：施工单位的进场时间不是我说了能算的，我怎么负责？

◆ 集团 VS 项目公司

年底拜访某集团的项目公司老总，该老总从办公桌里面抽出几张表格给我看：老师您看看这是我们集团总部给我们定的明年的指标，指标定那么高，哪里能完成得了！

我问：你准备怎么办？

项目公司老总：这种不合理的指标设计根本就不可能完成，他下他的指标，我干我的活。

我问：完不成，总部不追究吗？

项目公司老总：要是追究我就不干了，这几年都是这样过来的。

我们看到这个集团企业还在用计划经济时代的搞法，从上往下压指标。

◆ 区域公司老总成傀儡

在一次培训后，某地产集团的城市公司老总向我抱怨：我虽然是城市公司的总经理，但每一步都要向总部请示，等董事长命令，没有回复之前，我们这些城市公司半步都不能动。我们跟提线木偶有什么区别？

没有充分调动和发挥城市公司老总的积极性，主动性。

◆ 项目老总：维持会长

某地产集团请我们做咨询，在谈到大部分房地产没有意识到项目奖金的重要性，而根本不设项目奖金时，该集团表示：我们一直都有项目奖金。

于是我们要求把奖金分配方案拿出来看看。

一看就看出问题来了：该集团的奖金是从上到下按条块发放的，集团的成本中心与项目的成本部是一块，集团的产品中心与项目上的设计部是一块……这样哪里是项目奖金呢？

看到这样的情况，我就提出：你们的项目老总应该很难当，会经常抱怨各个部门协调不动。

人力资源的老总一听马上站了起来：段老师你怎么知道的？我们的项目老总都换了好几个了，都是协调不动各职能部门的问题。

我说：那当然，如果奖金像你们这样发，再换100个项目老总也是不行。

项目上的设计部为什么要听项目老总的？我的奖金又不是你发的，我只听我们成本中心的。所以如果项目上的成本部要找设计部协调事情，不会去找项目老总，因为没有用，怎么办呢？先向集团成本中心反映，再到集团产品中心，再到项目设计部，有时候一次还搞不定，这样几圈下来，请问：执行力何在？效率何在？

集团总部、各事业部、各项目公司之间的利益冲突主要表现在以下三个方面：

一、人事任免。企业集团作为现代企业的一种组织结构，母子公司之间实行公司法人治理。法人治理，一个体现就是董事会、监事会、总经理和"老三会"之间在高层管理者选聘和人事任免上的权限分配。但由于集团是行政捏合组建，又由国有企业改制而转身的背景，管理习惯于沿袭传统做法，以致在高层选聘和人事权限上难以分清，法人治理结构中的各机构之间表面上你好我好，实际上长期打"肚皮"官司。

二、机构设置。集团总部的机构设置由谁决定，虽然至今仍没有明确，但好在对母公司与子公司的关系影响不大。但在子公司、分公司机构设置上，究竟应该谁说了算，却是一个问题。子公司、分公司的法人治理机构的设置，即董事会、监事会、经理层机构的设置，包括党组织机构的设置，一般由投资人和上级党组织来决定，但机关机构和子公司机构的设置，究竟是由子公司董事会、党委会、总经理决定，还是由上面的集团公司决定，在一些单位仍不明晰。不明晰就容易产生利益冲突。

三、财务控制。财务控制是企业集团确保资产保值增值的必要手段。但财务控制最容易引起子公司、分公司的反感和抵触。比如资金集中，原本是有利于减少资金沉淀、加快内部资金周转、提高资金使用效益的，但资金集中手续程序繁多往往会给子公司、分公司带来不便。一般而言，集团出于整体利益考虑，更多强调集中，而子公司、分公司则从自身利益考虑较多，大都强调分散。这就容易生发矛盾。

这些矛盾冲突集中表现为集权与分权的分歧，实际上就是利益冲突。怎么解决？

立总部基地 + 特种部队： 企业的总部建立运营平台，制定集团战略目标，对下属企业或部门进行资源的协调分配、经营风险控制，使集团组织架构和业务流程达到最佳运作效率的管理体系。

我们来看看集团管控的三种模式：

1. **管结果，定指标——财务管控模式；**
2. **管方向，定战略——战略管控模式；**
3. **管过程，定方案——运营管控模式。**

	财务管控	战略管控	运营管控
管控程度	分权——集权		
总部与业务部门的关系	以财务指标进行管理和考核，总部无业务管理部门	以战略规划进行管理和考核，总部一般无具体业务管理部门	通过总部管理部门对业务日常经营运作进行管理
发展目标	投资回报 通过投资组合优化业务结构 追求公司价值最大化	业务组合的协调发展 投资业务的战略优化和协调 战略协同效应的培育	业务经营行为的统一管理 公司整体协调成长 对行业成功因素的集中控制与管理
一般管理手段	财务控制 人力资源管理	财务控制 战略规划与战略控制 人力资源管理	财务控制 营销/销售管理 网络/技术开发管理 新业务开发 人力资源管理
一般业务应用方式	多种完全不相关产业的投资运作	相关产业领域的发展	单一产业领域的运作

在现实中几乎没有一家纯粹的财务管控集团、质量管控集团，或运营管控集团，一般都是一个集合体。

现实中的集团管控模式 =K_1 财务 +K_2 战略 +K_3 运营

K_1、K_2、K_3 系数的设计，就是我们前面讲的绩效方案的设计。

那么项目公司如何管理？

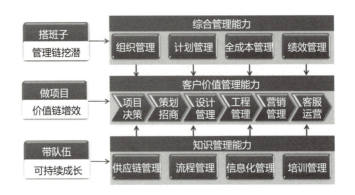

做项目、搭班子、带队伍的具体内容详见第五、六、七篇。

◆ 是什么让万科的项目团队变得如狼似虎？

一次与珠海某专门负责一级开发的团队交流，说起珠海万科的团队，他们说：别的地方我们不知道，但是珠海万科的团队干起活来，一个个如狼似虎。

那么，到底是什么让万科的项目团队变得如狼似虎？合伙人制。

框架上来讲，万科的管控模式非常简单——除了在战略、品牌、融资、研发和流程上对一线公司的支持外，集团总部主要从三个方面进行管控。第一，投资。只有总部有这样的权限，也就是说一线公司要买任何一个项目，要买任何一块地，必须通过总部最后的同意。第二，财务管控。每个一线公司现金流的管理和财务运营管理，都受总部财务部的直接管理。第三，人事。一线公司的员工从总经理到普通员工大致分为5级，其中上面3级都是由集团总部直接任命。除此之外，考虑到地产公司的行业特点，一线公司在运营上拥有非常大的自主权。而区域总部的作用，是代表集团总部为这个区域里面的所有一线公司起一些指导和管理的作用。

为何引入"事业合伙人制度"？这是万科围绕战略转型采取的机制性举措。处于战略转型期和不利大环境中的万科，需要获得股东的强力支持，需要获得员工的坚定承诺，需要获得市场的信心与关注，因此，需要为各个方面的利益相关者提供更多、更强化地支持其战略转型的理由和利益。同时，这些重大举措恰恰反映了万科从利益机制、管理机制、激励机制上的创新性思考，是对强化"一二三转型战略"执行力的管理突破。

从管理战略转型和转型执行力的角度来看，尤其是"事业合伙人制度"和"集团合伙人持股计划"的引入，更是值得称赞的跨界创新之举，是从网络科技、知识创新型企业借鉴的有效管理机制。正如万科总裁郁亮所说"从互联网企业身上，万科学到了两点：第一，对客户要极致的好；第二，管理组织要扁平化。""通过跟投，员工成为项目合伙人，""这更有助于形成背靠背的信任，进一步激发公司内的创业热情和创造性，为股东创造更大的价值。"

◆ UBER、ZARA、韩都衣舍的小组制

Uber 入住每个城市的时候，都是依靠一个三人团队，5 年进入了 320 个城市，创立了全球估值 500 亿美元的传奇，使共享经济成为人人热议的未来；韩都衣舍依赖单品全程运营体系，从注册到成为互联网第一女装品牌，创建近 20 余家品牌，前后仅仅经历了 4 年；Zara 诞生伊始就凭借其在女装领域的快时尚模式，横扫欧美众多竞争对手，在全球范围内拥有超过 2000 家专卖店……

这些企业仿佛一夜间无声无息中迅速崛起，迅速吸引整个市场的关注，同时，它们潜入到消费者的生活中迅速崛起，变成人们的一种生活方式，无所不在。Uber、韩都衣舍是如何做到在极短时间内，如同病毒一样攻城略地，迅猛增长的？

"小组制组织创新模式"正是这些公司异军突起背后的秘密武器。与传统的金字塔式的自上而下的管控模式不同，去中心化的小组制组织创新模式正在被越来越多的新兴公司所采纳。

所谓小组制是指，在公司中以可以独立完成业务的最小单位，即小组为核心，让其自行制定计划，独立达成目标。韩都衣舍的小组是产品小组，Uber 的小组是城市团队，Zara 的小组是店长全权负责的每个专卖店。每个小组都是能够独立生长的活细胞。这些小组细胞顺应市场、野蛮生长、迅速繁殖、自下而上地改变着整个公司的活力，成为公司这个有机体持续发展的核心驱动。小组制的根本在于去中心化，每一个小组都是中心，而每一个小组的每一次成长都在推动着整个公司的进化。

韩都衣舍的创始人赵迎光认为，企业的活力是创始人永恒的挑战，如何能够自下而上推动公司发展，只有从组织创新的角度去激发人性，"毫无疑问，小组制是目前最好的组织创新方式。"

Uber 在全世界所有的大城市，几乎只有三个人的团队，所有决策都由三个人的城市运营总经理独立做出，没有任何人可以询问，因为当地的情况公司里除了这三个人，没有任何人更了解。

"管控"这样的词，在 Uber 团队和总部里就像个笑话，他们每天收到的是来自于总部的各个城市的数据分享，最关键的数据是"从乘客发出指令到得到司机响应"一共用了几分钟。所以每一个三人团队都在创业状态，没有任何总部管控你今天在做什么，但你工作的结果从数据看一目了然。

小组制的方程式解开了创新方法论！

◆ 海尔打造员工创业平台

张瑞敏近几年来一直在研究海尔作为一个传统工业企业在互联网时代如何实现转型。

张瑞敏最早提出"时代组织"的概念。他认为，海尔要实现转型升级就必须砸碎旧组织，要用互联网思维来做产品和服务，用互联网思维做管理。

2013年，海尔提倡进行企业平台化、员工创客化、用户个性化的"三化"改革。企业平台化就是总部不再是管控机构，而是一个平台化的资源配置与专业服务组织。并且提出管理无边界、去中心化，后端要实现模块化、专业化，前端强调个性化、创客化。

近两年海尔的一系列创新举措大致如下：

第一，平台化企业与分布式管理。海尔企业总部在向着资源运筹与人才整合的平台转型。企业不再强调集中式的中央管控，而是通过分权、授权体系，把权力下放到最了解市场和客户的地方去。

第二，人单合一自主经营体。以用户为中心的人单合一模式在海尔已经推行好几年了，并且在不断完善中。所谓人单合一双赢模式，就是运用会计核算体系去核算每个员工为公司所创造的价值，依据员工所创造的价值来进行企业价值的分享。这种模式使海尔内部形成了无数个小小的自主经营体，员工自我经营、自我驱动。

第三，员工创客化。海尔内部设立了专门的创业基金，并与专业投资公司合作，支持员工进行内部创业。员工只要有好主意、好点子，公司就可以给资金鼓励他组建队伍去创业，而且员工可持股。

海尔认为，在互联网时代，要充分发掘和发挥员工的创造力。小人物也可以创造大价值，只要给资源、给政策、给支持，普通员工或许就能做成功一个项目或者一个企业。这种做法延续下去，将来海尔有可能变成一个创业集合体，一个企业平台。值得注意的是，现在海尔有很多新型的公司都是员工创业的成果。

第四，倒逼理论与去中心化领导。所谓"倒逼"，就是让消费者去成为变革的"信号弹"，让消费者倒逼员工转变观念、提升素质。而"去中心化"，就是企业不再强调"以某某某为核心"，员工只是任务执行者，现在是强调"人人都是CEO"，人人都成为自主经营体，员工也可以去做CEO做的事情。管理者则要从发号施令者转变为资源的提供者和员工的服务者。

第五，利益共同体与超值分享。海尔提出，企业与员工是利益共同体，共创价值，共享利益。员工只要超越了应为公司创造的价值，就可以分享超值的利益。

◆ 雅居乐

危机推动变革，这在雅居乐身上表现得淋漓尽致。

为了管理扁平化，雅居乐撤销了原来的中间环节区域公司，通过撤销区域公司，裁掉冗余的人员，成功将以往"集团—区域—分公司"三级管控变更为"集团—区域分公司"的二级管控。架构调整优化后，集团总部的职能集中在制定策略、资金管理、产品标准化、优化及开发新产品；总部七团下辖的8个区域公司的权责则进一步加重，使决策更快、决定更贴合当地市场的情况，并配合"短、平、快"的策略，确保销售计划得以全面落实，效率大大提高。

通过向区域公司放权，雅居乐精简了管理架构，有助于缩小管理半径，减少内部资源过多消耗或浪费，区域分公司自主权及决策权加强，有助于提高其应变的灵活度，从而能应对快速变化的市场，提高公司效益。

◆ 万科

作为中国房地产一哥，万科一直走在变革的前头。

过去一年万科在合伙人机制的基础上大力推动组织架构的变革，力求将万科打造成一个扁平化架构的公司。2015年4月，万科拿出了一份《万科集团内部创业管理办法》，鼓励员工在万科生态圈内创业，协助万科构建、丰富生态系统，为客户创造价值。这将使得万科的员工分流，组织架构变得更轻，节省大量的管理资源。

2015年下半年的第一天，根据郁亮签署的《关于集团总部部门调整的决定》改造完成后，集团总部只负责高级人才聘用、产品研发、资金运作、品牌宣传等职能，区域公司则负责产品精细化、成本控制、项目销售以及利润等。

根据万科2015年5月份股东会透露的信息，6月底之前，万科要完成集团管理扁平化架构的调整。事实上，半年间，北京万科的人员规模已经从最多时的500多人，减少至300余人。改造之后，万科的高管层更加年轻化，创新和服从的特点也更加明显。理顺组织构架似乎成了其转型的突破口。

◆ 碧桂园

白银时代，找客户是最大难题，碧桂园在其营销体系内动了刀子。首先，大幅精简集团营销中心的人力架构，强调其监督与服务的职能；其次，将审批权与资源下放至区域公司，让区域公司根据市场状况自行制定营销策略。

此外，恒大、万达等标杆企业也在精简机构，推动组织的扁平化。

◆ 中海

为了集团公司决策能雷厉风行的推行,中海的组织机构也高度扁平化。集团法人层次有十几个层,但管理层级最多只有两层。而投资决策实际上只有一层,每买一块地,从前期考察到中期论证,最后由总经理常务会议确定,都是一层负责到底。

执行系统要和谐,要协调统一,要和成一条龙,我们很难找到完美的个人,但可以组建完美的团队。

8　驾驶舱让你闲庭信步

> 董事长兼总经理兼项目总，项目多，应酬多，紧急状况多，又要出国考察，疲于应付，董事长变消防队长，整天救火，焦头烂额。管理如何能做到闲庭信步？移动互联的驾驶舱系统，实现无人驾驶，自动驾驶。

◆ 最牛董事长 VS 最懵董事长

在从事咨询行业的这许多年，我遇到过形形色色的董事长，这其中有两人给我的印象最为深刻。

某集团全国有 26 个项目，下属来向董事长汇报工作都不用带资料的，细到某项目分区的外墙方案，全都一一装在脑袋里，对于一个年过 50 岁的人来说其精力不可谓不旺盛。

还有一个最糊涂的董事长，数不清自己有多少个项目，掰着指头算了几遍，一会儿 8 个，一会儿 9 个，最后自己也不好意思地笑起来。

我不禁为两位董事长担心，连自己的项目数量都不知道的董事长，完全把事情丢给了底下人，不闻不问，你放心吗？而精力旺盛的董事长虽然所有的项目都了然于胸，但人毕竟不是机器，总有疏忽的地方，所谓百密一疏。而且接班人如何来接呢？再找一个精力这么旺盛的人？

◆ 最有效率的"移动办公"

这也是一个比较奇葩的地产企业，全国都有项目，董事长以效率著称，自己创造了一套"移动办公"的机制。他的"移动办公"是这样的：每个月从 1 号开始，全国各地分公司的老总陪着董事长一起打飞的，一个项目一个项目的看，遇到项目上的问题立马解决，看完所有的项目，大半个月就过去了。

看起来好像效率极高。实际上兵来将挡水来土掩，只是该董事长自己的效率高。项目上呢？这样每个月走马观花的看一遍，只解决了看到的问题，那只是冰山一角而已。再者，10 多位老总放着自己的项目不管，大部分时间在看别人的项目，效率何来？

◆ 开盘前一天被接管的楼盘

这是在做咨询的过程中，客户讲的当地某开发商的故事。

该开发商在当地政府资源丰厚,拿了一块好地,开发了一个大盘,临到开盘的前一天晚上,项目老总突然惊醒,想到还有一件非常重要的事情忘记做了,战战兢兢地给董事长打电话报告:项目的报批还没有下来,可是明天就要开盘了,怎么办???

连夜给政府相关部门报告情况后,第二天不开盘——政府全面接管了该楼盘!辛亏和政府关系不错,没有抓人!

房地产项目开发不比制造加工业,每一阶段的工作内容都很多而琐碎,可谓千头万绪,一不小心就会遗忘一些重要的事项,关键时刻突然蹦出来,给企业造成巨大的损失。

上面的这些故事,在地产行业中只是冰山一角,其所体现出来的问题就是管理的粗放,没有建立规范的管理制度,更加不用说精细化管理了。在移动互联高速发展的今天,如果还在用这么原始的办法去管理企业,被淘汰出局是迟早的。

那么如何轻轻松松地就了解项目的资金流、进度、质量等?如何在多项目管控时游刃有余?

建立驾驶舱系统,数据即时自动地呈现,真正的让你做到闲庭信步!

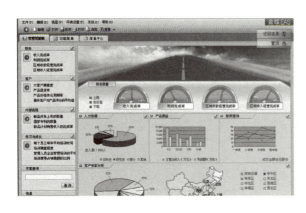

1. 直观:进入驾驶舱页面就像进入汽车驾驶舱一样,各种经济指标的具体数据即时呈现,例如:成本、产值、进度等,管理者能够更直观、全面地了解到了企业中所有指标的具体情况,从而方便快速地做出下一步决策。

2. 可配置:"管理驾驶舱"可以灵活配置,根据用户习惯,选择合适的图形来显示想要了解的具体指标,"管理驾驶舱"实现了一个图形可以反映多种指标,一种指标可以由多个图形显示的交叉实现模式,使配置更加灵活。

3. 全面:确保了用户能够更全面地对公司中的各个指标进行掌握。

4. 多维:实现多用户、不同权限的不同操作,每个有权限的用户都能够配置适合自己的图形,从而能够让各个管理层都能够查看到自己所关心的经济指标,从技术和实现上达到了多用户、多权限、多图形、多指标的多维操作的目的。

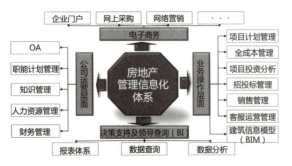

管理驾驶舱的出现,标志着一个更简便更有效的信息工具时代的到来,标志着在未来的企业管理系统中,信息产

品会更多地考虑人的主体因素，如何更好地发挥人的智能，将是新一代信息产品的核心思想。

◆ 龙湖的信息化管理

龙湖运营标准化与其信息化建设密不可分，龙湖早在 1998 ~ 1999 年就开始信息化建设的探索，2002 年正式开始进行规模化建设，从 2003 年起，先后上线了 OA 系统、财务管理系统、成本管理系统、CRM 系统、项目计划管理系统、阶段性成果管理系统、知识管理系统、产品库管理系统等。

在移动互联的今天，龙湖提出了"智慧龙湖"的理念。

1. 项目模式、产品模块快速复制；
2. 质量问题能从业主投诉追踪到建设者个人和合作企业；
3. 从手工画图人眼读图进化到 3D 虚拟搭建、虚拟施工；
4. 两个小时可以完成价格测算，进入销售阶段；

……

◆ 恒大高效的秘密

随着恒大的规模不断发展壮大，管理链条的不断延伸，恒大紧密型集团化管理模式越来越需要借助高效的信息化平台，进一步提升公司整体管理能力、规范业务流程、提高运营效率，使企业的管理理念和管理模式都跃上新的台阶。ERP 系统的建设，则可以梳理业务流程，做到流程、业务管理的标准化，并且把各业务板块的系统整合起来，实现一体化的全面升级。

恒大的信息化系统是 IBM 和 SAP 合力完成的。其中，IBM 为恒大提供 ERP 项目的高质量实施与咨询服务，SAP 则为其提供相应的软件产品。

◆ 万达集团的信息化管理之路

随着房地产行业竞争日趋激烈，房地产企业在实现规模化扩张、跨区域发展时，需要借助信息化手段提升和优化现有经营管理模式，增强企业快速响应市场能力，以适应房地产企业组织架构庞大、分散的现状。

万达集团管理信息系统：招投标系统、项目过程管理系统、营销管理系统、运营管理系统、财务系统（FI）、人力资源系统（HR）、OA 系统、信息门户。

万达集团信息化建设的历程主要分为三个阶段：

一、信息化需求论证阶段。由于集团跨区域发展，审计部提出，由于集团与信息部不对称，在一个城市出现过的问题，在其他城市重复上演，错误的重复出现给企业带来了不应有的损失。加强信息库的建设，发挥信息真正的价值，成为董事长王健林考虑的重要事情。

二、高起点开发，统一建设信息化。房地产业的整体管理水平远落后于管理与开发的速度，多数房地产企业在使用不同的软件厂商提供的相同概念，但是内涵不同的软件产品，管理系统并不能全面发挥预想的功能，更不要说成本、工程、设计、财务等的联动。万达希望能将各个系统集成而达到整体运行的效果，高起点、整体化地对信息系统进行开发。万达的各职能部门积极奋战，研讨方案，营销部、商务部等系统共同参与探讨，专门抽调各个部门精英组成项目组，进行团队支持。

三、放大万达集团的信息化成果，使之成为行业模板和标准。有人表示不理解，如果万达集团的管理流程制度被人学习，那今后万达集团还有竞争力吗？王健林数次强调，我们有责任为整个行业打造这样的一套系统，这是我们企业的社会责任。

◆ 碧桂园 ERP 计划

随着上市后项目开发量及交楼量的成倍增长，碧桂园集团多项目运营管理的难度越来越大，面临的问题也越来越多。比如，如何让最稀缺的高层时间，锁定在最关键的节点上？如何确保项目计划的合理性、严谨性？如何科学评估项目的执行结果？如何管理组织的隐性经验并植入日常的业务？如何高效地对项目计划作出合理调整与决策？如何快速复制、培养复合型人才？

面对公司的规模化扩张，碧桂园高层意识到了信息化管理的急迫性和重要性。从2007年4月份上市之后，碧桂园集团便立即启动了"碧桂园 ERP 计划"，先后上马了 ERP 系统中的财务管理、采购管理、资金管理以及 HR 管理等系统。2008年7月，碧桂园引入"碧桂园 ERP 计划"的核心系统。

◆ 管理软件综合症

今天信息化系统可以帮助我们建立管理驾驶舱，极大地提高了我们的管理水平，帮助我们将管理提升到精细化管理的阶段。但是在我们所接触的企业中，大部分做了信息化管理系统的地产企业，觉得不好用，别扭，难受，效率不但没有提升，反而降低了，直至最后弃而不用。这又是怎么一回事？

因为当时大部分的房地产企业都采用管理软件,我们开玩笑地说:这是得了"管理软件综合征"。

其原因就是,大多数的房地产企业还处在粗放管理阶段,规范化的管理体系还没有形成,就想借助精细管理的工具飞跃到精细管理,结果是心有余而力不足。

所以在运行这些信息化管理系统之前,一定要请管理咨询公司来对企业的管理制度和流程进行科学的梳理,并通过一系列的培训植根于全体员工的心里,让全体员工达成共识,从内心里面认同。最后再把这套管理系统信息化,并且在运行的过程中,持续地优化,才能避免我们所说的"管理软件综合征"。

9 大数据大平台，零距离零时差

企业平台化，员工创客化，用户个性化。"互联网+"让你梦想成真！

◆ 企业平台化，员工创客化，用户个性化

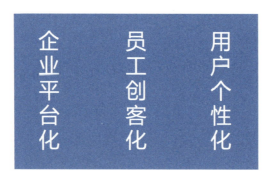

张瑞敏曾经在演讲中说道："只能是我们去适应时代，时代不可能适应我们。"

从一开始的摩托罗拉到诺基亚，最后再到苹果。为什么？时代使然。摩托罗拉是模拟时代的代表，诺基亚则是数码时代的代表，摩托罗拉的被超越在本质上是被数码时代淘汰了，而诺基亚则被互联网时代淘汰了。总之，时代发展太快，谁也抗拒不了时代的发展，只能去顺应它。我们现在能做的就是要如何踏准互联网时代的节拍。

总之，如果还想抱着原来那套不放，是肯定不可能的，时代使你必须要改变。

我们现在聚焦颠覆的就是"三化"：企业平台化，用户个性化，员工创客化。第一个就是企业平台化。互联网时代的企业，不仅要打破传统的科层制，更重要的是要变成平台，为什么？并不是你这一个企业想不想变，而是互联网一定让你变。第二个就是用户个性化。谈到用户的个性化，首先你要改变一个观念：顾客和用户是不一样。第三个就是员工创客化。所有这些的完成都要靠员工，所以就是员工创客化。员工创客化要做什么？在海尔目前来做的就是把员工从雇佣者、执行者，转变成创业者、合伙人。但我们认为如果利益与风险不能共担，其实所谓创业就是一句空话。

通过企业平台化、用户个性化、员工创客化，真正做到大数据大平台、零距离零时差。当然并不是所有数据都有价值，都必须要在系统下才能发挥价值。**只有将执行系统打造成**

一条龙，才有执行力，数据的逻辑框架要正确，还原真实社会生活，才有力量。

我们不可能一次就做到很完美，但是能通过不断地打补丁来完善。当然无论怎么样打补丁都没有换系统来得彻底。海尔在这方面是做得很好的一个企业，有很多值得我们学习的地方。

第五篇
极致体验好场景

号称"我抗摔抗摔抗摔"的诺基亚被苹果摔下神坛？誓不降价的绿城沦落到半价卖儿卖女卖项目。对市场要有敬畏之心，关注用户体验才能赢得市场。

用户体验是什么：产品？服务？品牌？都不是！这3个只是体验的媒介，不是体验本身；用户的主观感受才是用户体验！

锁定目标用户群（细分再细分），抓住他们的需求与偏好，让整个链条围绕用户的体验展开。让用户感受到个性化定制的温馨与体贴，粘住你的粉。

中国的儿童，星期一到星期五，听老师的；星期六星期天，听家长的。在星期8小镇，孩子是自己的主人，能尝尝做大人的滋味。借用本书作者段传斌的话：星期8小镇为目标客群量身定制了极致体验场景。

——印岚（上海童梦投资管理有限公司董事长，星期8小镇创始人）

1　掉链子，踢皮球，项目管理难难难！
2　被五马分尸的项目
3　从万众拥戴，到众叛亲离，WHY？
4　用户至上，体验为王
5　把自己逼疯，把对手逼死
6　从最痛的地方切入
7　特别的爱给特别的你

1　掉链子，踢皮球，项目管理难难难！

客户投诉到物业，物业踢给销售，销售踢给工程，工程兄弟累死了，还被客户给差评，冤冤冤，烦烦烦，你说难不难？

【段子】小品：梦幻家园

郭：我是这儿的业主，你们的房子有非常严重的质量问题！

蔡：这事你该去找物业啊！

郭：可物业让我找你们啊！

蔡：为什么呢？

郭：我哪知道为什么呀。我告诉你，我知道你们是一个公司的，你少给我来回踢皮球！我们家所有的水管子都在漏水啊，你们到底什么时候给我修？！

蔡：对不起，施工队回家收麦子去了。

业主买房之后，出了问题后被物业和开发商踢皮球的故事，虽然是小品演绎，但在现实生活中，这种问题时有发生，房子有问题，被踢皮球导致问题无法解决，用户体验差到极点。

◆ 沈阳万达　炸掉重来

2003 年，沈阳太原街的万达广场，位于沈阳最繁华的商业核心地段，但是冷冷清清，几乎看不到一个顾客，前后 5 次开业，更换过 19 个总经理，能想到的办法都试过了，前后投入数千万元，但没有什么效果，最后下决心，炸掉重建。在前期规划设计的时候,没有考虑到用户体验,商业规划与人流设计不合理,导致后期运营出现致命的问题,后面怎么救都救不活了。

出现问题的沈阳万达开发商决定炸掉重来,而有着同样悲催命运的建外 SOHO 就没有这么幸运了。

◆ 建外 SOHO "物业门"

建外 SOHO 拖欠朝阳供电局 520 万元的电费,朝阳供电局上周张贴通知说,随时要拉闸限电。而小区之前就因为先后有两家物业公司争夺对小区的管理权,而陷入几近崩溃,不仅拖欠了供电局和热力公司高达 1500 万元的费用,而物业公司还因为业主拒交管理费,停暖停电,导致室内温度不足 3℃。潘石屹表示,即使是这个小区的开发商,自己对维权也很无奈,只能准备搬家了。

而建外 SOHO 租金价格一路下滑,降幅达 50%。SOHO 不重视后期的客服运营,忽视了客户体验,既坑了业主,最终也坑了自己。

◆ 楼倒倒、央视副楼大火

2009 年 2 月 9 日晚,在建的中央电视台电视文化中心(又称央视新址北配楼)发生特大火灾。央视大火案发后,71 名事故责任人受到责任追究,涉及央视新址办主任、副主任、总工程师、中央电视台台长、副台长、业主委员会副主任等诸"大人物"。

这把火虽然烧在北京,却蔓延到了广东中山,央视配楼改造工程中,幕墙施工由中山盛兴幕墙负责。事故后,曝出其所使用的幕墙材料防火等级不合格。老板死于心梗,其弟流亡海外。

就在同一年,还有一桩震惊全国的房地产事件就是上海的"楼倒倒"。

2009 年 6 月 27 日,上海的一栋竣工未交付使用的高楼整体倒覆。官方发布的原因为:事发楼房附近有过两次堆土施工:第一次堆土施工发生在半年前,第二次堆土施工发生在 6 月下旬。第二次堆土是造成楼房倒覆的主要原因。土方在短时间内快速堆积,产生了 3000t 左右的侧向力,加之楼房前方由于开挖基坑出现临空面,导致楼

上海 楼倒倒

房产生 10cm 左右的位移，对 PHC 桩（预应力高强混凝土）产生很大的偏心弯矩，最终破坏桩基，引起楼房整体倒覆。事故发生后多人被刑罚，后由万科接盘。

从央视大火到上海"楼倒倒"，我们可以看到：工程质量上一旦出现重大事故，就如遇到一个巨大的黑洞，你千方百计想逃离它，想掩盖它，最终还是深陷其中。如果连最基本的质量都不能解决，就更不要说用户体验了。

地产行业出现的问题远远不止上面这些案例，还有上海的"楼脆脆"到成都的"楼歪歪"，再到事隔很久才"发酵"爆出的北京纳帕溪谷别墅的"壁炉门"，还有北京首个限价房的"墙脆脆"……这么多事件的爆发，都足以引起我们每一个人深思。当然，我们也不能因为这些事故就否定地产行业从业者的付出。

◆ 房地产项目这么难！下辈子再也不干工程了！

【段子】
早起，是搞工程和收破烂的
晚睡，是搞工程和按摩院的
没饭点儿，是搞工程和要饭的
男人不着家，是搞工程和花天酒地的
女人不顾娃，是搞工程和搞婚外恋的
随叫随到，是搞工程和发快件儿的
加班不补休，是搞工程和摆地摊儿的
别人睡着你站着，是搞工程和看守八宝山的
……

◆ 我们的项目管理人员这么忙，这么累，结果好不好呢？

我们的项目建设常常是慌慌张张开工、忙忙碌碌施工、紧紧张张交房，工程建设项目管理目标总是不能实现。

规划设计迟迟不能如期进行，勉强进行，心中无底，评判"标准"不明确，犹豫不决；决策成了几个领导的"拍脑袋"，成了经常性的、临时仓促"救火"的具体工作；

而设计师成了开发商领导手中的一支"笔"，开发商高层领导的"感觉"就成了规划、建筑设计的评判依据，设计师成了"改图师"；

一个阳台栏杆形式确认就达半年之久；

在销售阶段才意识到户型单一、户型偏大及市场定位偏差问题；

项目建设中，定位由住宅改为商务公寓；

经常为建设过程中不时出现的户型修改、材料颜色、装修效果、窗型、车位摆放等而"救火";

要么没有图纸、要么改图,甚至工程交付标准都不明确;

小区的变配电房是后加上去的;

分期建设的小区中垃圾储运问题至今仍未解决;

小区原先规划的地下停车位不足,新增建地下车库;

大量的工程变更严重影响了工程建设的开展,设计变更多,工程签证多,故工程的质量、进度、投资控制目标也就无法如期实现。

◆ 为什么这么难?

于是又有朋友总结了,项目管理这么难,主要是九个方面的原因:

1. 施工队伍太烂,要进度没进度,要质量没质量,要技术没技术;
2. 监理太不负责任,没有职业道德;
3. 供应商贼精,材料调包;
4. 物业管理不给力,保修期内维修太烦:小事总要拖大;
5. 总包队伍滑头,不管分包队伍;
6. 设计闭门造车,不懂工程;
7. 造价只知道抠门,恨不得别人只干活不收钱;
8. 营销太软,只要客户提要求,什么都答应;
9. 老板太狠,又要快又要好,还不想花钱。

请大家先想一想除了这九大问题,还有没有最关键的因素?我们在后面再来讨论这个问题。

房地产项目在实施以及运作过程中,投资额大,建设周期长和不可移动的特点,项目运作流程烦琐而且复杂,就必须协调好各方利益。通过各方面的合作,把各种资源应用于项目,实现项目的目标。**项目管理的关键在于项目的整体性,任何一个环节出现纰漏,掉链子,都会直接影响到整个项目的用户体验。**

2 被五马分尸的项目

> 销售的要多,成本的要省,工程的要快……房地产项目本是一个有机的整体,却被人为地纵向分割,横向切分,惨不忍睹,项目被玩死!

◆ 董事长:要快 VS 总经理:要慢

我在做咨询过程中,曾经遇到这样一个案例,给大家分享一下:厦门某项目制定项目开发计划,项目团队做好计划后拿给老板看。老板一看,"计划5年完成!"一把撕碎,"重新做,没有那么多时间!"项目老总只好又召集几员大将来调整计划,最后压缩到3年,呈给老板。老板这次没撕,但表示,时间还是太长了,最多给你们2年时间。公司老总要快,管理团队却要慢。

原来老板开发的资金是借的高利贷,超过2年,项目就白干了,更不要说5年了,所以老板说要快!快!!快!!!

那项目团队呢?为什么他们要慢点来?原来管理团队的奖金来自销售提成,所以管理团队想着多开发几年,房价越来越高,奖金自然越来越多。

项目的利益与团队的利益发生了矛盾,就有了上面的一幕。当然我们在工作中,遇到的问题远远不止这些。

◆ 销售部在卖A栋,项目部忙着赶B栋,放着A栋不开工

我们都或多或少都遇到过这种事情:工程老总找到财务老总:怎么还不放进度款?我们B栋已经施工到一半了,要抓紧在年前封顶,现在施工队拿不到进度款,都准备要停工了,我们项目部今年的考核目标完不成,是不是你们财务部来负责?

财务老总找到营销老总:你们销售的怎么回款这么少,我们的进度款都欠了半年了,就等你们的回款

营销老总找到工程老总:A栋怎么还不开工?我们把A栋都卖完了,交不了楼,怎么回款?

工程与营销的事情没有沟通,结果销售的在卖A栋,项目部放着A栋不开工,忙着赶B栋。

最根本的原因就是:团队的利益与部门的利益没有统一,大家各自完成各自的任务,至于团队的整体效益如何,无人问津。

◆ 团队利益 VS 项目利益

销售的要多，成本的要省，工程的要快……房地产项目本是一个有机的整体，却被人为地纵向分割，横向切分，惨不忍睹，项目被玩死！

水平切分：组织，计划，成本，绩效，没有形成后台支持，反而时时掣肘。

纵向分割，又变成"铁路警察"，各管一段：定位，设计，工程，销售，采购，各顾各的，不管后面的工作，价值没法传递，条块分割，各专业各自为政，配合难度大，难以协调统一。

拿地阶段靠拍脑袋，没有可行性研究，不考虑定位，不考虑目标客户；

策划定位阶段：不考虑项目能否落地；

设计环节：选型，挑外国设备，安装免费，营销好卖，不考虑后期运营成本高，维修麻烦；不考虑建造阶段的可操作性，图纸问题一箩筐；

建造环节：工程质量不过关，为后期维保增加难度，客户体验差；

营销环节：卖完拉倒，与客服人员交接掉棒子，从签约到收楼，客户没人管，以至于积怨太深，到收楼时才集中爆发；

客服运营环节：简单地办证，没有用心服务，没有提升品牌，更没有大数据收集。

◆ 部门利益 VS 团队利益

房地产企业各部门如何看对方？

在营销的眼里：自己就是小叮当，无所不能；行政部门就喜欢干预专业的事，垂帘听政；工程部的？不就是民工么！

在行政眼里：自己就是上帝，没有行政部门做支持，你们都是白搭；营销不就是嘴巴厉害？工程部就是干苦力的。

在工程眼里：我们干的可都是高技术含量的事，钢筋的位置错一点都不行，混凝土比例那是要反复测试的；营销的就是花瓶嘛，行政的除了会叨叨，还能干啥？

但是在老板眼里：众生平等，大家都是黄金。

为什么互相之间存在这么大的偏见？隔行如隔山，再加上屁股决定脑袋，部门间缺乏沟通和协调。如上述，每个环节都有这么多矛盾，我们到底要如何调和呢？

◆ 房地产项目是一个有机的整体

房地产项目的各个方面整合成一个协调统一的整体，团队利益、项目利益以及部门利益必须协调好。每个部门确保做好自己的环节以及跟上下游环节交棒的工作做好，考虑全价值链的价值递增。

我在培训中经常会以一个公式来说明价值链的问题，假设我们有6个部门：工程、设计、成本、采购、报建、销售，共同为一个项目服务。每个部门能不能做到100分，基本大家都会说100分太难了，不可能做得完美，90分努努力可以做到。我说好，就按每个部门得90分，我们来算一下通过价值链的传递，最后这个项目得分有多少：

$100 \times (0.9 \times 0.9 \times 0.9 \times 0.9 \times 0.9 \times 0.9) = 53.14$

不及格！很多人都会感到震惊，大家这么努力做到90分，但是项目在这个部门身上打九折，在那个部门身上打九折，最后居然不及格。

这就要求我们要有好几个部门做足100分，然后只有一两个部门做到90分，才有可能得到一个比较好的成绩。

显然通过这个方式太难了，所以必须要从别的方式来做，要真的**抓住客户的需求**，从客户的需求上做文章，突破100分。沿着这个思路，哪几个部门突破100分产生的价值最大呢？**微笑曲线的两端是最好的，即前期的研发和后期的服务**。

那如果两端都做得很好了，那么切入痛点，就可以很快提升价值。比如：碧桂园的产品研发和后期的客服已经做得很好了，但是中间的建造环节，质量出了问题，那么从这个痛点切入，将会极大地提升碧桂园的项目价值。

房地产项目的价值打造不是一个部门的事情，用户价值链：从项目定位与设计、工程建设与营销客服、到后期的营运商管，每个环节都不能掉链子，掉链子必然会影响用户价值的传递，用户体验会急速下降，项目价值必然大幅衰减。

3 从万众拥戴，到众叛亲离，WHY？

号称"我抗摔抗摔抗摔"的诺基亚被苹果摔下神坛？誓不降价的绿城沦落到"半价卖儿卖女卖项目"。对市场要有敬畏之心，关注用户体验才能赢得市场。

◆ 诺基亚 VS 苹果

【段子】苹果说：我功能强大。　　　诺基亚说：我抗摔……
苹果说：我应用多。　　　　　　诺基亚说：我抗摔……
苹果说：我客户群大。　　　　　诺基亚说：我抗摔……
苹果说：我用户群高端。　　　　诺基亚说：我抗摔……
苹果气得晕了，不小心掉到了地上……诺基诺说：看，摔坏了吧！
曾经的手机行业霸主诺基亚一味强调抗摔，到如今人见人嫌，瞬间从万众拥戴到万众唾弃。

◆ 曾经沧海难为水，除却巫山不是云

"我们并没有做错什么，但不知为什么，我们输了。"当诺基亚现任 CEO 约玛·奥利拉在被微软收购的记者招待会上说出这句话时，不少诺基亚的拥护者有一种悲凉感。

"想当年，金戈铁马，气吞万里如虎。"怎料想，"风流总被雨打风吹去。"百年 IT 历史尤其是最近半个世纪，上演了无数在产业变革时转型失败的悲剧。其中，诺基亚的故事

特别让人嗟叹。其实，诺基亚要做的只是在自己手机领域的原有优势和品牌号召力基础上，变得更加开放、灵活，更加符合移动互联网的用户体验。

◆ 绿城"卖儿卖女卖项目"

2011年末，因为一笔5亿元的账款必须在第二天支付，绿城中国副董事长、行政总裁寿柏年对SOHO中国董事长潘石屹说，"你再不签，我就要死了。"最终，SOHO中国在2011年12月29日签下协议，以40亿元对价收购上海外滩地王项目50%的股权，其中向绿城支付10.4亿元。从2011年底到2012年4月，绿城中国连续转卖六个项目，才在生死线上缓了一口气。

绿城的项目不计成本，最大化地追求完美，从誓不降价到不得不"卖儿卖女卖项目"。绿城，你真的将用户体验放在首位了吗？

◆ 对客户要有敬畏之心

号称"我抗摔抗摔抗摔"的诺基亚被苹果摔下神坛？誓不降价的绿城沦落到"半价卖儿卖女卖项目"。碧桂园一直宣称"给你一个五星级的家"，俘获了大部分人的心，但是新的问题来了：未来是90后的天下，他们要不要五星级的家？用户需求说变就变，这是很常见的事情。

以用户为中心，不能成为一句空话。有一个关于雷军的段子是这样说的："雷军想占领客厅，他忽略了他的发烧友大部分根本就没有厅……"

用户的要求改变了，项目体验跟不上，用户流失严重。同样体验要求提升容易，降低就难了。一旦对手把体验极大提升，立马众叛亲离。

比如现在普遍存在的：商业地产招商困难、资金压力大、同质化严重，很多商场空无一人，怎么办？我们必须摒弃商业地产卖完拉倒的旧思路，以用户价值为导向，创新业态，打造极致体验的好场景；以商业运营为龙头，树立品牌，从而解决招商难的问题。

中国商业地产领域领先的开发运营商五洲国际广场总结出"二三五"原则，即：运作一个商业地产项目，开发、招商和运营的作用分别占在将项目推向成功的20%、30%和50%。五洲国际从五个维度保障项目运营的成功：

第一，团队。从集团总部抽调招商运营精英，从一线城市一流购物中心挖掘人才，建立具有特色的运营管理模式及高效的组织架构。

第二，投入。设立专项推广基金，制定系统推广方案，多渠道、全方位立体推广，定期举办大型公益性及促销类活动，迅速提升人气。

第三，整合。将顾客消费资源与商家经营资源高效整合，将媒体、教育、体育、文广等社会资源进行整合，多方联动商业运营资源。

第四，数据。将设立店总会，对入驻经营商家建立一个商家数据库，对商家统一管理，随时了解商家信息，同时建立顾客数据库，让商家了解消费者偏好。

第五，服务。设立专业保洁团队和现代安保团队，为商户提供一个五星级的经营环境，为顾客消费提供一种五星级的尊贵享受。

苏州圆融·时代广场：占地面积21万平方米，总建筑面积51万平方米，项目建筑群分为五大功能区，包括商务办公区、圆融天幕街区、滨河餐饮区、生活休闲区以及苏州首座17万平方米的久光百货区，在规划上更注重人

圆融时代广场巨型天幕

的体验，综合考虑了商业和旅游的价值体系。500米巨型神奇天幕、6大地铁出口、水上巴士、空中连廊、水雾广场、泊车系统、主题景观、时尚夜景从整体规划上看，圆融时代广场在运营中借鉴了国际一流的商业地产开发模式，无论是景观、交通，还是其他配套的设置，理念都比较超前。

用户体验是动态的，是在用户使用产品过程中建立起来的感受，是一种纯主观的感受。有时候你以为一直抓住了他们，实际他们的心早已溜走。

有一句古语："人在曹营心在汉"。**市场的大势，不得不察啊**！同时还有一句话是这么说的："**水能载舟，亦能覆舟！**"也在警示我们对市场动向要时时心存敬畏！需求在哪，产品就在哪，对市场要有敬畏之心，关注用户体验才能赢得市场。

【段子】小王走进餐馆，点了一份汤，服务员马上给他端了上来。服务员刚走开，小王就嚷嚷起来："对不起，这汤我没法喝。"服务员重新给他上了一个汤，他还是说："对不起，这汤我没法喝。"服务员只好叫来经理。经理毕恭毕敬地朝小王点点头，说："先生，这道菜是本店最拿手的，深受顾客欢迎，难道您……""我是说，调羹在哪里呢？"原来服务员从头到尾就没有弄清客户的真正需求。

产品设计时，一定要把握用户真实的需求，设计针对用户需求的产品，不然，缘木求鱼，只是一味追求产品的"抗摔"以及完美，是没有意义的。一个能把握用户核心需求的产品，才会有可能被用户使用，并最终获得认可。**唯有用户在意的，才是有意义的。**对客户要有敬畏之心，同时也应该怀有谦卑之心，我们才能不断进步。

◆ 从工程老总，到营销老总，再到客服老总

众所周知就全国来讲，1993～2003年前后房地产公司的老总，大都是工程总出身，那时候产品匮乏，只要有房子就好卖，所有部门都是以工程部门为龙头。2003～2013年，建房子已经不是问题，产品反而过剩，就进入到渠道为王阶段，营销总的重要性逐渐显现，开始在公司中崭露头角。从2013年到现在，是房地产业的用户为王时代，客服运营提到了前所未有的高度，而且目前大量的商业项目建好后没有运营能力，商业运营人才奇缺。

阶段	产品为王	渠道为王	用户为王
时间	1993～2003	2003～2013	2013～至今
主导部门	工程部门	营销部门	客服与商管部门

上图实际是通过房地产，向大家描述一个产品的发展进程。一旦我们掌握这个密码，就能自如地应对市场的变化。我们可以看到，房地产行业已经到了用户为王的时代，所以我们必须时时以用户为中心打造我们的产品。下面我们来看一下那些做得比较好的公司是怎么做的吧！

◆ 小米首席体验官雷军：我们只关心打造让用户尖叫的产品

号称"小米产品的首席体验官"的雷军，在某次互联网大会上与主持人的对话。

主持人：雷总谈谈红米会不会对小米品牌造成负面影响？

雷军：我们不考虑，我们只专心做出让用户尖叫的产品。

主持人：雷总谈谈小米构建的铁人三项？

雷军：三项啊，我们只专心做出让用户尖叫的产品。

主持人：雷总谈谈小米的生态系统？

雷军：生态？我们只专心做出让用户尖叫的产品。

主持人：雷总谈谈对当下移动互联网的看法？

雷军：这个啊，我们只专心做出让用户尖叫的产品。

主持人：雷总对可穿戴设备有什么看法？

雷军：可穿戴啊？我们只专心做出让用户尖叫的产品。

主持人：雷总对改变世界怎么看？

雷军：不关心，我们只专心做出让用户尖叫的产品。

在会上，不管主持人问什么，雷军始终只回答一句"我们只专心做出让用户尖叫的产品。"看看你是否被雷到了？

在传统商业时代，直接与用户联系很难做到，成本高，只有通过中介、机构、渠道等。现在有了移动互联网，很多中间渠道都被干掉了，使我们与用户的沟通变得简单。了解用户的需求变得简单，真正做出让用户尖叫的产品。

◆ 要不要装变频水泵

在房企做副总时，有一次和物业老总交流，他说：他们小区的变频水泵全部换成人工水泵了。我当时觉得很好奇，变频水泵不是比人工水泵先进吗？为什么要换呢？物业老总解释，变频水泵都有设置一个水位，每降到这个水位便自动加水。所以加水的时间非常不可控，经常会在半夜的时候自动加水，小区业主们体验非常不好。再加之，每到特定水位便自动加水，而每次清洗都要把水放掉，十分浪费。然而人工水泵呢，确保不影响业主休息的条件下，可以自主控制时间，清洗水箱可以等水用得差不多了再去洗，不会浪费一池水。而且开关水泵也是物业人员举手之劳，并不需特别安排人工。

从这一点，我们其实可以看出，并非一定是好的产品导致好的用户体验，所有的一切都必须从用户的感受出发。

用户的具体需求以及感受体验不是亘古不变的！随着社会经济的发展、自身经济状况的变化、消费环境的变化、个人偏好的变化用户的需求也会相应改变，作为企业只有善于发现客户需求的变化，作出快速应对和调整，才能在竞争中取胜。

4 用户至上,体验为王

> 用户体验是什么:产品?服务?品牌?都不是!这3个只是体验的媒介,不是体验本身;用户的主观感受才是用户体验!

◆ 哪些产品用户体验很差,而我们却不得不用?

这是知乎网上一个讨论话题,引发了集体讨论,最后投票排出次序:

第一名:避孕套	马佳佳找到风口,创立"泡否"
第二名:各类网银支付系统	阿里的支付宝、腾讯的微信支付
第三名:北京地铁	
第四名:行政机关、窗口单位	易政通
第五名:校园网	超级课程表
第六名:身份证	
第七名:各种教务系统	在线教育
第八名:12306	
第九名:公共厕所	
第十名:旅游景点	福康云社区服务平台

从表中我们可以看出:这些都是整个社会最痛的痛点,体验相当差的地方,用户已经怨声载道,但是却又不得不用。而且有一些草根已经找到了"风口",针对这些痛点提升了体验,被用户认可从而"飞"了起来。

◆ 福康云社区

运用移动互联网技术和云计算技术,整合企业资源、社区资源、社会资源,使用户与社区更紧密的互联互动。通过云社区开放式的资讯和产品平台,用户足不出户即可轻松获取消费、家政、教育、医疗、娱乐等服

务，外出更可获得定制化的餐饮、旅游等休闲体验。

福康结合现有的旅游休闲度假资源，为用户提出开启全国旅居时代的口号，即使是外出旅游，福康云社区服务平台也将为业主提供像在"家"一般的享受。

◆ 开心网不开心

作为国内一度最为成功的社交网站，开心网经过最疯狂的成长奇迹，创办仅仅一年多之后，用户即超过 6000 万。根据艾瑞咨询提供的数据，在 2011 年，这个数字约为 1 亿。与 Facebook 相比，开心网显然还远未毕业，更谈不上青出于蓝而胜于蓝。开心网成立三年来大量的精力都用在开发偷菜、停车等生命周期很短的产品和组件上了，当

用户玩腻一个组件后，再被迫开发新产品，如钓鱼、餐厅，之后是农场、城市。换言之，开心网一直是在不断被动满足用户的需求，而非创造需求，最后导致客户离开，开心网再也不开心了。

◆ 从 DVD 到 VCD

早些年，DVD 兴起的时候，从国外引进，音质好，容量大，技术已经非常成熟了。但是 DVD 碟片太贵了，导致客户体验不好，在中国市场遇冷。

随后，中国企业家研制出一种物美价廉的视听产品——VCD。其音质画质和容量都有下降。不过 VCD 碟片的价格大幅降低，结果市场大获好评。非常符合市场需求，体验好，一直热销。DVD 却因为需求超过实际需求，

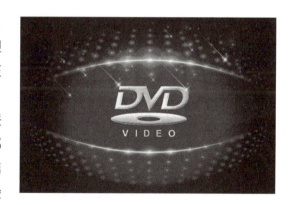

使用成本让用户不能容忍，技术难度大，在当时并不被用户所接受，最后还是 VCD 赢得市场。

用户体验与技术含量的高低并不成正比！

用户体验是什么？
用户体验不是温柔与妥协。

客户体验不是客户服务。

客户体验不是可用性。

如果以上这些不能称为用户体验，那么用户体验究竟是什么？哈雷·曼宁、凯丽·博丁在《体验为王》中提到，**用户体验是公司为客户提供的产品与服务，是如何管理自己的业务，以及你的品牌代表着什么。**

我们在 DVD 与 VCD 的案例中已经论证过了，并不是产品好用户体验就一定好，所以用户体验不能完全等同于产品与服务。

奇虎 360 公司董事长周鸿祎提出的用户体验有五点：第一，用户体验的核心是用户需求。第二，超出预期的才叫用户体验。第三，用户体验要让用户可以感知。第四，体验都在细节，做用户体验要关注细节。第五，用户体验一定要聚焦，伤其十指，不如断其一指。

周鸿祎提出的用户体验更多地强调术的层面，是教大家如何去打造用户体验，而并不是用户体验本身。

对用户体验做出的解释有很多，皆不得要领！

我们认为：产品不是体验、服务不是体验、品牌不是体验，他们是体验的媒介，而不是体验本身！**用户的主观感受才是用户体验。**

加瑞特在他的《用户体验的要素》一书中写道：用户体验并不是指一件产品本身是如何工作的，虽然这有时对用户体验具有很大的影响。用户体验是指"产品如何与外界发生联系并发挥作用的"，也就是人们如何"接触"和"使用"它。其实他的解释已经很接近了。

在互联网时代，用户买了你的产品，并非结束了交易。恰恰相反，当用户拿起你的产品，使用你产品的时候，用户体验之旅才真正开始，而用户的体验之旅是否愉快，将直接影响到你的口碑，影响到你的销售。

【段子】有这么一则笑话：一个骑自行车的人撞倒了一个行人。"你的运气真好啊！"骑车人安慰被撞的。

"你怎么不害臊？难道你没有看到，我的腿被你撞伤了么？""不管怎么说，你的运气真不错！今天我休息，我平时是开大卡车的。"

从这个笑话我们可以看出，用户体验是主观的，跟你提供了什么用户期望值有很大关系，降低期望值同样能提升用户体验。当然，如果大众的期望值已经普遍提高到一定程度，我们就必须满足用户的期望值，否则就会被淘汰。

◆ 龙湖的体验营销

龙湖的营销策略追寻"体验营销"，即让客户亲自走进龙湖，感受环境，体验服务，为客户提供最好的近距离体验龙湖的平台。实施体验营销需要准确定位产品和服务质量、准备把握消费者的心理、将体验贯穿房地产开发全过程、关注客户关系的管理等。何为体验？体验究竟为何物？眼到、手到、心到，客户所到之处，皆为体验。龙湖体验式营销，前期规划是重中之重。

传说王石来到龙湖地产参观，出来后看见进门前随意脱下的鞋子被掉转了方向，整齐地摆在门前，不禁发出感叹："可怕的龙湖"。

◆ 全景再现

全景再现，集成了三维360°全景照相技术、三维虚拟现实动态仿真技术，通过现场全景照相、全景三维测量、三维重建、模拟和分析的应用，生成高度逼真的三维场景图片和动画片。再把这些全景图片、三维场景、动画片和声音、文字结合，生成各种三维虚拟案件现场场景的多媒体影音和影像材料。应用这项技术，房地产企业可以在线全景再现项目、样板房。

◆ 云衣定制

随着生活水平的整体提高和社会观念的不断冲击与更新，对个性化要求的与日俱增，使得尝试私人定制的人不仅越来越多，而且已经逐渐成为一种时尚。伴随着互联网时代的快速发展，个性定制走进普通大众的视线，行业对定制的热潮也在不断高涨。云衣定制专注于服装定制领域，以互联网平台的形式发展成一个良性生态圈，让合作者零资金成本投入，走进服装定制产业。

◆ 颐和地产如何打造极致体验

环境：丘陵地区，地形起伏，东西南北均有山屏，中间面对1.5平方公里的南湖。上风上水，背山面湖。

设计：大师手笔、中西融合，别墅内同时可供娱乐、生活、商务，私密兼享受户外立

体景观。

景观：立体绿化设计，创造远近、上下、内外多层次立体花园景观体系，融都市、森林、山水等景观于一体。

物业管理：酒店式物业管理。

安保：第一家甄选中南海退役警卫执行社区安保的地产企业。

配套学校：颐和实验学校，教改先锋，在人民大会堂汇报 SQC 问题导学教学法。

◆ 太湖锦绣园的体验

风景这边独好：得天独厚的太湖锦绣园，坐拥湖湾天籁地理优势，可 270°零距离向东饱览太湖胜景，包括十八湾、三山岛、鼋头渚、大箕山等纯天然景观，鼋头渚、三山岛和渔港地区所在的梅梁湖景区更获国家 5A 级景区。三山环抱，一

水相绕,新鲜空气源源生成,负氧离子极为丰富。选择在最自然、生态的园林与湖水间筑宅,旨在为这里生活的业主保留最纯粹、最生态、最自然的环境。

法式传世大宅:每一栋都是独一无二的设计,建筑师遍寻世界各地的采石矿,从墙体的葡萄牙砂岩到门窗的砂岩,从铝合金门窗的氟碳喷涂到法国曼宁家品牌屋面系统,甚至是小小的层顶排水系统,都采用了得到国家认可的锦绣园专利天沟系统,无论墙面还是层顶,哪怕一个转角,都经过多次打磨雕琢,气派十足,又韵味悠久。

体验总结:百万买宅,千万买邻。广州颐和高尔夫庄园和无锡太湖锦绣园所瞄准的高端客户对价格不敏感,对自然环境和物业服务的要求极高。

◆ 利达佳天下

佳木斯市政府重点规划打造的三大商圈之一,也是佳木斯市政府重点项目。佳木斯首个城市综合体,项目紧邻松花江,占地 110 万平方米。项目分别为中央公馆、帝景豪庭、御景华庭、谷丰家园、和谐家园。

绝版区位:雄踞佳木斯城市核心,老城中央寸土寸金核心区位,融佳木斯传统的中央商务区、中央居住区、中央文化区于一体。

商业配套:20 万平方米旗舰商业,撷取国际前沿的复合型商业开发模式,打造佳木斯首个集吃喝玩乐一条龙,购物休闲娱乐一站式大型商业中心。

教育配套:打造九年全程名校教育体系,社区配套有幼儿园、小学并与重点中学全程挂靠。

佳木斯虽然属于五线城市,利达佳天下的开发团队仍然邀请世联行进行项目策划,邀请和龙为其管理团队作规范管理培训,其重视客户体验,塑造项目品牌的意识在东北房地产项目中算凤毛麟角了。

◆ 寿司之神

现年 89 岁的小野二郎是全球最年长的三星大厨,被称为"寿司之神"。终其一生,小野二郎都在做寿司,永远以最高标准要求自己跟学徒,观察客人的用餐状况微调寿司,确

保客人享受到终极美味。

甚至为了保护创造寿司的双手,不工作时永远戴着手套,连睡觉也不懈怠。他的寿司店"数寄屋桥次郎"远近驰名,从食材、制作到入口瞬间,每个步骤都经过缜密计算,被誉为值得花一辈子排队等待的美味。

老人一直到 70 岁心脏病发作之前,都亲自骑自行车去市场进货;为了使章鱼口感柔软、不像其他饭店里吃起来似橡胶,需要给它们按摩至少 40 分钟;米饭在等同于人体温度时弹性正好,镜头扫过,一个小学徒拿把蒲扇扇风降温⋯⋯所有的这些,都是为了给顾客提供极致的用户体验。

【段子】一个男人与一美丽的女人同乘一个包厢,女人想引诱这个男人,她脱衣躺下后就抱怨身上发冷。男子把自己的被子给了她,她还是不停地说冷。"我还能怎么帮助你呢?"男子沮丧地问道。"我小时候妈妈总是用自己的身体给我取暖。""小姐,这我就爱莫能助了。我总不能跳下火车去找你的妈妈吧?"

我们**不给用户他不想要的东西**,要通过不断聚焦,把品牌、情感持续地传递给用户,在用户和产品间实现共鸣,也在带着爱的用户苛责中,切中体验痛点,让产品更具价值。

5 把自己逼疯，把对手逼死

> 万科物管龙湖体验，万达城市中心，众里寻他千百度，满意度忠诚度尖叫度，蓦然回首，你在哪一度？把握项目价值链的关键，六步打造极致体验。

◆ 山顶上的城堡

深圳某著名开发商请我去交流，授课的地点在山顶上的高端会所里，周围就是该开发商的高端别墅社区，建筑风格采用西班牙风格。

在课堂上，我提出一个问题：你们的别墅卖点是什么？

学员：卖私密性。

我：那请问哪家的别墅没有私密性？

学员：卖风景。我们的别墅在山上，风景最好。

我：很好，既然风景最好，那为什么要用西班牙风格？窗子那么高，那么小，怎么让人看风景？你现在已经做到五六期了，去访谈一下你的客户，看有没有人抱怨窗子太小的？

学员：已经有很多客户反映了，我们现在把窗子加大一些了。

我：但是无论做多大也满足不了客户的要求，因为被西班牙风格限制住了。

我们的另一位客户广州颐和集团在这方面的处理就非常到位，人家的理念是：躺在床上都可以看风景，那是真正的**风月无边**！

◆ 绿城：把自己逼疯，把自己逼死

在南京的绿城玫瑰园，宋卫平曾经因为窗外的一棵植物没有种植在黄金分割线上，立即要求整改；在杭州的云栖玫瑰园，宋卫平弯腰拿卷尺测量台阶轴线误差……有这样的宋卫平，就不难想见绿城会有多么极致的产品。对好房子的极致追求，绿城坚持的产品主义，成就了绿城在中国房地产业的荣光。

宋卫平的理想主义细化到绿城的方方面面，还有很多。曾有网友发的《惊艳！绿城宋

卫平出品的地下车库是这样设计的,处女座都跪拜了》(扫上面二维码查看),在微信朋友圈转发上百万次,仅从地下车库的细节中就彰显了宋卫平对产品打造的极致,引发业内点赞。

一直用心打造极致体验的房产巨头绿城,却为何频频深陷"高负债"泥潭?没有人为绿城的产品买单。打造极致体验的绿城**把自己逼疯了,也把自己逼死了**。

◆ 1680 VS 680 超出的 1000 元谁出?

某房企的一次例会。

成本部:上次设计部提交的公共电梯厅的装修方案,预算下来单方造价要 1680 元,但是我们现在的预算只有 680 元,大家商量一下怎么减。

设计部:可以啊,把进口石材换成国产的,石材换成瓷砖,优质品换成合格品。

营销部:这怎么行?我们客户根本不会要这个,不符合客户的品位,我们怎么去销售?

成本部:是,你讲得有道理,但是我们的预算只有这么多,按你们的方案就超了预算,超出的这 1000 元谁来出?

我们要从需求到偏好,对客户的研究要更深入。

深入的研究用户的需求,知道哪些才是用户真正在乎的,作出取舍!

这其中的道理我用一个段子来跟大家分享:

> 【段子】"如今,豪华的别墅你有了!漂亮的小轿车你也有了!你大概再没什么需要的了。"
>
> "需要……"
>
> "什么?"
>
> "需要证明我不在失盗现场。"
>
> 虽然和我们的主题不同,道理却都是相通的。有时候我们以为客户在乎的,也许并不是他真正想要的。

◆ 房地产项目开发 6 大价值链环节

前面我们说过房地产项目的价值链，每个环节都要为项目增值。下面我们就来看看房地产项目的各个环节如何做到增值传递。

我们将房地产项目开发分为 6 大重要环节，每个环节都围绕用户价值和用户体验来做。

◆ 1. 项目决策阶段：站得高，看得远

> 【案例】某公司刚开始的时候，项目少，老板亲自去看地，三拍决策——冒险、激进、大胆、地价便宜。等到老板忙不过来了，让拓展部去看，再报老板审批——地价高，偏于保守，慢！老板嫌太慢了，御驾亲征，先去看，定方向，拓展部再来做可研，就算不行，但是老板一意孤行，也做成了许多"不可行"的项目。
>
> 突然调控、监管加强，市场骤冷，老板钦定的许多项目，变得不可行了，被冻住了，已完成的项目中，拓展部看好的项目还可行。后面老板就不管拿地的具体事务了，全权委托拓展部和区域公司老总办理，导致各区域公司老总为了业绩，突击拿地，与集团纷争又起……

我们的一位客户讲起他们参加招拍挂的经历：老大带着两个兄弟，根据地块情况制定了方案，估算出假如土地价格控制在 3 亿元，这个项目就可以做，这块地就可以拿。三个人兴致勃勃的赶到招拍挂现场，结果第一轮人家就抬到了 3.5 亿元，于是一次牌也没举，郁闷地打道回府了。回来后一合计，方案如果调整一下，其实 4 个亿也可以拿。后来总结：拿地前最少要做三个方案。

有人说：我地都没拿，怎么考虑用户体验？可是你知道吗，新鸿基在拿地前，就做好项目策划；万达甚至在拿地前，就已经有了施工图。前面的功夫做得越扎实，后面就越轻松。

房地产项目成败的 4321 原则

任何一件事，决策阶段的风险是最高的。随着时间进程，越来越清晰，未知因素越来越少，可把控的程度越来越高，风险越来越小。

组织决策的科学性与老板决策的艺术性，通过先充分民主集思广益，后高度集中的制度有机地结合起来！

◆ 2. 策划招商：特别的爱，给特别的你

策划招商指项目策划定位及商业地产的大客户招商。

山东某地产的写字楼项目的项目策划请我做评审，左图是该项目策划报告的目录框架。

在看报告时发现这是用营销策划的框架来做项目策划，客户定位、价格定位简略带过，没有产品定位，然后长篇大论地讲营销推广。很明显：这家策划公司以前是做营销策划出身的，类似这种情形的，在我们这个行业里很普遍。

在业界大名鼎鼎的世联、易居等策划机构，之所以能够发展壮大，在很大程度上是因为中国房地产的畸形成长。

中国房地产发展初期，整个市场供不应求，无论什么样的产品，只要房子能建起来，都会引来购房者的哄抢。随着市场的不断成熟，开发商数量的急剧膨胀，推向市场的产品也呈现井喷状态，购房者有了更多的选择。这时候，开发商发现房子不那么好卖了，特别是市场遇冷的时候，于是世联、易居等营销策划机构应运而生。

开发商不重视项目前期的客户价值挖掘，没有真正站在终端客户的角度去打造产品，导致后期滞销，于是请营销策划公司来做营销，重新挖掘卖点。这是一种本末倒置的做法。

还有些做规划的设计院也来做策划，在上海我就亲眼见过一位"御用"设计师如何忽悠地产老板的：COPY 了一个方案，拿出来给老板看，老板说"对对对，这就是我们想要的，这片墙再矮一点，外墙的颜色要像前面那个方案一样……"设计师立马就改好了，老板一拍脑袋就定下来了。

卖给谁？—— 不知道

成本多少？—— 不知道？

最后的结果可想而知。

其实很多项目之所以失败，有相当部分的原因，是把逻辑顺序做颠倒了，拿到地就做产品，产品出来后，随行就市找个价格开始销售，卖不动了再请代理公司帮忙，所以营销包装代理公司生意很火。

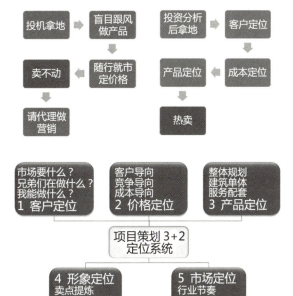

错误的逻辑 VS 正确的逻辑

正确的逻辑应该是：先做客户定位，然后成本规划定位，再做产品定位。

项目策划阶段用户价值管理核心在于五个定位

【和龙五星定位系统】运用这个定位系统我们帮助不少企业做了详细的项目定位策划报告，如：海南幸福时光、东汇集团、胜利油田地产等。

以海南幸福时光为例。2010 年的海南房地产市场处于冰封状态，三亚几乎所有的售楼部都停止运作了，在这种情况下，作为三亚的后花园，海南幸福时光如何在第一波价格拉动后的供求僵持与竞争项目降价风险等不利的市场条件下实现项目的快速销售，并保证合理利润？是我们面对的核心问题。而解决的唯一途径是：差异化。如何做到差异化？通过对全岛市场基础资料研究，以及本案的潜在客户问卷调查分析，采集到三类养老型客户群的构成比例。锁定了上述三类养老型客户（占总数 74%）为本案目标客群中的核心客户。同时通过调查问卷的数理分析，完全掌握了各类客群的客户特征、产品偏好和需求特征、支付能力。为下一步的产品设计工作中，如何满足客户需求的科学判断积累了重要依据。

我们的结论是：目前海南所有的在售项目，其产品和普通住宅没有任何区别。本案如果能透彻把握养生养老居住群体的需求特征并付诸实现，做海南的第一个真养老地产，就是差异化！

万科

在中国地产界对目标客户进行细分最彻底的是万科，他们学习美国的著名房地产公司帕尔迪，不仅从生命周期、支付能力、价值取向三个方面对目标客户进行分类，而且对各类目标客户的需求进行了深度分析。

万科把他们的客户群细分为 5 类：

1. 社会新锐，即工作 3 到 5 年，有一定的积蓄和经济基础的年轻人。

2. 核心家庭，家庭有一个生活核心，所有的家庭抉择均优先考虑核心人物的生活，以"望子成龙型"为主。

3. 活跃长者，有着足够的经济的实力、退休的老人，同时又关心自己的老年生活。

4. 社会标签，成功人士，追求豪宅的人。不是万科的主力目标客户。

5. 经济务实型，拆迁后需要新的房子生活的人群。

以社会新锐为例：

1. 基本状况：这类家庭占总体的29%。家庭主要成员比较年轻，但是学历较高，收入仅次于成功家庭。没有孩子的比例高于其他家庭，很多家庭孩子年龄较小。

2. 生活形态：他们接受的是比较多元化的思想观念，在日常生活、休闲娱乐等多个方面更加新潮。他们非常在意生活的品质，要让自己享受到好的生活。这类家庭的娱乐休闲活动是最为丰富的，主要集中在和朋友聚会、外出参加正式的社交活动，如泡吧、外出吃饭、去茶楼喝茶、参加一些教育学习活动。这些个性化的场所是他们休闲娱乐的最爱。

3. 房屋价值：这类家庭对房屋的社会标签价值有深深认同，可以给自己带来面子上的增光，但是他们更加看重的是这种荣耀给自己心理上带来的享受。房屋的物理特征上强调的是个性特征，能够体现个人的生活品位，独一无二的情调。同时这类家庭注重和朋友一起分享生活中的快乐时刻，房屋既是下班后放松工作压力的地方，也是最好的朋友聚会，休闲场所。

4. 房屋需求：好的户型对他们来说很重要，这样可以方便朋友聚会等活动，还可以体现自己房屋的个性，带来享受和自我的满足。娱乐场所能够比较近，比如酒吧、KTV，这样出去玩会很方便。

根据需求分析，万科打造出不同的产品线，满足各类客户的需求。

五星定位的具体内容我们将在后续出版的新书《项目策划阶段的用户价值管理》中为大家详细介绍，这里就不一一赘述了（扫码"特别的爱给特别的你"，有视频介绍）。

回到极致体验的打造，标杆企业在体验方面有哪些值得我们借鉴的案例？

（更多万科客户细分内容扫码查看）

特别的爱给特别的你

雅居乐月亮湾

户型在170～400m²区间，采用低密度的联排、呈组团式布置，保证私密高端，不易受外来打扰。层高挑高至3.2～4.2m，保证了天花吊顶的高度后，室内的空间感觉依然宽敞舒适。每户均有私属庭院及大露台，享受自然美景。

即使是55m²的小户型洋房，却依然拥有超大面积270°观景台、躺椅、大幅玻璃立面

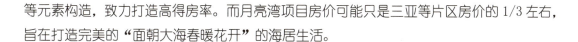

等元素构造,致力打造高得房率。而月亮湾项目房价可能只是三亚等片区房价的1/3左右,旨在打造完美的"面朝大海春暖花开"的海居生活。

绿城·杭州桃花源项目,理想之城的天人合一

桃花源生态居住区以陶渊明《桃花源记》为创作蓝本,融合自然山水和田园人居,创造深含人文理想的"桃花源意境"。园区内别墅建筑形式多样,强调建筑、自然与居住者共生共长的关系。尤其在十锦园及西锦园中式大宅中,江南园林的意境被发挥到极致。其深含人文理想的"桃花源意境",激起无数都市人对桃花源般生活的无限憧憬和向往。

绿树掩映中,一座座别墅若隐若现,不似将园林植入园区,更别是将一座座别墅随意地点缀在园林中,恍若闯入桃花源。在桃花源真山真水真自然的园区里,媒体参观团切身感受了绿城对理想生活方式的探索追求。

碧桂园十里银滩,中国式马尔代夫,给你一个五星级的家

碧桂园十里银滩酒店,坐落在十里银白沙滩边上,可俯瞰整个亚婆角滨海旅游景区,站在阳台上就可以看海!

10000平方米的纯天然沙滩浴场、水上活动中心让宾客拥抱阳光,亲近自然;酒店独有的恒温泳池和室外无边际泳池让宾客舒适畅游,酣畅淋漓;此外,健身中心、水上乐园、海景健身室、网球场、足球、NBA主题吧、乒乓球室、瑜伽室、桌球室及棋牌室等康体设施一应俱全。

多元度假的体验:海岸酒吧街、海上活动中心、无边际泳池……集度假、休闲、商务于一体,很大程度上满足业主及亲友的度假需求。大型商业中心、国际幼儿园、业主巴士与即将进驻的万田超市等生活商业配套则解决业主的吃、穿、住、行问题,让度假变成生活常态。

开放小院实景,体验龙湖式幸福生活

在龙湖紫云台实景体验区开放时,曾邀请超过1000名访客到访,来共同感受了紫云台的独特魅力。到访者无不被紫云台精雕细琢的景观、蕴含深意的园林设计、完美融合的中西建筑精髓和文化所折服。

不仅如此,龙湖还精心打造了"龙湖梦·生活家"大型主题活动,通过多个互动的生活情景体验区组成,分别是摄影家、美食家、音乐家、生活家、玩享家。让来访的业主、准业主和各界人士充分体验了都市中的另一种生活可能。他们号称:**不用离开城市,回家就是度假**。

我们辅导的广州颐和地产、福建旗滨集团、上海好世置业、北京恒盛地产等在打造用户体验上各有自己的特色。

当代万国府 MOMA："世界十大建筑奇迹"体验之旅

北京当代万国城的库布里克书吧被评为北京年轻人最爱的去处之一，浅绿色不规则书架，布置随意地陈设在这个文艺气息弥漫的小清新书吧里，不经意瞥见的可以是《菊次郎的夏天》，也可以是库布里克《世界电影音乐创作谈》；也许李小龙的雕塑模型就在一个复古笔记本的旁边，带着旧上海橱窗美女画像的封面；也可能在拿起一杯咖啡的空当，你会偶然看到身边走过台湾导演侯孝贤。你所知道的和不知道的，你所想到的和想不到的艺术元素，在库布里克书吧都能发现踪迹。

这个书吧只是当代万国城的一角。其他如多厅艺术影院、画廊、图书馆等文化展览设施，还包括精品酒店，国际幼儿园，顶级餐饮，顶级俱乐部及健身房、游泳池、玩球馆等生活设施与休闲设施……让万国城及周围的人们享受到高品质的生活。

阳光灿烂的午后，我在苏州诚品书店

备受瞩目的诚品书店大陆首家旗舰店"诚品生活·苏州"于 2015 年 11 月 29 日正式启幕，坐落于苏州工业园区金鸡湖东 CBD 繁华核心，以"一座人文阅读、创意探索的美学生活博物馆"为店型定位，56000 平方米经营面积，其中书店近 15000 平方米，50 万册中外文书籍，200 个精选品牌。

苏州诚品书店是一座包含"诚品生活文创平台"和房地产家居"诚品居所"的建筑面积达 13 万平方米的超大文化综合体，包括两栋塔楼和一个四层裙楼。其中，"诚品生活·苏州"融合了图书、创意礼品、饮食、集市、视觉艺术、舞蹈教室等多种功能。

台湾知名建筑师姚仁喜精心设计，延续诚品一贯的大气风格，更融入了苏绣、昆曲、评弹、核雕等苏州传统文化，既大手笔又文艺！形成独特体验式的阅读生活空间。

◆ 3. 设计管理：三星高照，两手到位

早期小开发商委托设计院做设计时，只有口头交代，没有策划报告，也没有设计任务书。郑州某地产公司从来不做项目策划定位。总平、户型、价格……都靠老板来拍板。因为市场一直都很火爆，所以没有出现什么问题。

后来市场突然冷下来，同类型的产品集中供货，卖不动了，于是请上海某知名策划公司来做营销策划，费了九牛二虎之力，终于回收了资金。

做了项目策划不知道怎么与设计对接

西安某地产公司花几百万做项目策划后，自己不看策划报告，直接扔给设计院，让设计院去看，设计院当然高兴，因为他们也不用看，从素材库中快速地拷贝一套图纸给开发商，开发商再根据自己的主观判断，指挥设计院这里调一调，那里改一改，就出图了。更不要说对设计成果的评审了。项目策划可以说白做了，很好的想法不能确保落地，甚至背道而驰。

还有一次，我们辅导某地产公司的设计人员做《设计任务书》，他们交作业时拿了一张纸过来说，做好了。我问：为什么叫《设计任务书》？一张纸能叫书吗？

结果他们说：我写那么多要求，设计院能做出来吗？

这里我们要明白，我们房地产企业的设计管理到底管什么？

管设计规范？规范是设计院的救生圈，是最基本的设计准则。我们甲方的设计人员要关注的是**客户的需求、公司的成本要求有没有在设计中体现。**

有一次在西安讲课，课后有个地产老板拿了下面这张平面图给我看，咨询我的意见。

主力户型平面图：

背景是这样的：

第一次：有位上海的专家路过，顺便请专家看看，这位上海的专家指出了3点不足。

原来怎么看怎么好的方案，现在怎么看怎么别扭！

第二次：专门请西安本地另一家设计院的院长看，结果这位院长又提出了3点意

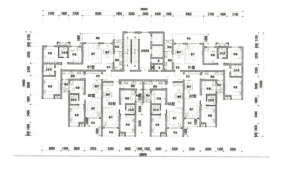

见，而且跟前面那位专家的还不一样，最后还来一句更狠的：同区位楼盘，单价如果人家卖8000元/m²，你这个方案最多卖6000元/m²就不得了！

在100万平方米的项目中，这种户型占30%，如果真是这样，一句话6个亿就没了！从此吃不下，睡不着，心里像十五个吊桶打水，七上八下的，没了主张。

"我们的方案刚刚报批，现在请段老师帮我看看，究竟应该怎么办？"

其实单纯的就方案评方案，没有统一的标准，很难下结论。所以我们当时就问这位老板：

"有没有做项目策划定位？"

"有。"

拿过来看看，策划报告里面一定有我们评判的依据和标准，下图就是从策划报告中找出来的评判依据。

这个方案虽然被两位专家指出 6 点不足，但是在三亚，曾经是畅销户型（北面的大户型面积大、单价低，卖给本地的暴发户，他们不在乎朝向，图个实在；南面的小户型，面积小，单价高，总价不高，卖给北方的投资客，他们用来旅游度假，在乎朝向，在乎总价，不求一定要有多大面积），但现在西安，你的目标客户也是这么想的吗？

物业类型	层高	户型	建筑面积	配比	单价（元）	总价区间（万元）
小高层	11F	三室两厅	125—140㎡	5%	8500—9500	100—135
		四室两厅	150—170㎡	4%	9000—10500	130—180
	18F	三室两厅	125—140㎡	8%	8000—9500	100—135
		两室两厅	95—105㎡	8%	7800—8500	74—90
高层	24—33F	三室两厅	100—130㎡	30%	6500—8000	65—100
		两室两厅	75—95㎡	30%	6500—7500	48—71
		一室一厅	45—65㎡	3%	7000—8000	30—52
公寓	33F	一室	30—60㎡	7%	6800—8500	20—50
		两室	65—85㎡	3%	6500—8500	42—72

- 该配比方案仅作为总体控制目标参考，规划设计可作适当浮动；
- 所有房型在赠送部分面积情况下，均能保证功能性及一定的舒适度。

从上图看出：单价小户型 6500～8000 元/㎡，大户型 8500～10500 元/㎡，很显然平面图与项目目标客户定位是南辕北辙、180°大反转的。

这位老板听明白后，满头冒汗，赶紧电话联系有关人员，将已经送上去的方案撤回来。**客户价值是根本，项目策划定位是依据，从策划到设计，不要忘记了根本。**

中国铁建、西安首创置业、三江航天地产等国企都曾邀请我去做设计管理的深度交流，连国有企业都越来越重视产品研发、设计管理的时候，我们民营企业如果还不引起足够的重视，那你如何在市场竞争中活下来。

◆ 4. 工程项目管理：三个代表，细节制胜

A 区业主吵着要退房，改买 B 区的房子

某项目总建筑面积 28 万平方米，12～18 层共 3 个片区。一个区一个主管，每个工程师都是根据自己的经验、认识和标准按自己的想法去管，当然就有的就管得松，有的管得严。

管得严的 B 区进度一直跟不上，施工单位意见不断。而 A 区的管得太松，质量又相对 B 区差许多。好不容易到了交房的时候，又出现了问题：A 区的业主都要求换 B 区的房子。我们要如何消除因管理人员的差异，而导致工程质量的差异呢？

其实，主要原因是因为，没有统一的工程标准，或者是贯彻不严。那么就要求我们要

做好工程代表，要坚守工程的底线，绝不能拿底线去做交易。

如何管理监理？——监理监理，爱理不理？

> 【段子】甲方、监理、乙方，到底谁听谁的？监理是谁请的？
> 监理：我是独立的第三方，公正的第三方，我为什么要听你的？
> 监理行业的尴尬：收费标准低，人才流失大，责任渐渐重！
> 监理的悠闲：关键的少数，谁来管监理，如何管？
> 我们曾辅导佳木斯利达地产、九星集团、宏盛实业、中铁建工置业等。建立对监理工作的监管，**要做好甲方代表，监理的责权利要匹配，对监理的工作要有要求，让他们的收入与评价的好坏关联起来。**

碰到刁蛮业主，想说爱你不容易？

业主收楼指南16张A4清单化表格，怎么办？
带着录音机、数码相机、摄像机来收楼，怎么办？
带着老人家来收楼，怎么办？
因为入口厅外小有积水不收楼，怎么办？
楼角有漏水印迹，要求赔偿，怎么办？
楼上装修漏水，货仓全部货物被泡——赔？
毛坯房交楼，业主装修后发现天花角线处凸鼓，索赔——赔不？
门槛石、窗台石裂隙大，好像断裂了，换不换？
客户越来越难搞了，所有说得清的事情，说不清的事情，你和客户争不争？
乙方的交楼标准与客户的收楼标准如何对接？
我们辅导的房地产企业中，兆祥临港置业和南国置业等也曾遇到这些情况。如何解决？分批解决，要维护好客户关系，特别是工程管理人员要有客户意识，对客户要有敬畏感，要做好客户代表。

三个代表，三位一体，才是优秀的工程项目管理人员。

前面我们介绍过：在房地产企业中，工程管理人员的工作最辛苦，工作环境最恶劣，被投诉的最多，客户体验最差，里外不是人……也列举了工程项目难管的九大理由，留下了一个问题：还有一个最关键的理由是什么？现在我们就来揭晓答案。

工程项目难管的关键原因：角色错位。作为房地产企业的工程管理人员，究竟要管什么？这个问题没有想清楚，你的每一步都有可能把你带入万丈深渊。

为了帮助工程管理人员进行正确的角色定位，我们提出要做好**三个代表**：

宝天集团从最初的建筑工程公司起家，经过20多年的风雨历程，今天的宝天是综合

1 工程代表	工程管理标准制定者 工程管理指导书　工程管理流程 图纸技术交底　　ABC 质量管理规范　样板引路
2 甲方代表	监理公司的管理者 监理工作委托合同　巡查督导 奖惩办法　　　　　检查评比表
3 客户代表	客户的工程质量代表 客户敏感质量问题控制 防水工程质量控制

性的集团公司。在辅导过程中，我们发现宝天不仅注重前期策划定位，更通过工程阶段的严抓细管实干，保障为客户营造极致体验的硬件落地，实施。宝天的工匠精神在为其赢得多项"鲁班"大奖的同时，也赢得了客户的口碑。

◆ 5. 营销管理：快乐创新感动客户

什么是推销、促销和营销？

> 【段子】男生对女生说：我是最棒的，我保证让你幸福，跟我吧。这是**推销**。
> 男生对女生说：我老爹有 3 处房子，跟我好，以后都是你的。这是**促销**。
> 男生根本不对女生表白，但女生被男生的气质和风度迷倒。这是**营销**。
> 女生不认识男生，但她所有朋友都对那个男生夸赞不已，同志们，这就是**品牌**效应！

创新不快乐的国美"优惠券"

2006 年国美为了促销：购买《同一首歌》晚会门票同时可以得到国美电器购物"优惠券"，可按票面价格直接抵用相同面值现金。可等消费者拿"优惠券"去买电器时，却说只能抵用票价的 10%。也就是说，你要把 2580 元票价足额抵用，就得买 25800 元的商品。

市场上名目繁多的"优惠券"良莠不齐，一些商家炒作的"优惠券"，称持券消费可抵现金，但使用时添加了诸多条件限制，设置消费陷阱，忽悠消费者多次套购商品。这种促销模式很有新意，但让消费者快乐不起来，消费体验极差。

赵本山小品中的包袱和段子很多都是网上流传已久的，内容上没有创新，为什么赵本山一说就好笑？大家就爱看？快乐很重要，开心很重要，心打开了，什么都好说。

周黑鸭 VS 飘飘食品

周黑鸭、飘飘食品是位于武汉高铁站内两家以出售武汉鸭脖为主的商店，两家店相距不到 50 米，我在等高铁的时候，注意到两家店虽然距离相近，产品相同，但人气天差地别，于是拍下了上面的照片。我们可以看到飘飘食品的店内，没有一位顾客，店员们无精打采，而周黑鸭的店内，顾客在排队购买，工作人员有说有笑。原因在哪里？

经过进一步的观察，我又发现了一些有意思的东西：
原来周黑鸭不是在卖鸭脖，是在卖快乐！

今年过节不收礼，收礼只收脑白金

在中国，如果谁提到"今年过节不收礼"，随便一个人都能跟你说"收礼只收脑白金"。营销天才史玉柱的广告策略，一直备受争议。人们都骂他的脑白金广告恶俗，连年被评为"中国十大恶俗广告"之首。现在，第二位也被他占据了，是他的另一款保健品——黄金搭档。有讽刺意味的是，就是这样公认的恶俗广告，却把史玉柱缔造成了身价500亿元的商业奇才。

脑白金成功不是偶然。在试点城市江阴，他亲自走村串镇，挨家挨户地去走访，和老太老头拉家常。"今年过节不收礼，收礼只收脑白金"的广告语就来自于这些无意的"闲聊"。

1. 与礼品关联，送健康，解决了送礼难的困扰，特别是解决了客户和用户的困扰：买的人不用，用的人不好意思买，用完了也不好意思要。

2. 通过朗朗上口的歌诀，简单植入人心，想忘也忘不了。

3. 主打农村市场，你觉得恶心，是因为你不是人家的目标客户。广告的形式快乐而创新，感动了最终的用户。

可以快乐不创新，决不可创新不快乐。有没有可能不快乐，也不创新，但感动客户了的？倪萍的寻人节目，既不创新，也不快乐，但是以情感人。听赵忠祥《动物世界》的解说，如饮美酒，诗意盎然。

说到营销界的冠军，可口可乐排第二，恐怕没有人敢排第一。去看看可口可乐的广告，你会发现"快乐"始终是其表达的关键元素。

不管是创新还是快乐，**最后的目的一定是感动客户**，这是根本，只有感动之后的行动才是真营销。

有一次为华夏幸福基业的地产营销人员做营销管理培训，了解到他们从签约到入住，1年才理人家一次，我说那你们交楼的时候一定很难交，学员们惊诧我怎么会知道。其实这就跟结婚前见丈母娘是一个道理，一年才去见一次丈母娘，人家怎么了解你？不了解你，怎么放心把女儿交给你？所以要让小业主放心地收楼，就必须要让小业主了解我们的产品如何注重质量、如何真材实料、如何方便小业主居住……小业主越了解这些，交接（交房验房）就越顺利。

◆ 6. 客服运营：朋友还是老的好

养羊 VS 养狗

在一次培训中，学员提出一个问题：我们的楼盘现在出现漏水的质量问题，客户在找我们索赔，但这个质量问题应该是施工单位负责的，我们公司现在有两派人在争论，一派认为应该先赔钱，再严格督查施工单位抓紧维修，另一派认为不是我们的问题，我们为什么要赔钱，要赔也是施工单位来赔，现在两方争执不下，请段老师给我们做一下评判。

如果你是当时的我，你会怎么评判？

我是这样回答的：到底应该怎么办，要由公司来决策，没有绝对的对和错。但是我可以提供一个养羊和养狗的故事给你们参考。

这是万科第一次进入北京时的故事，某地产（政府企业）就在万科的隔壁做开发，一墙之隔，图纸就用的是万科的图纸，两边看起来一样，不知道的还以为都是万科的楼盘。万科卖5000元/㎡，该项目就卖4000元/㎡。

但是由于万科一直在南方开发，又是第一次进京，对北方的天气环境考虑不足，防水、保温等出了一系列的问题。于是客户就开始索赔了，万科第一时间赔钱，而且尽力维修，做好善后工作，前前后后花了不下2000万元。

旁边的该项目拿的是万科的图纸，同样出现这些问题，你猜该企业如何解决这些问题？凡是索赔的，不理；来闹事的，打110带走。

到第二期开盘的时候，万科卖7000元/㎡，该项目卖6000元/㎡，这个时候你买哪家的房子？

如何处理，相信已经有了答案。

SOHO 中国"物业门"

前面我们介绍过的 SOHO 物业门，小潘住在自己开发的楼盘里，被人家断电停暖，可以说是有史以来最窝囊的房地产开发商了。背后的原因在哪里？受两家物业管理公司之间的交接纠纷牵连，建外 SOHO 东区目前所欠的能源费（包括水费、电费、热力费）、保洁费等各项费用或已高达 1500 万元左右。

这一切看似与开发商无关，实则关系重大：SOHO 中国重营销，不重客服运营，物业管理外包了事。哪里把客户当朋友了？

把客户变成我们的朋友，是客服运营的最高境界

在生活中，朋友意味着真诚，意味着信赖。企业与客户之间也是如此。杰弗里·吉默特曾说过这么一句话："人们更喜欢从朋友而不是从销售员那里买东西！"

传统客服是极其无聊的，他们只会围绕着交易做着机械化的回复，感觉很冰冷。真正的沟通不是单方面的，更不是没有感情的。为客户提供服务要带着情感，做到忧顾客之忧、急顾客所急，就像是对待自己的朋友一样。

为什么万科的"安信地板门"最后无声无息地就处理了？朋友嘛，大事化小，小事化了。

万科的客户运营管理成长之路：

万科 1988 年开始介入房地产行业，1990 年建成第一个项目——深圳天景花园，受 SONY 公司售后服务的启发，一开始就将物业管理作为房地产开发的一项售后服务保障措施，并提出了在管理服务上一定要  超前的理念。正是由于有这样的高标准与高起点，铸就了万科物业超前的服务意识和敢为天下先的创新特质，为后来屡创行业之先奠定了坚实的基础。

把用户变成好朋友，时间越快，数量越多，关系越密切（黏度高），你做客服运营的水平越高。

6 大环节，密切围绕我们的用户，形成项目开发全产业链的闭环，为用户打造极致体验的好项目。这就要求我们在协调管理上要给力，在专业外包上同样要给力。如何做到？**前面要抓要求，后面要抓结果验证，中间要抓过程管理**，确保想要的结果一定出现，不给出大差错的机会。

上面的 6 个环节是房地产项目开发的，现在很多房企要转型城市运营商，其实就是做运营，但是做运营太难了，事情琐碎，利润又低，特别是商业项目的运营管理。我国目前

的商业项目是一个什么情况？

全国商业用地闲置率高达57.6%，二三线城市人均商业面积高达 3～7m^2，商业地产开发规模与商业发展水平严重脱节，房地产泡沫在巨型MALL、商业步行街CBD等领域高度聚集。

在这样的大环境下，我们的商业管理更加要降本增效，极致体验才有可能生存下来。

打造极致体验的好项目说起来容易，做起来很难，追求极致势必会成本高，效率低，那么引入互联网工具来帮助我们降低成本，提高效率，提升用户体验，将成为未来的趋势。

我们将商业管理分为5大环节：①策划招商；②开业筹备；③运营管理；④物业管理；⑤客服管理。

商业管理的每一步如何打造极致体验，我们在后续出版的书籍中会为大家带来详细的讲解，敬请期待。

6　从最痛的地方切入

借助移动互联的工具，可以迅速提升用户体验，E+ 地产案例扫描：彩生活、乐生活、小区无忧、房多多、好屋中国、乐居、平安、远大可建、自由筑屋、Elab……，下一个痛点在哪里？痛点转移有何逻辑？

◆ 阿姨，跟你好久了，WIFI 密码是多少？

网络上流传着这样一个段子：

小伙子跟着一位身穿 WIFI 图案的阿姨一路，终于忍不住问："哈哈哈，阿姨，密码到底是多少？不说我用万能钥匙了啵！"

阿姨回答："你傻的啊，我才不会告诉你这个标志是不用输入密码就可以连上的。"

类似这样的段子层出不穷，相信大家都看到过。这些都让我们不得不注意到，在这个互联网时代，WIFI 对我们，就像空气与水一样重要。

据有关报道，麦当劳于 2014 年在中国 1400 余家门店完成 WiFi 部署。移动互联网已经严重地影响了我们的生活方式，每个人都无法避免。

目前房地产行业，已有为数不少的"搅局者"，正在利用互联网工具从各个环节进行切入。首先在营销环节切入，然后蔓延到客服环节，因为这 2 个环节就目前的情况来看是最痛的点，而从最痛的点切入，小小的努力就可以大大的提升用户体验。

◆ 从营销环节切入的有：房多多、好屋中国、爱屋吉屋……

房多多

房多多已经是行业里最知名的O2O公司，它的概念是做交易式的、基于效果付费的地产电商。房多多鼓励房主将信息直接放到网络上，使房产经纪人变成一个提供线下服务的角色。另一方面，房多多说服万科、龙湖、保利等多家著名地产商将新盘放到平台上，让房产经纪人进行推广（也就是业内所说的"一二手房联动"），房多多向地产商收取佣金，经纪人获得激励。房产经纪人是房多多平台上相当核心的角色。

爱屋吉屋

爱屋吉屋去门店后最显著的改变就是佣金的大幅降低。基于互联网的"空中门店"模式和用扁平化结构提升成交效率给了爱屋吉屋充分的降价空间。而另一个连带作用则是传统中介屡遭诟病的服务得到明显改观。正是打破了区域分割，才得以进行严格有效的垂直化监管，这为爱屋吉屋带来了千分之一超低投诉率的好口碑，也为饱受争议的去门店化模式赢得不少业内人士的认可。互联网中介公司免中介费、无门店的做法，关键在于消除房产中介行业的摩擦力，试图以一个零成本的方式来获取经营业绩。如果能获得持续性的融资，并且在前期把服务口碑做好，那么互联网房屋租赁中介公司就可以获得较大的竞争优势。

爱屋吉屋舍弃传统门店、剔除行业顽疾，让租房买房更透明、便捷、便宜。

好屋中国

好屋中国，作为国内首家O2O房产全民众销平台，它所提供的客户端全产业链服务和用户端全生命周期服务，便实现了整个交易流程的高效闭环。

好屋中国通过整合资源和数据化平台，线上精准匹配客源房源，为开发商实现广义增量，并不止步于"去库存"；线下提供深度服务，比如针对C端好屋中国推出的"考拉社区"，将生活服务供应商、物业、社区业主汇集到同一平台上，把人与人，人与物业和人与商业之间链接在一起，为用户带来品质与轻松兼得的生活体验。

相较之下，爱屋吉屋目前作为一个房产中介，线上接单，不设线下，没有后续的服务，而用户最需要的可能就是后续完善的服务；房多多的核心是一个连接买卖双方和经纪人的交易平台，主要在于放大了经纪人的"连接功能"。

"房产电商只是去中间环节，而非去中介化，实现的是'握手、整合、串联、共赢'的模式。"这几乎是行业共识。不可否认，互联网与房地产行业的联姻重构出一种商业模式，而对于打造房产O2O闭环生态系统，则需以用户为核心，优质体验为基础。

◆ 从客服环节切入的有：彩生活、乐生活、小区无忧……

彩生活

彩生活通过互联网、智能化、自动化、改造升级，对传统物业管理内容进行改革，所有的业务都实现了 E 化，E 缴费、E 投诉、E 评价，这些都已经通过互联网来实现。并由一个具体的服务的提供者转变成一个产品和服务的平台，为业主的居家生活服务。把所有的这些服务都标准化，变成平台上的服务，把它转交给其他的供应商来提供，彩生活则只做平台。彩生活围绕家庭这个场景来提供服务，在线下把原来的管理处变成彩生活体验空间。

乐生活

乐生活的模式有与彩生活类似的地方，但也有与彩生活不同的地方，它的供应商更加精选，服务更加精选，如乐生活并不裁减原来的保安保洁的人数，而是把他们的碎片时间集中起来，为 O2O 的最后一公里服务。其服务也并不完全都是为了盈利，比如团购皆为免费，只为提高黏性。

小区无忧

小区无忧，是一款基于小区地理位置的便民服务应用模式，涵盖小区周围外卖、快递、开锁、送水、洗衣、家政、疏通等方方面面的信息，是每个居民必备的生活应用。小区无忧覆盖全国 10 万余个小区，所有服务信息均 100% 人工审核，并围绕你所在小区不断筛选，让你享受到最便利、最优质的服务。小区无忧同时拥有 Android 手机版和 iPhone 版，使用完全免费。

营销和客服的痛点解决后，下一个痛点会是什么？

目前拿地、策划、设计、工程这 4 各环节还是一块未开垦的处女地，虽然没有比较成熟的互联网＋案例，但下面这些利用先进技术降本增效的案例或许会给我们新的启发。

◆ 易政通

目前政府职能部门的信息化项目，虽然在政务公开等方面取得了一定的成效，但遗憾的是在网上办事方面却不尽如人意，一些网上办事大厅、政务 APP 可谓光景惨淡。数据显示，即使在互联网水平较高的广东省，网上办件率也低于 0.1%，而且公众满意度也差强人意。这也反映出了我们的政府职能部门在互联网＋政务服务上的误解，难以理解互联网开放、

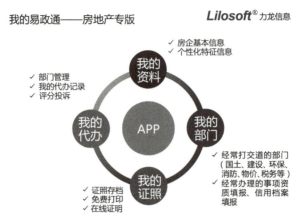

分享的精神特质以及联通、整合的实现路径。

易政通以办事人为中心,提供一站式的网上办事体验。为公众提供清晰准确的办事流程、通俗易懂的办事攻略、丰富详尽的材料填报说明及示例,有客服人员为办事人提供全程咨询指导、材料加工、证照递送等服务。通过易政通,很多事项公众足不出户就能办理,让政府网上办事具有电商式的购物体验,真正实现人人都能网上办事。

对于政府职能部门,易政通不仅提供平台的规划及建设,还会提供专业的运营服务,不仅让平台建起来,还要用起来。协助主管部门进行精细化的事项梳理,使事项符合互联网运营的要求;组建线上及线下服务团队,为每一位办事人提供专业优质的服务;提供丰富的大数据分析,检验运营成果并支撑政府决策等。

◆ 远大可建:工业 4.0

可建可以说是人类历史上一场最深刻的创新。从技术变革广度到技术创新深度,从资源整合强度到信息梳理密度,从建筑工业模式到建筑消费模式,可建在所有方面都在颠覆人们的固有思维。而颠覆性最强的是可建的建造方式:一块 3.9×15.6 米的"主板"包含了地板和天花板,中间装有通风、给排水管路和电气线路及照明,出厂时上面摆放了本房间安装所需的立柱、斜撑和门窗、墙体,甚至洁具厨具,一辆大卡车可运载建筑面积 120 ㎡,运到工地后一次性吊到安装部位,工人只要拧螺栓、刷漆……如此高效的生产方式,使建筑现场安装施工量仅占整个建筑用工量的 7%。所以,可建工厂化程度达到 93%,而目前世界最高水平仅为 40%。

◆ 万科试水 3D 打印房屋

2014 年 3 月 29 日,上海盈创装饰设计有限公司成功打印了 10 栋房子。这是全世界第一批通过 3D 打印技术制造的实体建筑。

3D 打印在建筑行业会引领两项革命。第一，建筑材料的改革；第二，建筑设计的改革。

与传统的建筑方式相比，首先可以节约 60% 的建材，节省 80% 的人工，而且工期会缩短 70%；其次，打印房屋不产生建筑垃圾，同时杜绝了偷工减料的可能；此外，整个过程还能消化建筑垃圾。

王石："万科下一步准备做什么呢？我们要用 3D 打印机打印房子。三年之后万科的建研中心就会用 3D 打印机打印出一个房子……"

◆ 工程建设阶段——龙湖 3D 虚拟施工

在龙湖，手工画图人眼读图已经成为过去，龙湖的 IT 系统已更新至第四代。二维的平面图已经升级到 3D 虚拟搭建。

也正因为如此，龙湖在模块的搭建上更细化，别的开发商会以容积率来搭建，而龙湖会细致到道路景观、平面布局，甚至户型。类似檐口构造、门窗体系、墙体颜色等这些"零部件"，也都被固定下来形成可复制的标准，它们加起来有 300 多项，光是檐口的构造就有 5 种，对应着不同的建筑形态。

龙湖的系统可以虚拟施工，也就是各施工单位的入场顺序都可以确定下来，这保证了龙湖的工艺能被细化到惊人的程度。在龙湖托斯卡纳、美式、英式、中式等建筑风格的别墅产品中，托斯卡纳地中海风格的认同度是最高的，达到 70% 以上。因为托斯卡纳建筑安瓦时要用水泥做浆，这难免会让水泥浆粘在瓦面上，所以工人在安瓦时要准备水桶和毛巾，随时擦去瓦面上的泥浆这一动作也被明文规定下来。

◆ 龙湖工程质量追踪系统

质量问题能从业主投诉追踪到建设者个人和合作企业。

龙湖上马了一套客户投诉及工程质量追踪系统。这个系统把所有的客户投诉收集归类，分为 150 多种。然后，将这些信息追溯至土建工程师，并与人力资源系统打通，纳入绩效考核系统——投诉与相关人员未来升迁、奖金挂钩。这 150 多种投诉还将最终追溯到承建标段的乙方——总包和专业分工方，再与成本系统打通，进入龙湖的战略分工方体系，直接影响"金牌战略分工方"的评选。排名后三分之一的工程分包方年度绩效考核不能得 A，而"金牌战略分工方"则可以在龙湖未来的招标里比别人享受一定的优惠。如果分包方的质量持续排名靠末,则可能取消分包资格。对分包方来说,要想得到未来潜在的千万元利润,就应该在现在多花两百万元把事情做好。

◆ 自由筑屋

"人人都是开发商"是自由筑屋的思想。

同传统开发商主导的房地产方式相比,万通"自由筑屋"最根本的变化是把主动权交给了用户:一切围绕用户的需求,重塑房地产开发的流程,并搭建线上、线下的专业系统,帮助用户通过互联网实现房地产定制化设计和订单化生产。

"自由筑屋"是个性化地产定制服务,一般由客户在网上集群,由独立设计师或设计单位提交户型文案,再由一个建造商独立完成,把房屋作为最终的产品进行整体考虑和细部完善。

◆ ELAB

Elab平台将利用"互联网+"和大数据提前精准获知客户需求,让客户直接在她的平台下订单,然后拿着这些已有订单跟开发商合作,或进行存量改造,或进行增量定制开发,Elab从中获得一定比例的抽成。

Elab模式并非独创,很多大型开发商内部都在做定制化开发。比如,万科有万客会、保利有保利会。

◆ "清朋华友"学子园的养老模式

由清华校友总会房地产协会、全联房地产商会、精瑞人居发展基金会支持发起创立的老年人生活模式。面向高校年长校友,他们可以这几十人是清华校友,那十几人是北大校友,他们同窗过,是高知人群。

"清朋华友"在以下五个方面有所创新:

1. 生活理念:同窗养老、总结升华、服务社会、绽放精彩!

2. 公益为核心:一个是以绿色建筑部品为主题接受校友捐赠,一个是以"清朋华友"服务为主题的设计方案招募。以此为基础,学子园将为"清朋华友"学子园的学子们提供更多的免费服务。

3. 轻资产战略:充分利用外界资源减少学子园自身的投资和投入。

4. 轻资产运营："清朋华友"学子园在确定了轻资产战略后，采用了轻资产运营模式，进行了服务顶层设计和品牌设计，并寻求优质养老项目和健康养老部品供应商。

5. 金融创新尝试：部分校友资金不足又没有贷款资格的问题形成了养老市场瓶颈，在解决这个问题的实践中探索了一些方式，其中保险行业的"以房养老"和有资质金融机构的"非资金池的众筹"在学子园中试点。"清朋华友"学子园还将继续金融创新，解决老年人资金瓶颈。

◆ 价值链增效　环环相扣

做项目要具备全产业链的思维和视野。就像木桶理论，6个环节，6块板，产业链短板即痛点。

从客户服务，到运营，到交易，到金融，服务上来，用户体验上来，才有客户，有粉丝；在同样的服务体验下，成本下去，效率上来，才有门槛，才有核心竞争力。

7　特别的爱给特别的你

凉粉米粉脑残粉，谁是你的粉？锁定目标用户群（细分再细分），抓住他们的需求与偏好，让他感受到个性化定制的温馨与体贴，粘住你的粉。

马云说，不管人们喜欢与否，互联网大大改变了我们的生活。近年来，互联网行业飞速发展，一些互联网企业拔地而起。我们如何留住客户，何以立足，成为企业关注的重要问题。

移动互联时代，是一个产能过剩的时代，是一个消费者主权的时代，互联网打破了信息在时间和空间层面的不对称，使得用户的转移成本非常之低。只有打造让用户尖叫的产品和服务，从细节入手，把用户体验做到极致，如此才能够真正赢得消费者，赢得人心。好的体验才能真正黏住用户，我们必须从极致的用户体验出发。

> 如何做到用户极致体验？我们先来听一个故事：
>
> 这是一个关于禅师与富翁的故事。一个生性吝啬的富翁，富的只剩下钱了。于是专程去请教禅师说："我有这么多钱，可是为什么感觉自己一无所有而且不快乐呢？"
>
> 禅师请他站在窗子前面，问他看到了什么？
>
> 富翁回答："我看到了热闹的人群，还有快乐的顽童。"
>
> 禅师又请他站在镜子前面，再问他看到了什么？
>
> 富翁不解地回答说："看到我自己。"
>
> 禅师说："窗子是玻璃做的，镜子也是玻璃做的。透过窗子可以看到他人，而镜子因为涂抹了一层水银，所以只能看见自己。当你慢慢擦拭掉你身上的那层水银，可以看到别人时，你就会拥有快乐了。"
>
> 禅师的意思是说，打开自己的心灵之门，你就能透过窗子看到外面的世界；否则，窗子就会变成镜子。
>
> 对于企业来说：最重要的是，你应该用客户的视角。所以，问题虽在城中，答案却在城外。城中是自己，城外则是客户。

当然，故事只告诉我们一个模糊的概念，那么从技术层面我们应该如何来做呢？首先，我们所面临的最大问题就是把产品卖给"谁"？也就是确定目标客户群体的问题。市场之大，消费者何其众也，企业要确定一类目标客户群体以及一个细分的领域深耕细琢，才能专注用户体验做到极致。因此，做项目时我们必须要对客户有敬畏之心，这样我们才会处处为客户着想。只有这样，我们最终才能得到客户的青睐。市场永远是最精明的，它只把回报奉献给用户体验最好的产品！

在互联网时代，一切产业皆媒体，如果互联网企业把产品和服务做到极致，超越用户想象，自然就会形成好的口碑传播，吸引更多客户，进而助力品牌影响力的提升。

互联网的普及衍生了一个全新的粉丝经济时代，**粉丝是极致体验的最高境界**！

雷军曾经说过："我也不想所有人都用我的产品，我就把'米粉'人群的需要做到极致就行了。"

特别的爱给特别的你！

第六篇
降本增效尖刀连

　　上门洗车 APP、星河湾、绿城，环境好体验好，没有降本增效，遇到市场波动如何持续？

　　SOHO 卖得高卖得欢，买完房的煤老板没人管？碧桂园像卖白菜一样卖别墅，质量呢？降本增效为了谁？

　　成本降下去，效率提上来，体验还要有保障，如何破局？从特种兵、突击队、尖刀连再到整个组织，打造降本增效的金钢钻系统。

中铁建作为上市国企，特别注重产品、服务和品牌的打造，甚至不惜时间和成本，在清华的课堂上，段老师就降本增效的问题，与我们来自全国的老总们做了深入的交流，从战略到执行，从结果到过程。在保障用户体验的前提下，降低成本，提高效率是中铁建现阶段努力的目标。

——吴仕岩（中国铁建房地产集团有限公司董事长、党委书记）

1　不能容忍的成本管控
2　不怕神一样的对手，就怕猪一样的队友
3　降本增效为了谁
4　外拓疆域
5　内挖潜力
6　"E+"，让"多快好省"成为可能
7　激活个体，引爆小宇宙

1 不能容忍的成本管控

火箭回收成本降低 99%，龙湖时代天街成本尖刀干翻保利茉莉公馆，绿城成本管控不能容忍！去库存之战中，谁能把成本这把刀打磨得更锋利，谁就能在这场战争中活下来，否则就像洗车 O2O 演绎"全线阵亡"惨剧！

◆ 干翻美俄中，实现从轨道回收火箭

Space X 的创始人埃隆·马斯克实现了完整地从轨道回收使用过的火箭。

我们知道，火箭的发射成本居高不下，而其实在一枚火箭的成本中，燃料仅占很小一部分。火箭的导航控制系统、燃料贮箱和火箭发动机等部分才是绝对的大头。如果一枚火箭可以重复使用，那么就可以大大降低火箭制造成本。以 SpaceX 用来试验火箭回收的"猎鹰 9 号"火箭为例，火箭成本 5000 万美元，其中燃料费用仅有 20 万美元。

马斯克认为：制造能够重复使用的火箭，才是人类航天的未来。他不断地研制了和改造"猎鹰 9 号"，终于成功。不仅完成全球首例完整的火箭软着陆，"猎鹰 9 号"还将 11 颗卫星送入了太空，马斯克真是火箭界的性价比之王啊！

这是国外的案例，我们国内也有一群人，在另一个完全不同的领域做着相同的事情。

◆ 零下五十度

零下五十度拥有国际领先的直接蒸发蓄冰中央空调，节省电费 50% 以上，创造了节能环保型零下五十度急速冷冻技术，超低运营成本，发起速冻食品工业新的革命！

采用 -50℃ 速冻生产工艺，所有食品在 30 分钟内食品中心温度达到 -18℃，解冻后食品保持新鲜，保持原有风味；采用氟制冷，相变材料蓄冷，冷库安全，运行费用低 60%。

这种降本增效的精神房地产企业同样需要。

◆ 洗车 O2O 面临"全线阵亡",烧钱换不来忠诚度

在 O2O 备受追捧的 2014 年到 2015 年上半年,如雨后春笋般出现了上千家汽车 O2O 公司,这些公司中 80% 都触及洗车营业。不过,这些相对驰名度高一些的洗车 O2O 根基上都已"阵亡"或即将"阵亡"。

上门洗车 O2O 公司大部分采用补贴"烧钱"模式来争取用户,并期望以洗车这种高频、低价的项目来换取其他保养项目的转化率。上门洗车就跟优惠券一样,留不住客户群,**烧钱换不来忠诚度!**

没有降本增效,只会烧钱,价值主张在哪里?

洗车 O2O 平台生存状态				
平台名称	成立时间	融资情况	生态状态	详情
云洗车	2013 年 4 月	未融资	✗	2015 年 1 月关闭洗车业务
智富惠	2010 年上线的本地生活服务平台,2014 年大推一元洗车	不详	✗	2015 年倒闭
嘀嗒洗车	2014 年 2 月	未融资	✗	2015 年 4 月关闭洗车业务
车 8 上门洗车	2014 年 3 月	未融资	✗	2015 年 7 月关闭洗车业务
e 洗车	2014 年 6 月	2015 年 3 月 A 轮融资 2000 万美元	✗	2015 年 10 月关闭洗车业务
功夫洗车	2012 年 9 月	天使轮	✗	2015 年 10 月关闭洗车业务
典典养车	2014 年 6 月	2015 年 7 月 A 轮融资 6000 万美元	✓	推出典典车险,不再单一做洗车业务。
赶集易洗车	2014 年 8 月	未融资	✗	2015 年 10 月与呱呱洗车合并、停止原有业务
呱呱洗车	2014 年 9 月	2015 年 3 月 A 轮融资 6000 万美元	✓	合并赶集易洗车

◆ 龙湖 VS 保利

2011 年北京大兴区的龙湖时代天街开盘价 11800 元 /m²,低于行业平均价(12000 ~ 14000 元 /m²)震撼入市,2 小时被抢光。

而附近的保利新茉莉销售曾说过会卖到 18000 元 /m²,一气之下,不开盘了。

"根本没法开,龙湖 1 万出头的起价拉低了区域的预期价格,怎么卖都是亏本。"同在附近开发的中国水电集团相关人士坦言。

北京大兴区	
行业均价 12000—14000 元 /m²	
龙湖时代天街 11800 元 /m²	保利新茉莉 18000 元 /m²
2 小时卖光	有盘难开

那么龙湖以 11800 元 /m² 的售价开盘,亏本吗?人家还是有得赚,可见龙湖**把成本控制到极致,关键时刻亮出来就是一把尖刀**。如果是一般的地产商,产品、服务、品牌都没龙湖好,最后人家还卖得比你便宜,请问你有能力抵抗吗?

有一次我拿这个案例来问保利的员工:如果是你,你买龙湖还是保利?

"那当然还是买龙湖的。"

如果有一天,你的项目刚好在龙湖旁边,你要怎么应对?我们来看下绿城是怎么做的吧。

◆ 绿城成本管控已不能容忍

2012年7月3日，在绿城的半年工作会议上。

"绿城的管控够烂的，已经到了不能再容忍的地步。"宋卫平表示，很多人说起项目成本并不是那么清楚，公司内部谈起这个问题，讲事不讲人，如同"隔靴搔痒"。

宋卫平提出：今后要对项目管控做定期抽查，甚至要下决心普查，对做得不好的甚至要"扣工资开除"。

其实绿城要抓成本，首先就要从宋卫平自己身上找问题。为了质量，宋卫平一度推行不顾成本的极端举措，这在小规模发展阶段是树立公司品牌的强心剂，在进行规模化扩张时只能滋生越来越多的弊病，**过低的利润率是绿城成本管控的硬伤**。

其次绿城的财务成本也处于失控状态，**过高的资产负债率又让绿城不堪重负**。

宋卫平在中国楼市以狂傲自负闻名。他看不起包括万科在内的大部分开发商，认为他们产品做得太糟糕，但龙湖是他唯一不避讳表达过好感的地产企业。他曾连夜通知公司所有高管——包括项目总经理和设计师在内的100多人，于第二天去重庆看龙湖项目。因为两家公司开发同类的项目，龙湖的花费却更少。一位绿城的高管比喻说：**"绿城用200种材料组合达到的装修标准，龙湖只要用100种就能解决问题。"**

工欲善其事，必先利其器。每个企业手上都应该握有两把武器：**成本和效率**。在商战中刀兵相见，没有武器，就是被杀戮的对象！你不拿刀，别人就会一刀杀了你！

没有成本意识，忽视了成本管理，现金流断裂，就等于缴械了50%，随时任人宰割。

2015年是房市裂变之年，在高库存和高潜在供应量的双重夹击下，谁能把成本这把刀打磨得更锋利，谁就能在这场战争中活下来。

把成本这把刀打磨得非常锋利的企业有哪些？

◆ 可怕的中海

在地产江湖中，中海地产就是这个传说中的比较标杆，其以财务稳健、经营效益指标高而闻名，被誉为"盈利能力最佳的上市房企"。

"为什么中海卖得比你少，利润却比你高"是每年万科股东会的必答题。

2014年，万科实现合同销售额2151.3亿元，营业收入1464亿元，净利润157亿元，房地产业务结算毛利率为 20.76%，结算净利率为 11.41%；中海地产实现合同销售额折算为人民币为 1120 亿元，营业收入 968 亿元，净利润 223 亿元，毛利率为 32.6%，净利率为 23.7%。在同一市场环境下，两者利润率水平相差一倍！对比发现，中海地产在土地成本、开发成本、资金成本等几乎所有方面都优于万科。

中海地产作为中字头的央企，能在成本管控上如此下力气，实在是难能可贵。

◆ 碧桂园像卖白菜一样卖别墅

有人提出质疑，说杨国强像卖白菜一样卖别墅，这能赚得了钱吗？

在总结碧桂园的成功时，杨国强认为其主要基于两点优势：稳健的财务政策及高效的成本控制。碧桂园只用相当于万科产品平均售价和销售额的 30% 到 40%，实现了和万科相去不远的利润。

这里仅以拿地为例，碧桂园推行郊区化战略，避免高价拿地，以五星级酒店满足政府需求获取低价优惠，然后参与土地一级开发，截取土地升值利润。其在广州增城的凤凰城项目，一期地价低到 45 元 / 平方米。碧桂园对成本管控的力度可见一斑，这就像是碧桂园藏在手中的一把尖刀，市场处于上升状态时没有感觉，一旦行情走低，到去库存的关键时刻，这把刀可是能要人命的。

◆ 房企成本管控能力

房企	降本关键点
中海地产	供应链管控，项目管控能力强，营销成本低，不打价格战，不喜欢抢地
碧桂园	全产业链通吃，短平快时间成本低，地价最低，政府层面合作优势
富力	全产业链通吃
万达	地价地，项目周期短，产业链整合，政府合作优势，营销成本低，标准化
龙湖	成本内部管控能力强

前面说过，企业手上都应该握有两把尖刀：成本和效率，**降本解决生存的问题，增效解决发展的问题**。接下来我们就来看看，在效率方面，哪些做得好，哪些相对差一点，差在哪里？

2　不怕神一样的对手，就怕猪一样的队友

> 万科突飞猛进，金地高层地震，三驾马车分崩离析；项目跑得快，全靠老总带，老总一离开，项目死得快；团队合作不是人多，是心齐！

在讲房地产计划运营管理的课时，我都会从上面这张图开始。请大家猜一猜这两台车，哪一台贵？大部分人都认为下面的奔驰跑车要比上面的车贵，而正确的答案刚好相反，上面的车也是奔驰，是第一代奔驰，现在作为古董放在博物馆里面展出。

第二个问题：哪台车跑得快？这个不会有疑问，肯定是下面的跑车快。

第三个问题：如果把下面这台跑车的发动机拆下来，装到上面的老爷车上，行不行？会怎么样？大家都会说肯定不行，老爷车会跑散架。

的确如此，但现实中有没有这样的情况呢？大家就认为很荒谬，现实中怎么可能有这种事情发生。

但是我们很多企业老板都在做这样的事情，还美其名曰：**火车跑得快，全靠车头带**！有这样一个案例：广州某房企的项目老总能力非常突出，老板非常倚重，员工更是毕恭毕敬，该老总也鞠躬尽瘁，凡事都亲力亲为，项目上所有的事都装在这位老总的脑子里。但是由于过分操劳，这位项目老总突然病倒，整个项目一下子瘫痪了。老板想从内部提拔一个项目总，但是挑来挑去都没有一个人能挑起大梁。问题出在哪里？

都高铁时代了，你还在玩小火车？

◆ 万科突飞猛进，金地高层地震

"招保万金"这个地产业标志性的口号已成为历史云烟。当年地产界的四大头牌中的万科一路突飞猛进，早已跨入千亿房企的行列。反观金地高层频繁地震，"三驾马车"分崩离析，如今还徘徊在 500 亿元附近。**团队的不稳定，极大地影响了金地的效率**。

能够一起打天下，却无法一同坐江山。**团队合作不是人多，是心齐**！

金地的案例，绝不是个案，新鸿基三兄弟亦是如此。

◆ 新鸿基三兄弟窝里斗

新鸿基一向被称誉为香港企业管理最佳的公司，但其高层的内斗，从2008年开始已经是香港富豪圈的焦点话题之一。郭氏三兄弟合作多年，终生嫌隙，后矛盾难以调和，终于分裂，哥哥被弟弟们赶出董事会，弟弟们被哥哥举报进了廉政公署。几番折腾下来，新鸿基的市值蒸发数百亿。

高层的斗争还影响到新鸿基在内地的发展，一向在内地大城市发展高端豪宅和商业的新鸿基如今早已落后于"长实系"和"新世界"。和黄、长江实业、新世界等港资房企纷纷在内地拿地做项目，而新鸿基则一直原地踏步。**心不齐，即使是亲兄弟也走不快、走不远。**

上层的心不齐是一方面，还有一方面反映在我们部门与部门之间的合作上。

◆ 等！等！等！效率在哪里？

在一次咨询中，客户老板向我抱怨，整个项目停摆了，于是发动大家找原因，尽快解决问题，结果最后找到老板身上来了，老板没有准备足够的资金。

这样的案例在中小房企中不在少数，面对今年的市场冷淡，面对大牌房企的一把把尖刀，他们将何去何从！

在经历库存危机后，去库存成为房地产行业的一大关键词，而与之相应的另一关键词——高周转，则再次进入业界视线，受到众房企的追捧。在开发成本越来越高的时代，唯快不破，"快"成为众房企抢占市场份额、提高利润率的制胜法宝。

相关研究机构统计发现，房企开发项目开发周期每增加一个月，由于资金成本、管理费用等的随之增加，项目投资回报率将会降低0.8个百分点左右；反之，开发周期每缩短一个月，项目投资回报率可提高0.8个百分点。

一般房企的开发节奏，从获取项目进行前期产品定位和策划，再委托设计单位进行方案和施工图设计，期间还有可能进行多次反复讨论和评审，如此，从拿地到开工，短则6~8

个月,长则一年。但如果参考万科、恒大、碧桂园等标杆房企,通常仅需 3~4 个月,到第八、第九个月就可以正式开盘销售,而其他一般速度慢的房企此时则还可能远未达到销售标准。

这时候,效率就是成本管控之外的另一把尖刀。

◆ 恒大尖刀出手

2015 年习近平主席吹响了房企去库存的号角,恒大第一时间拿出了这把刀:2015 年的销售目标上调 20%,从 1500 亿元上调到 1800 亿元。市场还是这个市场,需求量还是这么多,恒大要多卖 300 亿元,就会有人少卖 300 亿元。

纵观近一年来的楼市,尽管今年利好频频,但市场整体反应平淡,房企业绩普遍不佳。数据显示,目前行业平均目标完成率仍不足七成,行业分化明显加剧。为何恒大这边"风景独好"?

过硬的产品品质、强大的成本控制、准确的产品定位、大规模快速开发是其完成 1800 亿元目标的底气所在。

◆ 碧桂园速度

概念设计需要多长时间?

碧桂园:1 天!

拿到土地证后何时开工?

碧桂园:7 天!

一个工地多少人同时开工?

碧桂园:1 万人!

卖 2000 套房需要几个月?

碧桂园:1 天!

从"一年一个碧桂园"到"一年多个碧桂园",碧桂园速度不仅反映出碧桂园强劲的生产制造能力,更加反映出碧桂园尖刀连的作战能力。团队的作战能力不是看人有多少,而是看人的心有多齐!

只要手握降本和增效这两把尖刀就万事大吉了吗?

3 降本增效为了谁

> SOHO 卖得高卖得欢,买完房的煤老板没人管?碧桂园像卖白菜一样卖别墅,质量呢?你把用户放在哪里?一切的提升,只为给用户更好的体验!

> 【段子】有三个人到海南度假。他们在一座高层宾馆的第 45 层订了一个套房。一天晚上,大楼电梯出现故障,服务员安排他们在大厅过夜。
>
> 他们商量后,决定徒步走回房间,并约定轮流说笑话、唱歌和讲故事,以减轻登楼的劳累。笑话讲了,歌也唱了,好不容易爬到第 34 层,大家都感觉精疲力竭。
>
> "好吧,小李,你来讲个幽默故事吧。"
>
> 小李说:"故事不长,却令人伤心至极:我把房间的钥匙忘在大厅了。"
>
> 这三个人执行很给力,却把核心的东西搞丢了,到头来一切都是做无用功。

前面我们说要降本和增效,那降本增效是为了谁?如果为了降本增效,而导致用户体验变差,那降本增效还有没有意义?我们先来看几个案例:

◆ 4G 有多快?一晚 500 块钱?

2015 年 10 月 1 日起,国内三大运营商开始推行当月剩余流量不清零。方案实施后,不少网友吐槽"流量分分钟用光""流量跑速似火箭"。

2015 年 11 月 5 日广州市民乔女士遭遇了流量"偷跑"。一夜之间,她的手机"偷跑"流量费达 500 元。4 日晚,乔女士说她像往常一样关闭了手机的 Wi-Fi 和移动数据后上床睡觉,次日早晨 7 点半,乔女士起床拿起手机后看到了令她震惊的一幕。她的手机在凌晨 4 时 46 分到 4 时 51 分之间,连续收到近十条短信,通知其"套餐剩余流量不足 50M""不足 10M"以及"套餐外流量费已达 100 元""已达 210 元"……直到"已达 500 元"。

有出国玩微信,3 天手机流量费花了 16000 元的。

更有出国取下卡仍被消费数百兆流量的。

升级 4G 网络比 3G 速度更快了,但是运营商的用户体验更差了。

◆ SOHO 卖得高卖得欢，买了房的煤老板没人管？

从建外 SOHO 到朝外 SOHO 再到三里屯 SOHO 卖火了，潘石屹的每次开盘都红红火火，真是卖得又快又好。但是卖完房的后续服务呢？却没人管了，大寒冬里被断电、停暖。**这样的降本增效有什么意义**？

◆ 碧桂园陷"质量门"危机业主维权几成"常态"

前面我们说过，碧桂园把降本增效做到了极致。其广告语"给您一个五星级的家"也是家喻户晓，但在一些三四线城市，并没有真正给业主带来五星级的感受。

开盘大卖、收房大闹，令千亿房企碧桂园仿佛走进死循环。2015 年上半年以来，碧桂园位于全国各地的住宅项目频频发生质量问题，据长江商报记者初步统计先后涉及 6 省 13 地碧桂园项目。转眼之间，碧桂园曾经赖以生存的三四线城市成了这家千亿级房企不折不扣的"伤城"。

凡是不以提升用户体验为前提的降本增效，都是耍流氓！

类似的还有新推出的 Iphone6s 手机，号称 9 大性能提升，速度更快，耗电更低，但是一个月内频繁死机，遭遇退货潮，苹果的用户体验受到前所未有的挑战。

面对当前日益严峻的经济环境和市场形势，只有做到降本增效才能应对市场变化，企业才能发展。但降本增效必须要在保证用户体验前提下进行，失去用户体验的降本增效是失败的！是耍流氓！**一切的提升，只为给用户更好的体验**！

亮剑之前先铸剑，我们认为铸剑的步骤：第 1 步 **强体验**；第 2 步 **降成本**；第 3 步 **增效率**。顺序不可颠倒！

在保障体验的前提下，如何来降本增效？两路出击：**内挖潜力、外拓疆域**。

内挖潜力就是练内功，在内部管理上死扣自己，加强组织管控、全成本管理、计划运营管理，达到降本增效的目的。

外拓疆域就是做产品线，快速有效的大量复制。在保障**用户体验**的前提下：①加强供应链管理，降低项目成本；②加强组织管控，降低组织管理的摊销成本；③通过海量客户摊销项目固定成本，从而也加强采购谈判力量。

4　外拓疆域

> 星河湾龙湖扩张遇阻的同时，碧桂园一年时间从 400 多亿到 1000 多亿，恒大在 150 多个城市刮起了恒大旋风，万达广场为什么能开遍全国，拼什么？快速复制是降本增效的神器。

目前，万科、万达、恒大、绿城、龙湖等标杆企业都通过建立产品线和产品标准化复制，使得企业规模得到了极大的发展。一批为增强企业竞争力的中小房企也纷纷开始实施产品标准化战略。

◆ 万达广场为什么能开遍全国

曾经有一片地本来是给香格里拉酒店的，可香格里拉建了饭店后，剩下还有一小块地就没能力开发了，政府找到了万达，然后就有了万达广场。香格里拉没能力开发的项目，万达有能力开发。

我们不难看出，不是万达找政府，是全国各地的政府去请万达，万达集团董事长王健林同志走到哪里，哪里的最高官员就会亲自出面以最高规格接待。

地方政府都千方百计地想请万达去他们城市开发建设"万达广场"，希望借此提升城市品质、繁荣市场，带动周边土地开发建设。

这也就是万达广场能开遍全国的原因。

◆ 星河湾龙湖扩张遇阻的同时，碧桂园的疯狂

惠州巽寮湾，碧桂园去之前，万科，金融街等早已扎根，碧桂园一去，全部哑炮了，一个短信出去，5 万人拉回来。

东莞，36 个小时，碧桂园豪庭、横沥碧桂园、碧桂园翡翠山三大营销中心处处是人潮、人海；不仅创造 5 秒一套房、开盘即清盘神迹、更是迎来数万人的购房大军，一个个销售中心都彻底被"沦陷"。

近几年来，碧桂园日销几十亿的项目已经有了好几个。2013 年 7 月，丹阳碧桂园开盘时迎来 3 万

人冒酷暑选房，单日销售额 20 多亿元，客户消耗了 36000 瓶矿泉水、5000 份午餐、8000 份面包、10000 把椅子……碧桂园出动了 400 多名物业人员、近 1000 名销售人员，这种场面实在难以想象。

"疯狂"碧桂园的背后，离不开"人"的贡献。虽然很多人说碧桂园以"低成本"和"高性价比"取胜，但没有降本增效的尖刀连，是无法创造出千亿房企的奇迹的。

◆ 恒大旋风

恒大旋风所到之处，地价起来，人工成本起来，房价下去。

假如你认真比较一下各地的"恒大绿洲"，你会发现这些项目，无论是会所、售楼处，还是户型、外立面，几乎都是一模一样的，其实各个"绿洲"就是一套标准图建出来的。

有一次我们去宁夏授课，附近有个恒大绿洲，于是一起去考察。在考察的过程中，我们发现整个楼盘有 20 多栋，300 多套，基本上都没卖出去。查询缘故，宁夏的冬天西北风刮得很厉害。他们在西北向做了一个七八平方米的入户花园，冬天那风沙一刮起来，入户花园就变成风沙池了，没法用。然后物业公司还不让封，这样就很不划算。

这是很多标准化做得很好的房企面临的普遍问题，在南方做了一个畅销的户型，然后从南 COPY 到北，从东 COPY 到西，从一线城市 COPY 到二三线城市，结果发现地域有差别，气候条件有差别，生活习惯有差别，造成水土不服。

在标准化复制的过程中，还要注意不同区域的差异化。体验要本地化，降本也要本地化。

◆ "橡树湾"系问题时发 华润置地高周转陷品质争议漩涡

华润置地在房地产业界一向以高品质著称，其以"品质给城市更多改变"的品牌理念，始终强调产品"高品质"的定位深入人心，但是近几年，"橡树湾"系列却成为华润置地部分业主的一块心病。

2015 年 3 月 28 日，秦皇岛市橡树湾业主向中国房地产报记者投诉称：华润置地开发的秦皇岛橡树湾项目精装现房存在装修材料缩水、建筑质量差、合同违规等诸多问题，由于合同约定模糊，多次维权却得不到有效解决。

记者在调查中意外发现，"橡树湾"产品线业主维权一直存在。慈溪、武汉、福州、合肥、济南、哈尔滨、成都、苏州、唐山、扬州、长沙等地的华润置地橡树湾项目业主维权事件也成为多年顽疾。

有业内人士认为：华润置地短时间内进入了很多二三线城市，成本把控就成了问题，为了避免资金链紧张，不得不追求高周转，一个项目从拿地到开盘几乎在半年内就能完成。在追求了高效率的同时，难免会对品质的把控造成影响。

外拓疆域的同时，也要内挖潜力。

产品线思维的三大意义：

1. 快速提高开发速度 —— 有效缩短投资决策、项目定位、规划设计、招采等环节的时间，提高项目开发速度和效率。

2. 大幅降低开发成本和费用 —— 项目前期设计标准化，部品的集中采购，严格的成本控制，再加上开发周期的缩短，因而开发成本和费用将大幅降低。

3. 大幅降低项目开发风险 —— 可使企业快速准确地判别项目价值，降低拿地风险；通过实施标准化合同，降低法律风险；实施标准化管理，降低管理风险。

◆ 产品线+轻资产模式

万达广场的轻资产模式

万达的轻资产模式是什么？"投资建设万达广场，全部资金别人出，万达负责选址、设计、建造、招商和管理，使用万达广场品牌和万达全球独创的商业信息化管理"慧云"系统。所产生的租金收益万达与投资方按一定比例分成。这就是万达广场轻资产模式。"

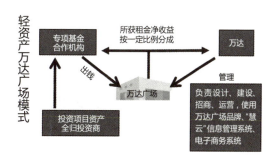

万达的重资产不是发展得不好，也不是没有发展空间，中国的城市化还在进行，行业里模仿万达者也是众多。万达为什么要转型轻资产？

1. 扩大竞争优势，生意做得最牛的是拿别人的钱做自己的事。
2. 降低进入三四线城市的风险。
3. 加快发展步伐，在城镇化进程结束前，尽可能地扩大规模。

万达的这招其实并不新鲜。**希尔顿**是全球规模最大的酒店集团之一，目前在全球范围内打理着超过4500家酒店，但其中只有147家酒店是希尔顿自己购买或是租用土地物业的。在酒店行业，这种"轻资产"模式在过去几十年特别盛行：不用花大价钱自己购买土地，只需要向那些有地的公司输出品牌和管理经验，就能迅速扩大门店数和影响力。

红星美凯龙的家居卖场同样是这种模式，和中小地产开发商合作，他们想做家居卖场业态，红星则提供从选址、土地采购到设计施工、招商管理等方面的服务，以此来收取管理费和咨询费。

据郭丙合介绍，在委托管理的项目开业前，红星美凯龙将会通过提供选题和土地购买咨询，向合作伙伴收取 1800 万～3000 万元的费用；在项目开始施工后，还会向建筑承包商索要咨询费，每个项目 1200 万～3000 万元不等。在非常重要的招商环节，红星还会根据项目大小收取 200 万～300 万元的招商费用。以此计算，仅在开业前，红星美凯龙即可以从单个委托管理的项目中，获得 3200 万～6300 万元不等的咨询费用。

传统的项目开发流程是：拿地、策划招商、方案图纸设计、工程建设、营销、客服运营。在实现产品线战略后，我们可以重组流程，做轻资产运营：

1. 用产品线方案，去选地块；
2. 方案匹配不同区域，作个性化修正；
3. 项目实施。

在实施的过程中，我们可以采取三种轻资产模式：

1. 输出项目的产品与服务标准；
2. 输出项目管理服务；
3. 输出项目品牌。

这三种模式是从产品到服务到品牌的进阶。"练就金刚钻，可揽瓷器活。"这样轻资产模式才可以快速复制，才能产生海量客群，才能起到强化品牌作用。

◆ 万科轻资产：小股操盘

万科在合作项目中不控股，但项目仍然由万科团队操盘，使用万科品牌和产品体系，共享万科的信用资源和采购资源。

郁亮表示，过去"大股操盘"，万科都占一半以上股份，所费的资金较多；转型后，"万科是小股操盘，我们会学会使用杠杆做这件事情，用尽可能少的股东投入创造更多回报"。

◆ 可口可乐的轻资产模式：品牌输出

可口可乐将轻资产做到了极致：我给你授权，把可口可乐的品牌给你用，你自筹资金建装瓶厂和流水线，我再卖给你可乐浓缩液，你自行加工和罐装后，通过你自己的渠道和网络来进行销售，你维护好自己的市场，采购生产销售物流全部环节自行处理，但你要配合我们开展当地的市场调研和合适的品牌推广活动。

如果各个项目之间没有统一的成本标准和营建标准，就难以形成统一的推广、营销和招商模式。这样，每个项目都会有不同的设计方案、成本方案、营销方案，而中高层管理人员会陷入方案讨论、会议争辩之中，导致工作反复、效率低下、扯皮推诿、难以考核等。

外拓疆域取得的效果肯定比内挖潜力要来得快，来得更明显，做起来更轻松。快速复制是降本增效的神器。那是不是不要内挖潜力了呢？如果一味外拓疆域，而不去内挖潜力，那么你所拓展的疆域也是不持久的。等于胡吃海喝成了一个虚胖子。

接下来我们就来看看如何内挖潜力。

5　内挖潜力

> 公司干了10多年,老板为什么都还在头痛:管人难,事难管,找钱更难!如何破局?
> 万科折腾事业部合伙人,海尔折腾公司平台化、员工创客化,三招打造金刚钻!

内挖潜力如何挖?有哪些难点?我们先来看几个案例:

◆ 左右为难的老板

在做咨询过程中,我们曾经遇到这样一个案例:老板是从包工头独自打拼起来的,总是事必躬亲,公司大小事情一律由他拍板。现在公司慢慢发展壮大,内部管理问题越来越多,这位老板发现员工执行力越来越差,而自己也开始力不从心。

于是从标杆企业高薪挖了一位职业经理人担任常务老总,对公司进行严格的规范化管理。不久,几位老臣子因为无法忍受严格的考核制度,向空降的职业经理人发难,并向老板抗议:如果继续让他这样整下去,我们就集体跳槽。老板只得妥协,于是在执行过程中,老员工一套,新员工一套,久而久之,规章制度也变得形同虚设。不仅如此,企业内部还形成一些小团体组织。

随后,职业经理人由于得不到信任辞职。一时间,公司管理混乱,老板也越来越迷茫了。

◆ 整天跑银行的老板

我们每次做管理咨询都要求客户的老总必须参加,因为老总如果没弄明白,最后往往破坏制度的就是老总本人。在一次郑州的咨询中,客户的老总过了3天才露面,面露难色地说明了情况:原来公司最近的项目,突然出现资金缺口,如果是几百万的就算了,一会要2000万,一会要3000万,一个接一个,整天跑银行,公司的事情都没时间管了。

在访谈中我们发现,这个公司只有简单的预算,从来不做资金计划,更不要说目标成本了。

首先，人难管，管人难。这是企业管理中经常遇到的课题，好管的人专业性、能力不强，专业能力强的人又太有个性！部门职能不清，相互推诿。岗位职责不明，干好干坏说不清。授权不清，不知该不该做主。**组织管理难**！

其次，事难管。公司的事情多而杂，特别是房地产企业，从拿地到最后销售，客服运营，中间上千个环节，不仅内部事情千头万绪，外部联系更是庞杂无序。这么多事情还要一环扣一环，有条不紊地展开：时间上怎么安排，顺序上怎么协调，整体上如何统筹？**效率如何提升**？**计划运营管理难**！

最后，钱难管。房地产项目投资大，一个项目少则几亿，多则几十亿，钱没管住，随随便便多花个1%，就几百万、几千万了。80%的房企，策划和设计阶段17%的浪费没人管，施工过程中10%的签证和变更又没管住，最后为了5%与施工队伍展开肉搏战，而施工队的结算能力又太强。**如何降本**？**成本管理难**！

普遍的感觉和逻辑是这样的，人最难搞定，所以要先搞定人的问题，再考虑事和钱的问题。但是如果真的这样去做，人永远难管，因为在公司里有各种各样的人：大老板的人、二老板的人、老板的朋友、元老、新兵……各式各样的都有，你怎么管？无论有多强的政治智慧，你还是解决不了，**要么自命清高，管理落不了地，要么掉入染缸，同流合污，但是结果都是一样的：没用**。

其实真正的排序应该以事为主线，**要对事不对人，切忌因人设岗**，把事理清楚，按紧急重要排序，再配资源。配资源就是钱的问题，解决了事和钱的问题，再来考虑配人的问题，这样就会有多的，和缺的人。多出来的人交给集团公司处理，缺的人按事情的要求招聘和培养，**千万不能人浮于事，责权利不匹配**。

接下来我们来看看：事、钱、人，到底要怎么管？

◆ 1. 从战略到执行，从结果到过程——计划运营管理

在这些年的咨询中，我们发现大部分房企对计划运营管理的重要性认识不足，计划没有变化快，有时候上午定的计划，下午情况就变了，认为计划没有用。

遇到这种情况，我们通常会以太阳为例子来说明：

—— 太阳每天都从东边升起，从西边落下，请问，有没有人给太阳制定计划？

—— 没有。

—— 为什么？

—— 因为太阳的东升西落不会变，制定了计划也没用。

—— 很好，没人给太阳制定计划，因为太阳的升起和落下不会变化。那我们为什么要做项目计划？

—— 因为有可能会变化？

—— 对呀，正是因为会变化，有可能变化，我们才要做计划。做计划是为了更好的应对变化。

有的房地产企业自己不做计划，拿施工单位的施工计划当了项目计划。

还有的制定了计划，但是一旦某个节点延期就跟着顺延，最后导致一延再延，整个计划最后被调整得面目全非。

要认识计划运营管理的重要性，我们首先要了解**计划运营管理四大作用**：

1. **开发系统构建** —— 房地产开发工作头绪繁杂，接口千头万绪，只有通过计划，才能将这些工作构建成一个系统，使之能够顺畅运转。

2. **目标管理基础** —— 大部分开发企业仍没有摆脱人盯人的原始管理方式，既使管理人员劳累不堪，也使管理顾此失彼。只有通过计划，才能奠定目标管理的基础。

3. **工作进度管理** —— 房地产开发周期长，周转慢，只有通过计划，才能加强各项工作的进度管理，提高项目周转速度和资金使用的效率。

4. **绩效考核标准** —— 只有将计划作为绩效考核的标准，考核的指标才可能量化。

为什么说计划运营管理要从战略到执行，从结果到过程？

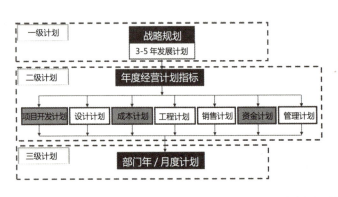

我们来看**三级计划管理体系**：

一级计划 —— 公司 3-5 年的战略规划。

二级计划 —— 公司的年度经营计划，包括：年度项目开发计划

三级计划 —— 部门的年度和月度执行计划

从一级计划到三级计划，是从上到下层层分解，从下到上层层支撑。整个计划体系要扣成一个整体，在咨询的过程中，我们强调公司的各个部门要在一起，要从上到下，从下到上，非用心的整三个回合，这样做出来的计划体系才能稍微起点作用。

公司年度计划是公司战略落地的关键，部门年度计划是公司年度计划落地的关键，部门月度计划是部门年度计划落地的关键，那部门月度计划落地的关键是什么？

部门月度计划落地的关键5点：

1. **明确性** —— 每项工作的设定应明确工作的责任人及具体的完成标准，保证其可考核。

2. 可衡量 —— 按照工作事项的轻重缓急，标明权重；应以"零和原则"来判断，即完成为"完成"，没完成为"未完成"，不能以百分比来判断完成的情况。

3. 可达成 —— 通过尽最大努力最终可以达成，避免设立无效目标（太难或太容易都不合适）；日常反复发生的工作可以打包做成一项工作项目。

4. 相关性 —— 部门月度主要工作事项不宜过多，选择与公司计划有重大联系的 5~10 项工作为宜；对需要一定前提条件的工作，应该写明紧前条件的要求。

5. 时限性 —— 对工作内容的完成，要明确开始时间、完成时间。

以上 5 点，如果有 1 点做得不到位，那整个计划的有效性打 5 折，立马不及格。

大理万诚咨询案例

第一次为万诚做管理咨询时，其正在为苍洱大观项目的二期（叠拼别墅）做准备。

在辅导计划运营管理的时候，我们要求项目团队制定苍洱大观的项目开发计划。通过对政策研判政府国庆前后有此较大的可能要出台政策，收紧房地产信贷。为了避免风险，苍洱大观项目必须要在国庆节前要收到按揭款，但是从现在 6 月 30 日到 9 月 30 日，工期只有短短 3 个月。

当时大理取得预售证的条件：地上 2 层主体框架完成。

现场的情况：整个大理地区施工节奏非常缓慢，以前一期的土方还堆放在二期的施工场地，如果清运出城需要 2 个月的时间。二期的施工图已经完成、但还没开始招标。

情况紧急，万诚当天晚上就约定施工单位，土方转运 3 天内进场开工。

我们辅导项目团队连夜制定项目计划，经过多方案必选，最后决定：

土方转运到三期场地，招投标同步进行，20 天之内完成。

基础由 30 天压缩到 20 天

首层施工由 20 天压缩到 15 天

二层施工由 15 天压缩到 10 天

预售证办理：7 天

按揭款办理：7 天

合计：79 天，剩余 10 天左右，机动调节。

最后终于在限购前一天拿到了按揭款，国庆后果然出台了收紧信贷的政策，万诚通过计划运营成功，避免了一次重大危机。

山东九星咨询案例

山东九星集团是我们另一个老客户，当时正值九星的一个新项目上马，老总决定在新项目上试行绩效管理，拿出了一笔丰厚的奖金。我们辅导项目团队梳理了详细的项目开发计划，对项目开发计划中的每一件事责任到部门，然后测试每件事情对项目的贡献程度，再换算成积分。比如：报建部门只要在计划时间内拿到施工许可证，就可以立刻到行政部去登记相应的积分，积分直接影响到项目奖金的多少。

在第二次去为九星提供管理顾问服务时，我们发现员工汇报工作都是跑着去的。

计划运营管理可以帮助我们提高公司的整体运营效率，而不是单个部门的效率，原因就在于，通过科学的计划体系，将公司的各个部门串成了一个有机的整体，共同进退，统一作战。

◆ 2. 好钢用在刀刃上——全成本管理

黄金贴在哪里更有价值？

新理想华庭位于珠江南岸，紧邻广州大桥，外墙贴黄金，楼顶是棺材样式，取升官发财之意，被评为当年的十大恶俗建筑之一。

我们不禁要问：住在里面的人，他们真的在乎墙上贴不贴金吗？把这笔花费用来改善小区配套是不是更有价值？

外墙贴黄金是过分了点，那全玻璃幕墙、澳洲进口砂岩、西班牙风格呢？客户真的需要吗？如果客户不需要，我们却花了大价钱，冤不冤？

我们说好钢要用在刀刃上，房地产项目的刀刃就是客户的需求，偏好。

成本管理三级跳

我们把成本管理分为三个级别：

1. 成本核算 —— 花多少算多少，就是记个账而已，谈不上成本管理。

2. 成本控制 —— 少花点，少算点，开始缩减成本，但只是一味地降成本和节流，费力不讨好，花了大力气，效果甚微。

3. 成本管理 —— 算多少，花多少，开源节流，做价值工程，花小小的力气，效果又非常明显。

前面我们讲过一个案例：680VS1680多出来的 1000 谁出？从价值工程的理念出发，我们在一个项目上花费的资源是有限的，客

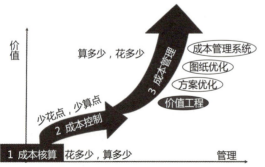

户的需求和偏好,我们要满足,甚至要超出客户的期望;客户不在意的,不需要的,尽量缩减,**有限资源,优化配置**。这就要求我们在项目策划定位阶段,精确地锁定目标客群,对目标客户需求做深入的分析和归类,分清楚目标客户的:一般需求、真实需求、偏好。只有这样我们的成本管理才能做到有的放矢。

目标成本管理

成本管理的关键是前期要做好成本规划,即目标成本管理。目标成本不是一蹴而就的,从成本估算到成本测算再到成本概算,最后到施工图预算,形成目标成本控制指导书,这是一个逐步清晰和明确的过程。

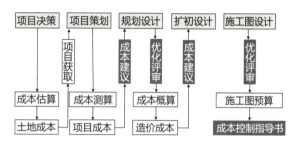

【和龙咨询案例】

山东某项目不做成本规划,后面出现问题。

一次在做项目策划定位评审时,我们发现项目策划定位没有做成本规划,提出来时,老板说现在想也想不清楚,以后再说吧。这个事就这样过去了。

几个月后,我们正在为另一个客户做管理咨询,接到这位老板打来电话,请我们马上过去,有急事需要我们帮助解决。

飞过去,一问,是因为桩基的事搞得项目停了工。

研发部要用一种专利桩,采用新技术和新产品,成本部觉得划不来,比一般的桩要贵40%,两边争执不下,然后找营销部定标准,营销部觉得"怎么能让我定标准呢?"研发部,成本部,营销部三方扯皮,一直定不下来,项目也停工了。

其实这就是没有做成本规划的问题,前期营销部要根据客户需求定标准,准备卖多少钱?量入为出,成本部门要做成本规划,研发部门再根据客户需求和成本规划做技术解决方案。

中铁建设集团房地产公司的降本增效措施

中铁建面对"低成本"的"新常态",认识到降本增效的重要性与紧迫性,在我们的系统辅导下,在降本增效上进行了积极的尝试:

1. 成本管理工作紧紧围绕管控目标,注重项目成本前置管理工作,同时加强项目成本过程管控,确保各项目成本均在可控范围内。

2. 强化设计阶段的成本管控。经过反复论证,出台了《房地产开发项目成本内控指标》,对开发项目的技术指标和经济指标均做出了合理限定,并通过限额设计方式从设计层面确保了产品在设计阶段的成本可控性。

大型国有企业都已经如此重视降本增效,我们看到很多民营企业还在迷迷糊糊过日子,不知他们还能优哉游哉到几时？

郑州写字楼全玻璃幕墙

在为郑州一房地产公司做管理咨询时，受邀参观该公司准备开发的写字楼项目，老板亲自在沙盘边上为我们做介绍，重点介绍了高大上的全玻璃幕墙。于是我们就提了一些问题：

—— 你的写字楼准备卖 2 万一平方米？

—— 没那么高。

—— 一万五？

—— 不到 1 万。

—— 人家 2 万一平方米的也没有这么整的啊！

然后我们问营销经理：有客户来看过了吧，他们有没有对玻璃幕墙表现出很大的兴趣？

营销经理翻开访客记录表：来访了 30 几位客户，没有一位对玻璃幕墙表现出很大兴趣的，反而有 6 位客户提出，采用全玻璃幕墙会增加他们对光污染和温度的控制成本，觉得有点浪费。

这时候老板心里开始打鼓了，原本准备花 4000 多万做玻璃幕墙来提升项目品味，立刻问设计经理，看能不能把外墙方案改一改。

我们提醒：先对客户需求做深入分析，再决定如何调整方案。

在为保利置业辅导时，他们分享了一个案例：某商业项目设备采购方案比选，方案一：普通空调系统，经济实惠，后期运营和维护技术成熟，稳定，但广西自然环境好，温度适宜，用空调的时间少，实用价值不高。方案二：新风系统，适合广西的自然环境，采购成本比空调系统多 5000 万左右，由于是日本专利产品，意味着独此一家，如果出现状况，维护响应速度慢、成本高，甚至可能漫天要价。如果你是决策者，你会选哪个方案？

在成本管理方面我们曾辅导过的企业有：保利置业、富力地产、云冶正基、招商华侨城、莱蒙国际、大庆顺峰地产、北京恒盛集团、中天城投、融科智地、成都金马投资等企业。我们和这些企业的高管们做了深入的探讨，分享彼此的经验和感悟。

◆ 3. 三个重要转型，客户价值导向——组织管理

房企组织变革仍离互联网太远，别怪毛大庆们离开

在房地产业高管离职率高企的背后，其实是整个地产行业集体的不安，以及互联网思维渗透等各方面因素共同作用的结果。

我们不难发现，高管离职的企业，恰恰是那些面对行业拐点和互联网冲击最积极应对的企业。但是，思维的颠覆必须要有组织的保障，否则就是假大空。房企传统的组织构架

恰恰与互联网思维相斥。当二者的冲突达到不可调和的程度时，随之而言的就是具备互联网思维的人出走。

高管们的离职，是否宣布了房企传统的组织管控模式已死？

传统组织，砸，舍不得，不砸，又不好使，真是哀其不幸，怒其不争，究竟要怎么搞？

雅居乐组织变革

为了管理扁平化，雅居乐撤销了原来的中间环节区域公司，将分公司再升格为区域公司，将区域公司和分公司进行合并，如惠州、惠阳、河源、花都、从化、长沙、沈阳这7个项目，原来都属于粤东公司，上一级公司为华南区域公司，现在华南区域公司被撤销，粤东公司升格为粤东区域分公司。

通过撤销区域公司，裁掉冗余的人员，雅居乐成功将以往"集团－区域－分公司"三级管控变更为"集团－区域分公司"的二级管控。架构调整优化后，集团总部的职能集中在制定策略、资金管理、产品标准化、优化及开发新产品；总部七团下辖的8个区域公司的权责则进一步加重，使决策更快、决定更贴合当地市场的情况，并配合"短、平、快"的策略，确保销售计划得以全面落实。

以往，佛山雅居乐部分业务需要通过区域公司再上传集团层面，以一个普通的广告投放合同签订为例，签字盖章要去到广州的雅居乐华南区域营销中心，中间耗费大量的时间。扁平化以后，日常的营销事务，只需要佛山区域的营销总监一个人签字即可，效率大大提高。

通过向区域公司放权，雅居乐精简了管理架构，有助于缩小管理半径，减少内部资源过多消耗或浪费，区域分公司自主权及决策权加强，有助于提高其应变的灵活度，从而能应对快速变化的市场，提高公司效益。

万科事业合伙人

始于2014年的万科的事业合伙人制度改革，具体设计了三个层面：

一是**跟投制度**，对于今后所有新项目，除旧城改造及部分特殊项目外，原则上要求项目所在一线公司管理层和该项目管理人员，必须跟随公司一起投资。员工初始跟投份额不超过项目峰值的5%。

二是**股票机制**，将建立一个合伙人持股计划，也就是200多人的EP（经济利润）奖金获得者将

成为万科集团的合伙人,共同持有万科的股票,未来的 EP 奖金将转化为股票。

三是**事件合伙**,根据事件,临时组织事件合伙人参与工作任务,项目中拆解原有部门职务划分,旨在解决部门中权责过度划分对企业整体长期利益的损害,跨部门"协同"联合找最优方案。

互联网时代了,企业都"自组织"了,"管控"思维还管用吗?是不是应该抛弃?大型组织尤其是集团型公司要如何适应互联网时代的商业环境?为什么在过去的时代,大企业能一统江湖,并维持着长久的地位?

以企业集团为代表的大型组织要勇于自我革命,不单在思维和商业模式上要互联网化,更要在内部的组织结构、层级关系、运行模式、人才管理、激励机制、流程制度等方面迅速互联网化。

我们提出房企的组织变革要遵循:**三个重要转型,客户价值导向**。

1. 从生产型转向服务型

我们要充分认识到房地产企业不是生产型企业,是彻彻底底的服务型企业,我们自己不设计图纸,自己不建房子,我们所做的是整合资源,服务客户。

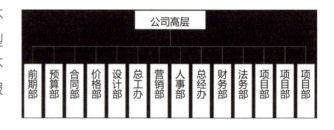

但是我们很多房企的组织架构设计一看就是生产型的组织架构,为什么?最典型的特征就是:设计技术部或工程技术部、总工办、预算部、企划部等,**以专业来划分部门,强调技术是生产型组织最典型的特征。**

服务型组织应该是:设计管理部、成本管理部……强调资源整合服务客户。

2. 从亡羊补牢到事前控制

《素问·四气调神大论》云"上工治未病,不治已病,此之谓也。"中医治疗之理同样适于房地产。"治",为治理管理的意思。"治未病"即采取相应的措施,防止疾病的发生发展。在企业管理上就是加强事前管控,避免亡羊补牢。加强计划管控,加强项目策划定位和目标成本规划,工程项目管理标准的制定……这些都是事前管控的措施。

3. 个人能力要组织化

企业单靠能人,靠英雄的力量是远远无法支撑的,所以,要保持企业顺利高速运营,关键是提升组织的能力,使个人能力转为组织能力,这样才能让一个组织的能力越来越强大,企业才会越来越越强大。通过组织设计,让老总在部门经理后面做支持,部门经理在员工后面做支持，把自己的丰富经验和资源分享给大家，成人达己，共建共享。

最后，要坚持客户价值导向

在传统的管理模式上，我们常常将决策层看作是大脑，将执行层看作是手足。执行层在遇到问题时，先在自己的权限内进行解决，超过一定权限，就要上报上一级去请示，上级收到问题后，又要向再上一级去请示，最后的最后到达董事长。在这样的管理模式下，以客户为导向必然会让位于以领导为导向。当客户与领导发生矛盾时，任何一个理性的人都会选择领导这一边。就是一些做得好一点的企业，也只是更加强调客户导向而已，很难彻底做到。

在互联网时代，市场上纷纷采取以客户为导向的命令链时，以领导为导向的命令链上的人员，将会越来越郁闷。这种决策模式将必然受到移动互联的强烈冲击。移动互联时代，要求我们真正以客户为中心。以客户为中心这话喊了不知多少年了，而我们传统的命令链却仍然是以领导为导向的。在移动互联时代，这只能终结。

在咨询过程中，我们发现很多民营房企的组织设计以国有企业为标杆，这是最荒谬的做法。因为计划经济的后遗症，国有企业的组织设计是典型的条块分割，各管一块，互不沟通，各人自扫门前雪，但是计划、成本、设计部门各执一端画地为牢，不横向沟通，项目如何推进？即使有横向沟通机制，也很弱，起不了作用，再者，沟通的路太长，太费力气，最后大家干脆放弃沟通。

◆ 阿米巴的中国版本

稻盛和夫经营模式有一个基本的管理框架，把公司细分成所谓"阿米巴"的小集体，并委以经营重任，从而培育出许多有经营者意识的领导者。中国企业也在试图导入阿米巴经营。阿米巴经营导入中国企业时，会遇到怎样的问题？这种时候我们往往需要冷静分析稻盛成功的要素和我们自身的情况，贸然导入，必然会付出不必要的代价。"在学习日本成功经验的同时，要结合企业的实际情况进行改造，不能生搬硬套，这才是中国式阿米巴的精神。"对于阿米巴经营中国落地，钟智先生结合多年研究和实践经验，总结出4个关键因素：关键一：将"利他"作为经营的意义

关键二：从"知行合一"体现领导者执行力

关键三：既要集中管理，也要尊重个性

关键四：权力下放的时机把握必须结合时间和空间

那么，阿米巴经营到底是否适合于中国企业？中国企业该如何进行权力下放呢？这些问题确实需要企业家进行冷静思考。

◆ 海尔华为"砸组织"的背后——互联网时代的组织诉求

张瑞敏在掌管海尔之初，曾经砸过冰箱。究其原因，是为了适应市场法则，即大量销售阶段，消费者对质量稳定的产品的渴望。

如今的海尔在张瑞敏的带领下"砸组织"，来进行组织结构的变革，并由过去的科层制的结构变为平台型结构，海尔叫作"外去中间商、内去隔热层"。内去隔热层就是将内部的管理层去掉，将在全国的 2800 个县的信息和总部的信息中心直接连在一起，而中间管理层的 4000 多人全部都要下岗。这样做是为了适应市场法则（也就是市场营销阶段），并满足消费者个性化需求。用张瑞敏的话讲：一定要转型，主要是互联网带来的挑战。

同样，我们看到了华为也在"砸组织"，其轮值 CEO 郭平提出华为今年（注：2014 年）的重点工作之一就是"公司运作要从以功能为中心向以项目为中心转变"。

扁平化：打通决策链

平台化：打通内部利益链

生态化：打通外部利益链

团队不是人多，是心齐。心怎么齐？通过绩效来指挥，统一协调人、事、钱，奏出和谐的乐章。

要降本，要增效，用户体验还要好，难不难？太难了！怎么办？还要不要降本增效？借助"互联网+"，让"多快好省"成为可能。

6 "E+",让"多快好省"成为可能

> 房多多"一键直约",Uber 精英小团队,360 摇一摇,成本要下去,效率要上来,体验还要有保障,无解!E+ 让你轻松解开千千结。

◆ 房多多"一键直约",降本增效的极致

房多多的"一键直约"横空出世,大家傻了,原来鸡蛋可以这样站起来!

所谓"一键直约",即只要买卖双方达成一致,买家可以直接联系到业主,买卖双方完全可以在没有经纪人的场景下完成整个交易。同时,用户在交易中遇到任何问题都可以通过平台专属顾问进行全程一对一的咨询,专属顾问会提醒、跟进和确认买卖双方"一键直约"后的情况,确保他们及时有效的连接。

房多多把人们带入一系列思考,比如:中介为什么需要门店?100 万的房子和 1000 万的房子,中介服务一模一样,为什么相差 10 倍的佣金呢?中介服务到底值多少钱?

◆ 衣布到位

衣布到位是一个以广州服装为主的服装加工网站,致力于改善和解决柔性供应链中买卖双方的痛点。改善采购方找布难,开发周期长,采购成本高,面料品质不合格等问题,为公司采购方面提供一站式解决方案。解决面料销售方找客户难,客户忠诚度不高,档口租金贵成本高等问题,实现客户和商铺的无缝对接。为面料买卖双方提供第三方交易担保,提升效率重构纺织产业链。其策略如下:

【精准找布】通过拍照、语音、关键字等多样化的搜索方式,只为更精准的寻找合适面料。

【免费布样】免费布样色卡邮寄到你手中,直接感觉面料质感,无须担心图片判断失误。

【价格优势】通过对面料供应商评级，筛选，保证与市场价格同步，在同品质中保证价格优势，无须货比三家。

【大货客服】专业面料跟单，品控全程陪同，售前售后轻松尊贵。

【柔性供应】聚焦快时尚，电商品牌，以小批量，快速供应为宗旨，以销定产，为服装品牌消灭库存，保驾护航。

◆ 智慧社区

物业管理是一个高成本、低利润的行业。人力资源成本占据了企业整体支出的 50% 以上，加大管理人才的投入，合理地配置人员，合理地节省人力资源成本才是最好的途径，一味地强调节省人员开支而造成服务人员的缺失，短期看会有利润，一旦造成管理的无序，将来整改所花费的钱要远远超过短期的利润。而物业服务收费难是行业中一个普遍而又现实的问题，甚至现实中没有一个企业能做到费用收交率 100%。入不敷出的企业就无法生存，无法持续提供良好的服务。

智慧物业管理系统，能实现智慧化管理，使业主们能方便地找到业务解决问题，物业人员也能用最便捷的方式帮业主解决问题，这不得不说是双赢的局面。另外，一些传统的人工服务完全可以用智慧化的硬件设备代替，在节省物业管理成本的同时，也提高了效率。

任志强，号称"任大炮"，周鸿祎，号称"红衣小炮"，2015 年 5 月 20 日华远地产与 360 公司合作伊始，如今"二炮联合"，目的正是大热的智慧社区和智能家居。

方兴与腾讯合作后，其旗下社区将全面融入腾讯的 QQ、微信、游戏等系列产品，通过智慧工程将智慧设备全面融入用户家里，真正地形成智慧家的概念。

◆ Uber: 精英小团队

Uber 进入任何一个城市以后都招聘三个人的小团队，包括城市经理。只要试运营数据良好，就说服总部放手去做。招募了三个人跟一个新的创业团队一样，在本地可以做任何的决定。

事实上所有的核心数据、运营东西也在总部，不需要对后台进行管理，更多的就是在运营，营销等等。

这个精英小团队像创业公司一样运作，几乎可以做当地任何一个相关的决定：寻找合作伙伴，怎么定价，吸引什么类型的用户，怎么和媒体打交道等。

◆ 丰田的供应链管理

丰田公司始终秉持着与供应商"共存共荣"的原则，其理念内容即：一、整车厂与供应商共同实施改善。二、没有供应商的参与丰田生产方式就不可能真正发挥其威力。三、丰田汽车公司的竞争力在于其供应链的竞争力。

丰田花费大量的时间在"确定和评估潜在供应商"上，考虑了除价格外的其他很多因素，目标是建立长期的相互信任的协作关系。评估后，丰田和关键部件的少数供应商建立起长期的供货协议。这并不意味着供应商就可以高枕无忧。恰恰相反，丰田从多维度持续地评估这些供应商的绩效，包括质量，可靠性，创意的提出等。当然，也包括成本。因为丰田给少数卓有绩效的供应商提供长期的协议，因此它们也愿意投入大量资金来满足丰田的特殊需求。丰田会提前把它的"新产品计划／规格"通知供应商。同时，供应商也会为丰田的设计工作提供帮助。丰田没有为了寻求短期利益而把它供应商的设计提供给其竞争对手，以获取更低的采购价格，因为这种短期利益弥补不了它对长期利益合作关系所造成的伤害。而且这样的话，其他的供应商也会知道丰田的行动，从而危害到这些重要的合作关系。

◆ 沃尔玛的供应链管理

供应商是沃尔玛唇齿相依的战略伙伴。早在 20 世纪 80 年代，沃尔玛采取了一项政策，要求从交易中排除制造商的销售代理，直接向制造商订货，同时将采购价格降低 2%-6%，大约相当于销售代理的佣金数额，如果制造商不同意，沃尔玛就拒绝与其合作。沃尔玛的做法造成和供应商关系紧张，一些供应商为此还在新闻界展开了一场谴责沃尔玛的宣传活动。直到 20 世纪 80 年代末期，技术革新提供了更多督促制造商将低成本、削减价格的手段，供应商开始全面改善与沃尔玛的关系，通过网络和数据交换系统，沃尔玛与供应商共享信息，从而建立伙伴关系。沃尔玛与供应商努力建立关系的另一做法是在店内安排适当的空间，有时还在店内安排制造商自行设计布置自己商品的展示区，以在店内营造更具吸引力和更专业化的购物环境。

沃尔玛还有一个非常好的系统，可以使得供应商们直接进入到沃尔玛的"零售链接"。任何一个供应商可以进入这个系统当中来了解他们的产品卖得怎么样，昨天，今天，上一周，上个月和去年卖得怎么样。他们可以知道这种商品卖了多少，而且他们可以在 24 小时之内就进行更新。供货商们可以在沃尔玛公司的每一个店当中，及时了解到有关情况。

另外，沃尔玛不仅仅是等待上游厂商供货、组织配送，而且也直接参与到上游厂商的生产计划中去，与上游厂商共同商讨和指定产品计划、供货周期，甚至帮助上游厂商进行新产品研发和质量控制方面的工作。这就意味着沃尔玛总是能够最早得到市场上最希望看到的商品，当别的零售商正在等待供货商的产品目录或者商谈合同时，沃尔玛的货架上已经开始热销这款产品了。

◆ 摇一摇

360手机卫士的最新功能"摇一摇",开启之后只要摇一摇手机就有机会抽取大奖,领取红包,还能清理手机垃圾。另外还能自己定制手机的摇一摇功能,给用户带来很多方便。

◆ 万达广场的未来在哪里

万达广场转型互联网+,完全没有必要去模仿京东、阿里巴巴,你就围绕万达广场做,把全国万达广场和万达广场周边的区域都整上来,周边的对万达有没有冲击?当然有,但这个冲击迟早要来,迟来不如早来!这样才能促使自己升级,领着大家一起凤凰涅槃,保证体验,降本增效:

做一个运营服务平台,营销推广平台,金融平台。

否则等到阿里巴巴,京东,从线上到线下,再衍射开来,苏宁云购租万达百货,苏宁云购再把万达广场的其他商家整进去,你还有得玩?你所有的万达广场都是人家的了。

如果苏宁云购要走这步棋,万达广场已经没有机会了,现在唯一的出路,就是抓紧买苏宁云购的股份。

曾经有一份珍贵的机会放在我面前,我没有珍惜,直到失去才后悔莫及。如果上天能够再给我一次机会……

成本要下去,效率要上来,体验还要有保障,无解!"E+"让你轻松解开千千结。

7　激活个体，引爆小宇宙

> 能力 + 动力 = 给力，能力好培养，动力难激发，激励机制首要任务是解决动力问题。事业部合伙人制的探索，初见成效。特种兵！突击队！！尖刀连！！！

越来越多的人开始质疑经典的管理理论，在移动互联时代是否真的会过时？因为很多大咖都在谈去管理化、去中心化、去中介化、去 KPI。事业部合伙人制的探索，初见成效。

随着不断涌现的机会和可能性，原来是员工要了解企业的需求，现在是企业必须了解员工的需求，原来是成员必须要依赖于组织才可以创造价值，而今天其实是组织必须要依赖于成员才可以创造价值。这是一个知识雇佣资本的时代，员工与企业不再是服从和雇佣的关系，而是平等跟合作的关系。

对于一个企业而言，能够建设一支有活力的员工队伍是企业不断发展、不断创新的必备条件。**能力 + 动力 = 给力**。能力好解决，企业大学解决能力的问题，动力问题最难解决。**激励机制要解决动力问题，如何解决，要遵循人性**。

马斯洛需求层次理论将人类需求像阶梯一样从低到高按层次分为五种：生理需求、安全需求、社交需求、尊重需求和自我实现需求。

简单来说：假如一个人同时缺乏食物、安全、爱和尊重，通常对食物的需求量是最强烈的，其他需要则显得不那么重要。只有当人从生理需要的控制下解放出来时，才可能出现更高级的、社会化程度更高的需要如安全的需要。当然，当其中一种需要一旦相对满足后，也就不再成为激励因素了。

我们要解决动力问题，就要了解人性。针对每个个体需求的不同，满足每个员工独特的需求，动力问题就自然而然地解决了。

最高境界是成为使命感超强的特种兵！突击队！！尖刀连！！！

第七篇
黄埔西点铸千军

留人难，用人难，招人难，育人更难！没有人才怎么扩张？学习成就未来，学习力才是企业的第一竞争力。建立学习型组织，建设人才培养基地，百年树人是基业长青的头等大事。

丰田大学、摩托罗拉大学关门大吉？企业大学如雨后春笋一般，如何办好企业大学？运用【和龙三元】模型轻松构建卓越的企业大学。

"E+"时代的魔课：移动互联让我们飞跃时空，降本增效。碎片化的时间学习系统知识，降低学习成本；跨地域的网上交流实战案例，提高学习效率。

在供给侧改革和经济新常态背景下，促使企业做更多的转型和创新；企业要想基业长青，建设自己的企业大学，帮助员工快速完成知识体系的建构是不二选择。段传斌老师提出的和龙三元系统为企业大学的建设，提供了系统的思想、方法和工具，可谓恰逢其时，很值得学习和运用。

——段烨（学习项目设计师、培训技术畅销书作家、格诺威中国咨询首席技术官）

1　世界那么大，我想去看看！留人难！
2　无人可用，有人无用！用人难！
3　安得猛士兮，守四方？招人难！
4　育人更难！
5　企业大学：学习力是第一竞争力
6　"E+"时代，学习随时随地
7　"E+"商学院，定制你自己的企业大学

1 世界那么大,我想去看看!留人难!

> 董明珠 VS 90 后,最难挖的阿里人 VS 最好挖的百度人,潘石屹现代城"挖人事件"。我把心都给你了,为什么还是留不住你!

◆ 90 后 vs 董明珠

来一场说走就走的旅行

【段子】80 后 85 后 90 后:世界那么大,我想去看看!来一场说走就走的旅行。

老板:你为什么辞职?

90 后:同学都换了几家公司了,我还在这一家干,多没面子。

事后老板:我把心都掏给他了,他还是要走!

智联招聘发布的《2014 年秋季白领跳槽指数调研报告》显示,90 后职场新人中,有跳槽想法的人数已超过一半。

每当问道:"你会在现在拥有并喜欢的岗位上干一辈子吗",许多 90 后都会诧异地反问:"**干一辈子?你想太多了!**"

董明珠入职培训第一课

"你们是**未来格力电器发展的栋梁**,你们比任何事情都重要,我今天来到这里,和你们一样,带着激动的心情,想看看你们这些可爱的大学生。"

"未来什么样子**掌握在你们自己的手上**。我只**提供平台,提供机会**,谁能抓住机会,谁就能走上这个平台,**一切取决于你们自己**。"

随着社会的发展，90后已经成为企业发展的生力军。面对90后的频繁跳槽，我们要如何留人？

◆ 最难挖的阿里人 VS 最好挖的百度人

阿里巴巴是所有互联网巨头中最喜欢给员工灌输价值观、营造企业文化的公司。"江湖"传言阿里的人，工程师都被洗脑，很多猎头也表示阿里的人最难挖。马云能把自己的梦想和价值观源源不断地灌输给你，用其"扭曲磁场"

使得你产生认同并与之共同努力。某位阿里员工表示："阿里巴巴也没有宗教式的崇拜，我们**崇拜的是自己，崇拜自己的事业**。"阿里员工难挖，很重要的一点是因为他们认为在阿里是在为自己做事情，当然，阿里巴巴工资高也是不争的事实。

阿里巴巴员工：我感觉我是在为自己做事，不是为公司。

百度员工：推崇狼性，公司内部压力太大。

3B大战之后，百度在内部反思中提出要推广狼性文化，要求员工要以结果导向。百度一些老员工说，"在百度比较怕的是新人，老员工和新员工永远在一个起跑线上在竞争，论功劳，不论苦劳，优秀人才可以不拘一格地被提拔上去。对于新人而言，这是一个很好的竞争环境；然而对于老员工而言，来自内部的竞争压力未免也太大了。"

百度的狼性文化让所有员工都保持了一颗时刻学习的心，也把很多老员工推向了竞争对手的怀里。同时成就了"百度的人一挖就走"这句话。

◆ 潘石屹与邓智仁的恩恩怨怨

1999年4月，潘石屹从青藏高原出游归来，氧气尚未吸够，便遭遇了当头一棍：在公司任策划总监兼潘石屹策划导师的香港人邓智仁跳槽到了竞争对手那里，离开现代城以后，邓智仁利用高额报酬的诱惑以及潘石屹实行"末位淘汰"给销售员带来的压力，与潘石屹的现代城对面的中国第一商城联手导演了震惊业内的**"挖人事件"**。

潘石屹回到北京，才知道出了大事。负责销售的总经理说大概50多个销售人员一个都没了，全都不见了。而潘石屹给销售人员们打电话，不是关机，就是不接，更有甚者接了电话，很明白地告诉潘石屹，"不陪你玩了"。原来，邓智仁已经将现代城的精英销售人员高薪挖走了，最后一共走了23个人。

◆ 房地产界的离职潮

2014年,有机构不完全统计,A股上市房企共有81名关键管理人员离职,较2013年全年增加超七成,涉及万科、龙湖、招商、碧桂园、佳兆业等大型房企,不乏肖莉、毛大庆、林少斌等耳熟能详的大咖名字,特别是随着"互联网+"和创业大潮来袭,其中相当一部分高管投身互联网创业大军,响应李克强总理的号召。

中小型房地产企业面临的最大问题就是留不住人才,这是老板最大的苦恼。在全国各地的招聘网站上,房地产行业的招聘是最火爆的,从文员到总经理,都有大量的人才缺口。与此对应的是员工高流动率,尤其是中层干部以下的员工,流动非常快,有时甚至能达到30%~40%的流动率。

◆ 留人难的七大原因

1. 薪酬待遇不理想;
2. 缺乏晋升机会;
3. 文化生活不具凝聚力,职工对企业感情淡漠,企业缺乏凝聚力;
4. 大多数员工不愿意做老板希望他做的事,80后不如70后,90后不如80后。社会的发展,追求享受已成为每个人的愿望;
5. 员工把自己的利益、前途、归宿放在第一位,越来越看重眼前的利益;
6. 员工开始看重的是精神层面需求,例如工作的环境是否称心,职业是否感兴趣,工作中是否开心,有没有好的伙伴,是否符合个人的价值观等等,每个员工都有更高的精神上的追求。
7. 员工的流动性增加:一是出现了一批跳槽族,就是靠跳槽来实现涨工资的愿望;二是高工资、高资金不再是留住人才的条件,而许多老板还把高待遇当成留住人才的唯一条件。

铁打的营盘流水的兵

时代变了,人们沟通更方便,人才流动更加频繁,留人比以前难了!这是不可避免也是很正常的,而且会越来越难。

有人就说,要是我自己有人、就不怕别人走了,走一个我培养两个嘛!但是怎么才能自己有人呢?当然是自己培养了,**这里对企业自己培养人才提出了要求**!

宝安地产董事集体辞职，万科高级副总裁、成都区域本部首席执行官莫军申请提前退休，金融街广州公司董事长、金融街控股副总经理郑周刚申请辞职，星河湾副总裁张学凤离职，花样年控股执行董事王亮辞职……这背后或许有各种各样的原因，但不可否认的是大部分企业都面临留人难的问题。

对员工的忠诚与关怀是留住人才的有效举措之一

很多德国人进入了一家他们认为很棒的好公司之后，服役20年以上的很常见，甚至有些终身不换东家——在宝马工厂，就有很多不足60岁的工人，却在宝马干了40年上下。随处可见的员工忠诚度是德企的特色。当然，他们认为是雇主先对他们好，因为任何"忠诚"都是双方的。

罗兰贝格战略咨询公司的创始人及监事会主席罗兰-贝格（Roland Berger）点评说：德国企业，或者说欧洲企业对员工的尊重，已经成为欧洲特色，主要体现是关怀普通员工的身心健康。但在美国企业看来，股东价值可能更重要。发展到今天的规模，中国企业家接下来该怎么走，可能需要找一条最合理的路。未必是欧洲模式，也未必照搬美国模式。

让人才有用武之地、有安居乐业之所，是留住人才的重要的举措之一。

留人确实难，用人呢？让人才有用武之地难道就容易吗？

2 无人可用，有人无用！用人难！

> 秦王招贤榜找才子。联想为什么Hold不住孙宏斌们？有能力更有个性。没能力的不顶用！懂人，方能用人；用人，方能成仁。万科：没有人才，再赚钱的项目也不做。

【段子】两个食人族到IBM上班，老板说"绝对不许你们在公司吃人，否则我立刻开除你们！"三个月下来大家相安无事，突然有一天老板把两个食人族叫到办公室大骂一顿："不让你们吃人不让你们吃人，还吃！明天你们不用再来上班了！"两个食人族收拾东西离开IBM，临出门时一个忍不住骂另一个："告诉过你多少遍不要吃干活儿的人，**三月来我们每天吃一个部门经理，什么事都没有，昨天你吃了一个清洁工，立刻就被他们发现了！**"

◆ 美国又出现了一个"斯诺登"

2014年6月，美国国家安全局（NSA）前雇员爱德华·斯诺登曝光了该局的"棱镜"监听项目，引发了全球各个国家对于美国政府间谍活动的警觉和抗议。

同年8月美国官员判断，从一家专门"爆料"政府情报机构内部工作信息的媒体最近报道看，美国可能存在"斯诺登二号"，私自向媒体提供秘密文件。

斯诺登还没抓住，美国又出现第二个泄密的？

◆ 秦孝公启用商鞅

如今随便走到那个地方，都能看得招聘广告。其实在战国时代，第一个发这种东西的人，是一个二十一岁的青年。他叫渠梁。后来，他有了自己的谥号，人们称他作"秦孝公"！他发的招聘广告叫作《求贤令》，内容也跟今天千篇一律的招聘启事大不相同。

通过《求贤令》秦孝公广纳天下贤士，其中有一个被梁惠王无视的卫鞅，看到了这则招聘广告，启程去了当时布衣士人们不大愿去的秦国，后面才有了后面的商鞅变法。

◆ 联想 Hold 不住孙宏斌

在过去很多年的一段公案中，关于柳传志与孙宏斌的恩怨，早已经成为历史。柳传志大获全胜，巩固了其在联想内部的控制权，而孙则锒铛入狱，在铁窗中度过四年时光。

耐人寻味的是，几年后，当柳在其钦定的接班人无法完成企业战略，逼得他不得不出来重整山河，亲自上马的时候，孙宏斌却成为地产黑客，以黑马之姿，重新崛起，并且逐步有地产行业新一代王者的气象。

钦定的接班人无法完成企业使命，被企业领袖驱逐的人反而成大器，为什么出现这种奇特的现象？

◆ 万科：没有人才，再赚钱的项目也不做

万科的两次扩张：万科历史上有过两次扩展，结果大相径庭。

第一次是在 1992～1993 年，一下子将房地产业务扩张到十几个城。结果是彻底失败。原因是什么？不是没有好项目，不是没有市场机会，而是专业化管理跟不上。

一个企业的运作依赖于个人素质而不是企业整体素质时，它就缺失一种发展的基础。市场告诉万科，为了发展，必须突破专业化这个瓶颈。

1995 年，万科提出了专业化的道路。并用了长达十年的时间来完成第一次专业化，为其顺应市场集中的趋势、布局全国市场、扩大市场份额奠定了坚实的基础。

当年 5 个项目运作时，万科为找合格的总经理发愁；今天 100 多个项目运作时，万科的管理队伍仍然绰绰有余。

◆ 诸葛亮用人之难

在人才的使用上过于谨小慎微，不敢越雷池半步，有时也会适得其反。诸葛亮因任用马谡驻守街亭而导致街亭失守后，在人才的使用上，只限于"五虎上将"及其子弟等，而在新人的提拔及选用上却少有建树，特别是在蜀国本土人才的

选用上，以至于蜀国的土著人他们进不了高层，对蜀国政权的没法参与到不参与，从心理上产生距离，致使蜀国政权根基不稳。在蜀国后期，关张两员大将去世以后，蜀国可用的人才就捉襟见肘，甚至出现了无人可用的程度，以至于出现了"蜀国无大将，廖化作先锋"的情况。

◆ 某老板：我们这里的人素质不高，学不来精细管理

我们为一家北方的房企做咨询时，该房企老板抱怨：

"我们这里不比南方是改革开放的前沿阵地，又是一个地级市，员工的整体素质不高，实行精细化管理有难度，能不能帮我们介绍一些广州、深圳等地的精英人才。"

问："你们这里有没有麦当劳，肯德基？"

答："虽然是小地方，这些还是有的。"

问："他们是在本地招的员工吧？"

答："是的。"

问："那这里的肯德基和广州的肯德基比起来，口感有差吗？服务有差吗？"

答："我明白了。"

在中国的外资企业普遍反映：**在中国办企业最大的难题是用人**。

中国改革开放 30 年，是飞速发展的 30 年。我们可以用 30 年的时间把人家 50 年甚至 100 年的硬件建立起来，但是想用 30 年的时间把 50 年的思想学会，太难了。

有能力的更有个性，没能力的不顶用！

有这样一个段子：

经理对老板说："小王这家伙简直不可救药！他整天打瞌睡，我都给他换了三个工作部门了，可他仍然恶习不改。"

"让他去卖睡衣吧。在他身上挂一块广告牌：优质睡衣，当场示范。"老板说。

我们经常会听到企业老总抱怨：有能力的有个性，没能力的不顶用！其实，职场没有无用的人，只有用错地方的人。

◆ 懂人，方能用人

企业间的竞争归根到底是人才的竞争，人才是企业的第一资源，是科技进步和社会经济发展最重要的资源和主要推动力。哪个企业吸收并聚集了优秀人才，就获得了竞争的主动权，就会在激烈的科技和经济竞争中立于不败之地。

我们看大咖是如何用人的。

柳传志：办公司就是办人

1. 寄予希望让其能够忍受，考验其忠诚；
2. 赛马不相马，有本事就拉出来遛遛；
3. 给予压力让其乐于折腾，锻炼其能力；
4. 共享利益，上同一条船，捆绑命运；
5. 搭建平台，给做大事的机会，让其施展才华。

张瑞敏：用人要疑，疑人要用

张瑞敏说："什么是人才？**做得了事，吃得了亏，负得了责！用人要疑，疑人也要用**！"

"用人要疑"，主要是指约束和监督机制，用了的人不等于不需要监督，疑问在先，就能把可能产生的风险降到最低。

"疑人要用"，就是在其人格、能力不确定的情况下，观察、选拔和使用他，免得埋没人才和浪费人才。敢用疑人，会用疑人，才能保证企业的人才用之不竭。

李彦宏：用人从不看毕业院校

李彦宏表示，百度并不看重员工的年龄、性别、学历、毕业院校以及工作背景。甚至有些重要岗位上的人，百度并不知道他们的毕业院校。

李彦宏列出了百度选用人才时基本遵循的两条标准：有没有能力和潜力胜任工作？认同不认同公司文化？

周鸿祎：五类员工不能用

创业不易，辨人更难。反思过往，有五类员工不能用，如不能迅速处理，就会影响团队的凝聚力，有害无利：张嘴说谎的，自我膨胀的，心胸狭窄的，吃里扒外的，拉帮结派的。

俞敏洪：小企业不要用太强势的人

小企业和大企业也有区分，小企业最好不要用太强势，能人，尤其是倚重一个能人，否则很容易搅局使企业发展不稳；但大企业就可以用强势能人，因为同时用很多能人，之间就互相制约了。企业的用人之道在于发挥每人才华保持人才心态平衡，企业才会稳定，这样才能把事情做大。

留人难，用人难，那就招好用的人，好留的人吧。下面我们来看看招人怎么样难不难。

3 安得猛士兮,守四方?招人难!

万科实施海盗计划、雷军花 80% 时间找人,阿里空降兵全军覆没;招进来留不住;商场如战场,商战就是人才争夺战,数字时代的国际资本角逐,人才争夺更为惨烈!

【段子】一位高材生到某公司去应征。条件完全符合工作要求。

老板问:"你想要什么工作环境和待遇?"

他说:"我想一个月薪水 10 万,一年有一个月让公司用公费让我出国,公司还要用公费让我租房子!"

老板说:"我一个月薪水给你 20 万,一年有两个月公费让你出国,还有公司还送你一栋房子吧!"

那个人惊讶地说:"不会吧,这么好?该不会是跟我开玩笑吧!"

老板说:**"是你先跟我开玩笑的!"**

◆ 纽约时报:北京连续雾霾,南方公司趁机挖人

据 2015 年 12 月 23 日纽约时报中英文版,北京已经接连两次发出雾霾红色警报,而来自一些南方城市的企业则发布招聘启事,把健康的生活环境和清洁的空气作为卖点,试图吸引生活在北京的优质人才。

◆ 雷军：花 80% 时间找人

雷军：小米团队是小米成功的核心原因。和一群聪明人一起共事，为了挖到聪明人不惜一切代价。如果一个同事不够优秀，很可能不但不能有效帮助整个团队，反而有可能影响到整个团队的工作效率。真正到小米来的人，都是真正干活的人，他想做成一件事情，所以非常有热情。来到小米工作的人聪明、技术一流、有战斗力、有热情做一件事情，这样的员工做出来的产品注定是一流的。这是一种真刀实枪的行动和执行。

所以当初我决定组建超强的团队，前半年花了至少 80% 时间找人，幸运地找到了 7 个牛人合伙，全是技术背景，平均年龄 42 岁，经验极其丰富。3 个本地加 5 个海归，来自金山、谷歌、摩托罗拉、微软等，土洋结合，理念一致，大都管过超过几百人的团队，充满创业热情。

如果你招不到人才，只是因为你投入的精力不够多。我每天都要花费一半以上的时间用来招募人才，前 100 名员工每名员工入职都亲自见面并沟通。当时，招募优秀的硬件工程师尤其困难。有一次，一个非常资深和出色的硬件工程师被请来小米公司面试，他没有创业的决心，对小米的前途也有些怀疑，几个合伙人轮流和他交流，整整 12 个小时，打动了他，最后工程师说："好吧，我已经体力不支了，还是答应你们算了！"

◆ 万科"海盗行动"

2000年前后,是万科的高速扩张阶段,深圳市政府力推土地交易市场化,拿地相对容易了,但是万科内部管理流程不规范,人才流失严重。

2001年至2002年,万科通过"海盗行动"从中海地产大规模吸纳高级职业经理人,一下从外部引进了50～60位高管人才。曾经一度,万科20多个一线公司的第一负责人中,有1/3左右源于海盗行动。

王石曾经在自传中透露,中海有严密的人才培养体系,许多优秀员工都是从最基层的工作做起,经过系列精细的产品制造培训,对成本和流程有非常深的了解。在中海成长为中高级职员的,几乎都是业内的佼佼者,万科完全有理由对中海内地公司及香港公司的人才青睐有加。

海盗行动暂时解决了万科扩张的需求,但最终结果呢?

空降人才成长背景不一样,价值观不尽相同,以致企业文化与空降人才出现根本冲突,最终导致管理层的动荡,这些挖来的人,最后也没留下多少。

作为应聘者,大多数眼高手低,很少人能站得高看得远做得实。

作为管理者,对应聘者要求又偏高,很难找到为自己量身打造的人才。

一方面是招聘单位的求贤若渴,另一方面是求职者的启而不发。都想找优秀的人,但优秀的人又非常少,选择太多,反而不知道怎么选择。

管理大师吉姆·柯林斯在《从优秀到卓越》一书中写道"商界人士最重要的决定不是如何做事,而是如何聘人",领导者的首要任务是选才,其把"先人后事"作为从优秀到卓越的八大原则之一。

Valve(美国维尔福软件公司)更是认为"招聘是最重要的事情,没有之一"。

Netflix(硅谷最具创造力与竞争力的公司之一)把吸引行业中顶尖人才作为公司的最重要的战略。

通用电气公司总裁杰克·韦尔奇在一篇关于招聘的文章时也用到了"招聘是挺难的"一词，说明即使是伟大的公司也面临人才招聘难的问题。

人才招聘对于企业来说如此重要，甚至决定企业的生存和发展，处于快速发展中的中国企业，在人才招聘与决策上面临的挑战尤为严峻，超过80%的企业的人才招聘效果都满足不了企业经营发展的要求，人才招聘和决策已经是中国企业家和HR管理者面临的重大难题。

要找到为企业量身打造的人才，这种可能性非常低，比较好的办法是找一个可造之材，自己培养，**招人不如育人**。商场如战场，商战就是人才争夺战，数字时代的国际资本角逐，人才争夺更为惨烈！

4 育人更难!

> 顺驰一年从80家到800家的裸奔,极速扩张下,人才培养跟不上扩张速度;规模化扩张最大的不可控因素,是批量的人才培养,事关生死存亡。龙湖与飓风同样18年,差别何其大!

"到底要不要培养人才?"
"当然要!" 大多数人,不论职位高低都会这么回答。
"为什么呢?"
"没有人,谁干活?巧妇难为无米之炊。"
"市场上很难找到现成可用的人,不培养,根本用不成。"
"人才是企业的核心竞争力,也是企业持续发展的保障。"
"技术的革新,市场的变化,需要不断培养人才,才能适应变化的需求。"
……
德鲁克是指出:管理者必须培养人才。

◆ 顺驰极速扩张下,人才培养跟得上吗

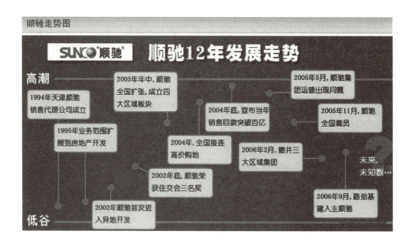

顺驰,是地产界的一匹黑马,到处宣扬要给行业带来新的气象,到处以自信的口气称要做行业的 NO.1 的狂人。2002 年顺驰拥有 80 家连锁店,2003 年就已经达到 800 多家。

所以顺驰的人才奇缺,一直在不断地招入新人。公司的高层平均年龄在 28 岁,刚毕业一两年的总经理更比比皆是。河北顺驰的敢于自己拍板以 5 亿多的价格拿地的负责

人才 24 岁。

我们开玩笑时会说，顺驰的老大就是孙悟空，拔一根毫毛吹一下，就变出了千军万马。人是有了，培训跟得上吗？

◆ 某公司与龙湖同样 18 年，差别何其大！

山西某地产公司与龙湖在同一年成立，如今龙湖的吴亚军已经任职董事，执行方面交给职业经理人。而该地产公司的老总还在为接班人的事发愁。他想将公司交由儿子继承，但是带了儿子 3 年，儿子还是没有能力全权接手。

培养一个被挖走一个，还要培养吗？

董明珠：人才问题成为困扰目前格力电器发展的最大问题。

一个大学生到我们这里，要经过 5 到 10 年的培养才算得上是一个人才。我们一年进来 1500 位左右的大学生，挖走十个八个我们压力不大，但去年一年我们就有几百人被挖走。是不是我们的待遇少？我们最高的一位顶级专家可以拿到 60 万元，但他还是走了，别人给三倍，180 万元。我们有 8000 技术人员，体量太大，做不到每个人给到 180 万元。

挖墙脚

道理都懂，而现实如何呢？人才培养跟不上人才跳槽的速度；人才培养跟不上企业发展的速度。究其原因，有下面几点：

1. 不少企业并没有把"培养人才"作为考核管理者工作成效的指标；
2. 管理者没有培养人才的意识，什么都自己干；
3. 管理者没有时间培养人才；
4. 管理者不懂得如何培养人才，培养方法不当。

◆ 管理者今天的挑战

移动互联正在改变着我们的工作、生活方式以及消费习惯。甚至于我们的价值观都面临着被颠覆的危机。

这一切正如德鲁克在《管理的实践》中预言的一样：新任务对管理者的技能、知识、绩效、责任感和诚实正直的品格都提出了更高的要求。

然而，不论技术如何进步，人并没有改变。现实是我们缺乏新人来承担这些艰巨的任务。

如何培养现有人才来承担更艰巨的任务？

建立完备的人才培养机制，不同的平台，培养人才的速度不同，不同的人，成长方式不一样，所以要建立系统的选用育留机制。

◆ 选人

你也许能教会一只火鸡去爬树，但还是找一只松鼠来得容易一点。

选人的好坏关乎一个单位的生死存亡。在各种失误中，决策失误是最大的，在决策失误中最大的失误是用人的失误。为避免用人失误，首先应把好选人关。

选人有哪些误区：

1. 寻找超人；
2. 武大郎开店 —— 只选比自己能力差的，能管得住的；
3. 高学历、高职称。

选人标准：

1. 要领会公司的战略意图，认可公司的价值观；
2. 要接地气，本地化；
3. 是可造之材。

美国的钢铁大王卡耐基的墓碑上刻着："一位知道选用比他本人能力更强的人来为他工作的人安息在这里。"

◆ 用人

唐僧是个好领导，对自己的目标非常执着；孙悟空虽然很自以为是，但是很勤奋，能力强；猪八戒虽然懒一点，但是却拥有积极乐观的态度；沙僧，从来都不谈理想，脚踏实地的上班。这四个人合在一起形成了中国最完美的团队。

一个人的缺点往往暗示着他的优点：

当你讨厌一个人急性子，你为什么看不到他的执行力？

当你讨厌一个人很强势，你为什么看不到他的决断力？

当你讨厌一个人说话绕弯，你为什么看不到他的思维缜密？

当你讨厌一个人行动缓慢,你什么看不到他的包容和淡定?

古人云:"人莫不有才,才莫不可用。才取其长,用当其宜,则天下之士皆吾臂指也。"

德鲁克讲:"作为一名有效的管理者,为了取得工作成果,必须要用人所长,不仅用同事、下属的长处,还要用自己的长处。"

用人原则:

1. 用德还是用才,不同时期不同岗位要求不同;
2. 合适的人放在合适的位置;
3. 扬长避短,发挥长处;
4. 用人也要疑,疑人也可用 —— 用人不疑,迟早乱套;疑人不用,无人可用;
5. 不求全责备;
6. 不论资排辈。

用人有道,则人才济济,人尽其才;用人无谋,则尽无可用之人,无人可用。

◆ 育人

很多老板不敢培养人才,主要是担心一旦这家伙翅膀硬了,肯定要飞走,说不定成为自己的竞争对手。

全球 500 强约三分之一的 CEO 都曾在 GE 供职,他们将 GE 的先进管理经验带到了其他公司,推动着全球 500 强公司的进步。

不要怕花费过你巨额培训费用的员工有朝一日离你而去,因为这是人才发展的正常规律。

领导者最重要的任务之一就是:培养下属。一个领导者的成功就在于培养了多少人才。

山东九星集团在当地经过多年的经营运作,积累了丰富的资源,但面对日趋激烈的市场竞争环境,大牌房企的围追堵截,九星团队意识到粗放的管理模式不是长久之计,不能安于现状,一定要主动进行规范化的管理变革。为此,九星团队招揽了一批有激情有思想的年轻人,虽然这批年轻人明显经验不足,但在系统的规范管理培训和辅导下,经过 2 年的磨合和成长,团队已经具备了相当的项目管控能力。

东原地产和人才共成长

近两年来,东原迅速成长为渝派房企销售前三,进入中国房企百强成长性 TOP10、稳健性 TOP10、价值房企 TOP10 榜单,如今又荣获"2015 中国最佳雇主",这其中究竟有何奥秘?

东原是一个年轻有活力的企业，企业文化包容，且关注员工成长和发展，对员工职业归属感提供了很好的帮助。在人才引进上，东原更看重员工是否热爱这个行业，是否认同企业的文化和价值观，以及是否愿意与东原共同成长和发展。

2015年我受邀为东原的一批85后、90后的管培生分享，就被他们的活力和激情深深地感染。

东原每年都会投入大量培训发展费用，包括基础技能培训、导师辅导、岗位锻炼、内外部研修班等。公司内部还特别设立企业大学，根据不同的阶段进入不同的学院学习。

百度的技术路与管理路

每一个"百度人"进入百度后都可以自由选择自己的发展道路。百度内部的晋升基本分为两条道路，分别为技术职称和管理职务。技术人员可以按照技术职称一步一步提升，最高可以到相当于副总裁级别。如果更擅长管理，可以从管理角度发展。李彦宏举了个例子：7月1日，对于大部分大学生来说可能仍然没有毕业，但是在百度，一名实习生已经被提升为产品经理，管理60多名员工的团队。因为这名大学生在实习期间，体现了良好的潜力和能力。

◆ 留人

阿里空降兵全军覆没

在2006年的前后，曾有一大批的国际级人才被引入到阿里巴巴。其中有卫哲（百安居中国区CEO）、吴伟伦（百事可乐中国区CFO）、曾鸣（长江商学院的教授）、谢文（和讯网CEO）、崔仁辅（沃尔玛百货集团高级副总裁）、黄若（易初莲花CEO）、武卫（毕马威华振合伙人）。

但是令人大跌眼镜的是，这批人后来绝大部分离开了阿里巴巴。其中的卫哲——曾担任阿里巴巴集团的执行副总裁和阿里巴巴B2B业务的总裁，他当年的引咎辞职轰动一时。而其余的人，除了曾鸣以外，如今已经全部离开阿里巴巴。

可以说，这批非常优秀的"空降兵"在阿里巴巴遭遇了"集体阵亡"的命运。

马云后来对这段历史有过很沉痛的反思，他在2012年发的一条微博中说道："2001年的时候我犯了一个错误，我告诉我的18位共同创业的同仁，他们只能做小组经理，而所有的副总裁都得从外面聘任。现在10年过去了，**我从外面聘请的人才都走了**，而**我之前曾怀疑过能力的人都成了副总裁或董事**。我相信两个信条——态度比能力重要；选择同样也比能力重要。"

优秀员工不顾挽留，翩然而去；潜力员工不顾期待，悄然远去；重点培养员工不顾重托，撒手而去。无力！无奈！

但我们要正确地看待人才的流动。惠普公司认为，每个人都是主观自己，客观他人，每个人都有选择自己发展方向的权利，员工对自己的事业的关心肯定排在对公司的关怀前面，这并不是不忠诚。

人才的合理流动，是企业发展不可逾越的客观规律，由于企业与人才相互之间始终面临着"适应"与"不适应"的问题，就必然会产生人才的流动；如果企业将不适应的人才长期滞留到某一职位上，而不进行合理的流动（包括在内部提供二次竞争机会或将人员推向市场），不仅不能促进人才的成长，甚至还会对企业的发展产生阻碍。

流而不失。对一般组织而言，人才流出就是人才资源的失去。而精明的经营者注重对人才"流出资源"的挖掘，实现人才资源的永久效益。人才流动甚至于人才流失是不可避免的，重要的是建立起组织与所有员工的"永久关系"，让人才流出后仍成为组织的永久财富。而如果对人才的流动采取了禁锢政策，只能会起到相反的后果。以此推论，组织若要留住人才，取决于组织对待人才的态度，而留住人才的关键是事业上足够的发展空间和政策上的来去自由。仅靠硬性措施，即使一时留住了他们的人，也不能留住他们的心，到头来只会是一锤子买卖，竹篮打水一场空。

一个离开惠普出去创业的人士说："惠普每年至少要花1000万台币用在人才培训上，有的来惠普只是为了镀金，学了本事待价而沽"。对此，柯文昌坦然地说："人家愿意来，说明惠普有很大的吸引力。人家想走，强留也不安心。再说，电脑行业本来流动率就高。当初选进的人才不见得都符合惠普的要求，退一步说，一些优秀的人才到外面去服务，也是惠普对社会的贡献，这也符合惠普的一贯坚持的互胜精神"。

史玉柱：要说到做到，建立信任，不做周扒皮

领导者用人，第一条是说到做到，建立信任，这是首要的前提。另外除了平时的言行上之外，一旦你有利益了，老板获得利益了，你一定要让他们分享，不能太抠，不要做周扒皮，否则没人愿意跟你。

李嘉诚的留人之道

李嘉诚的长江实业，可谓人才辈出，各种精英人员齐聚一堂。在这种"强强联盟"的环境中，所有行政人员和非行政人员的变动却是所有香港大公司中最小的，高层管理人员，流失率更是低于1%。为什么会这样呢？李嘉诚自我"揭秘"：**"第一给他好的待遇，第二给他好的前途。"**

扩张的最大成本是人力成本，**学习力是核心竞争力**。军事化的企业大学，培训体系要有用，简化。现如今的**唯一出路：只有做企业大学，解决基业长青的问题**！

5 企业大学：学习力是第一竞争力

> 摩托罗拉大学关门大吉？华为大学、万达学院，企业大学大多沦为培训部门，学习力是第一竞争力，把企业建设成学习型组织，和龙商学院助你实现基业长青的愿景！

◆ 丰田大学：关门大吉？

丰田大学建立了新的培训场地，开发了令人印象深刻的课程目录，利用新兴技术和远程学习概念建立了新的授课体系。自高层管理者至管理培训生，到各层级员工都满怀热情地参加了新的培训项目。

然而，开校不到三年时间，大肆宣传的丰田大学已关门。

据报道称，崇高的建校价值观，令人拥护的信任、尊重、承诺、诚信和热情并没有让这所引起整个行业嫉妒的具有开创意义的学校持续开办下去。最后，它仅仅是一些由职能部门提供的"传统"的培训课程和活动。

"从开始到结束，我们从来不缺专业知识、资金、设施或认可。"该大学的副院长说。

"我们从来没有真正理解我们是谁，我们要做什么。对企业短期目标的关注优先于基于良好沟通而产生的长期战略。如果在这些事情上没有坚定的立场，我不知道怎么统筹和分配资源。"一位知情人说。

其实这是一份虚构的"类似华尔街日报"的报道，里面嵌入了企业大学建设过程中可能会发生的各种问题，警醒丰田企业大学不要掉进光环的陷阱。

◆ 摩托罗拉大学：关门大吉！

摩托罗拉大学是世界著名的企业大学，曾是企业大学中的佼佼者、内外综合型企业大学的典范，其中国区曾于 2006 年获得亚太人力资源协会颁发的杰出企业大学奖。然而，这个世界上最优秀的企业大学，其表现出色的中国区居然于 2012 年解散，一时引起非议，甚至引起人们对企业大学甚至培训工作的怀疑。

摩托罗拉企业大学虽然贵为企业大学的佼佼者，不仅创造了 6 sigma 管理方法，而且还是内外综合型企业大学的典型代表，但其实际上并没有外界想象的那么优秀。

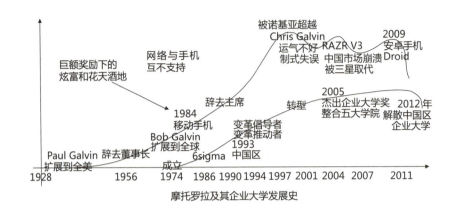

摩托罗拉及其企业大学发展史

摩托罗拉大学号称"变革倡导者和推动者",也曾推动工程师文化向工程师和市场并重的文化转型,但未能长期保持效果,最终还是回到了工程师主导的文化中,导致企业错过很多市场机会。中国区市场在竞争对手纷纷上马 3G 手机的时候,摩托罗拉还主要销售 2G 手机的重大失误,摩托罗拉大学未能诊断出问题并推动变革也难脱干系。

摩托罗拉大学号称"战略催化剂",但讽刺的是,摩托罗拉公司却因为战略决策频繁失误错失大量机会甚至导致大量亏损,如早期的铱星计划、模拟转数字、制式选择等。

摩托罗拉大学能够对外提供培训咨询服务,而且拥有推动变革的经验,其能力理应不差,绝对可以发现甚至预测到问题并制定出推动变革的有效方案,但在工程师主导的文化下,其地位并不足够高到可以影响决策层,因而错失推动企业变革获得更好发展的机会。

◆ 万达学院

万达学院是万达集团为实现"百年企业"战略目标、解决人才短板的新举措,历时 1 年半,耗资 7 亿元打造而成。它填补了中国商业地产和旅游地产行业理论的空白,将是**世界级品牌文化旅游度假区的理论倡导者、创新者和实践者**。(应该是愿景)

万达学院以**"有用"**为校训(**核心价值观**),**以弘扬万达企业文化、沉淀传播专业知识、推动组织关系改善、健全员工职业心态为己任**(**使命**),汇聚 1 万名万达干部的集体智慧和能量,以帮助企业提升效率。学院落户在廊坊高新经济开发区,一期建筑面积 5.22 万平方米,由行政楼、教学楼、公寓楼、餐饮楼、室内体育馆、室外运动场、信息中心等建筑组成。花园式的院区设计,并配备国内一流的教学服务设施,目前,可同时满足 700 多人同时在学院上课。

学院的培训特色有以下几点:(**相当于价值体系**)

1. 以"有用"主导培训。强调"有人在用""有账可算""低效的有用等于没用";

2. 通过复盘机制建立组织防御体系。为发现公司真实存在的问题,万达学院把组织诊断作为一项重要的工作方向。通过项目复盘,将企业风险降到最低;

3. 着力打造万达特色的培训工具。分别针对集团问题、部门问题、个人问题,采用"复盘法"、"工作任务树"分析法、"能量集市"法;

4. 关注培训成果落地实施。突出表现为"哑铃型"的教学管理思路。

和龙观点认为,该学院有愿景、使命、核心价值观,但是比较隐晦,旗帜不鲜明,号召力不够。

◆ 中国的企业大学潮

近年来,国内企业的发展重心已经逐渐从产业技术创新和管理水平升级,慢慢向人才储备、人才培养转移,企业大学应运而生,如雨后春笋一般。据统计,目前国内的企业大学已经超过 2000 家,许多企业都纷纷建立了自己的企业大学。那么,中国企业大学的发展现状如何?成果和问题何在?

凯洛格的调研数据显示:

企业大学正在成为时髦词汇,不少企业家也纷纷挂上了"校长"的头衔。不少已经建立企业大学的企业也越来越发现,企业大学在设想阶段的确不错,然而真正开始运转起来远不是那么回事,因为先扣上了一个大帽子,连企业大学本质还没真正搞清楚,最终成了鸡肋 —— 留着既花钱又不能发挥更好的作用,弃掉感到可惜,只剩下了一个表面文章。

为什么要做企业大学?什么时候做企业大学?如何做企业大学?不同企业间、行业间企业大学有没有区别?企业大学与培训中心间是不是上下层级的关系,还是只是名称的不同?我们先来看看知名企业大学在怎么做。

◆ 复地学院

复地学院成立的宗旨就是为集团的发展战略提供人才保障。学院采用**项目制运营**,下辖总经理速成认证、技术培训以及文化教育三个中心。服务对象分为核心岗位在任及继任人员、骨干人员和全体员工三个层级。

在经营特色方面,主要呈现为以下几点:

1. 企业高层积极参与人才培养工作。除了在资金上支持外，公司高管还会亲自参与到学院的授课、评鉴的工作。

2. 与实践高度结合、充分创新的人才培养项目。总经理后备人员培养计划（"铜虎"计划）是其最具代表性的项目。

3. 建立了自己的测评中心（AC）。2011年底，复地学院独立建设了以"专业和组织知识、能力、潜力、个性"与"关键经历"为基础的"4+1"测评模型，为人才发展提供了基础和指向。

4. 运行效率高、培训覆盖面广。比如复地学院与人力资源部门的合作贯穿了人才选育用留等各环节，包括制定胜任力模型用于招聘配置；与集团专业部门合作，开设营销、客服、成本等专业总监班等。

5. 文化建设不放松。复地学院与集团品牌与文化部门合作，编写文化案例，出台企业文化推广宣传包，组织全集团各城市公司企业文化轮训及测试。

【和龙观点】敷衍之作。

◆ 恒源祥大学

作为一家经营品牌集群公司，恒源祥一直致力于成为具有中国特色的品牌，恒源祥大学应运而生。作为整个公司的教育培训中心，恒源祥大学围绕"培养经营品牌能力的人才"开展并落实相关教学工作。

恒源祥大学注重将组织目标细化并转变为教学目标，充分利用资源，以多样化、多赢的原则将教学覆盖到生产、销售、管理等不同体系中，在彰显恒源祥经营特色的同时，逐步沉淀出自己的培训特色：

1. **"三明治式"**师资组合方式：产学研一体化，联合**学院派、实战派、内部职业经理人**多方教学资源，将培训覆盖所有的员工。

2. 独特的课程研发能力：结合企业能力模型构建课程体系，根据企业未来发展所需的人才，建立逐层分解的能力模型。同时，研发出涉及恒源祥各条产业链的核心课程。

3. 知识成果丰厚：注重知识的积累和沉淀，与各大专业研究所，如西蔓色彩、高校、商学院等一起编制了具有恒源祥特色的教材及书籍。

【和龙观点】只是一个培训中心，谈不上企业大学。

◆ 金蝶商学院

为全面提升金蝶组织能力和核心竞争力，推动企业转型及战略落地，学院以领导力、高端人才储备和引领变革为目标，针对企业需求建立了集团战略层面的人才发展规划、领导力培养体系和员工学习发展体系,统筹全集团的学习培训投资。金蝶商学院以先进的**"3L 结构"组织团队**,即由**学习方案、学习设计开发及学习执行**三大中心支撑组织运作,更好地体现学习部门的专业性。

金蝶商学院的建立和运营建立在三个价值驱动因素之上。第一是**战略需求**,金蝶的转型从产品到管理咨询,到聚焦云战略,学院需要前瞻性地预测将要发生的变化,传递新的战略文化、储备相关人才;第二,**业务产出**,通过人才管理、业务单元驱动、业绩改进三方面来赢得最高层领导的响应与支持;第三,**员工能力提升**,即提升员工的专业技能与领导力来满足个人发展的需要。

金蝶商学院以"传播全球优秀管理理念、分享中国最佳管理实践"为使命,一方面推动国际先进理念在中国落地,做到"知行合一";另一方面传递文化和价值观,总结、复制、分享中国管理模式。

从主要成果来看,面向销售团队的"狼之旅"项目提升了学员的销售能力和产品知识,掌握与客户沟通的技巧;"实施经理训练营"项目落实了公司提出的"聚焦"战略,提高了经理的交付能力和项目交付效率。此外,金蝶在2012年聚焦云战略,积极布局企业社交网络、移动互联网及云计算市场,金蝶商学院作为变革的推动者,在传播战略思想、支撑战略落地的同时,自身也在不断探索提供符合云时代特征的产品和服务。

【和龙观点】说得很大(传播全球优秀管理理念、分享中国最佳管理实践),做得很小(提升了自己学员的销售能力),是软件公司和咨询公司遇到的普遍困扰。提出了使命,但战略呢?愿景呢?核心价值观?

◆ 绝味管理学院

绝味管理学院是卤制休闲食品行业的首家企业大学,旨在打造学习交流平台为公司的人才培养、梯队建设、打通发展瓶颈而助力,使得公司从2000家门店扩张到5000多家成为可能。

现今,学院的触角已延伸到**全供应链**,成为公司整合战略性资源的秘密武器,是绝味的企业文化中心、培训中心、认证中心、研究中心。学院成立以来,发展迅速,已初步实现由

单一的课程输出到企业人才的孵化与培养的转身。在学院建设、课程开发、行业发展研究等方面开展了大量工作,成为行业内人才培养方案的内部供应商、专业的连锁教育服务提供商,取得了阶段性的成绩。

携手"华夏基石"系统思考并制定《绝味纲领》学院创办之初就确定了"**构筑终身教育体系，创建学习型组织**"的终极目标，而《绝味纲领》的制定为公司找到了持久存在的目的，明确了企业的核心价值观。

构建培训体系，孵化连锁管控人才，开展课题研究。基于未来战略要求，系统搭建了"领导力、专业力、业务力"三位一体的学习体系，构建了绝味之星项目、鹰系列、蜜蜂系列、雁系列、象系列、千里马系列的**绝味培训体系**。

整合行业资源推动绝味品牌建设。学院积极参加业界交流，与中国连锁经营协会、香港理工大学等建立了战略合作关系。与长江商学院、清华大学、武汉大学、中国人民大学等国内知名学府资源也有深度接触。

【和龙观点】做鸭脖的能想到做企业大学，眼光高远，而且做得如此的高大上，值得我们敬仰。

◆ 西门子管理学院

人才管理，尤其是人才的学习与发展已成为公司发展的重中之重，西门子中国的董事会成员们都意识到建立全面整合式的人才管理体系并保证**员工与公司发展方向一致性**的重要性。（**这是企业文化的责任**。）

实现培训价值，明确业务需求，了解业务和公司实际存在的问题并提出相应的解决方案是西门子管理学院努力的**目标**。同时，**培训的价值是由接受培训的一方，而不是实施方评价和认定的**（**偏颇，双方应赋予不同的权重**）因此，西门子管理学院一直致力于在组织内外建立良好的合作伙伴关系。

创新性地管理人才，将人才发展与业务发展挂钩，为员工提供系统全面地培训与发展机会是西门子公司的竞争优势（**太笼统**）在这一思路下，西门子管理学院从多维度设计、开发和实施最有效的培训和学习项目，关注的核心不仅是课程内容，而是直接的**商业结果**。（**核心价值观**）

除了提供标准化、基于职系的技能培训和跨职系的领导力、跨文化沟通等发展培训之外，西门子管理学院还为员工提供职业发展、职业发展教练、项目管理、绩效改善、成本节约等课程，并尝试运用 e-Learning 方式设计和实施实时与虚拟、同步与异步的混合式学习，从而对特定目标群体开展**低成本、高效率**的培训。

最好的公司往往能赢得高素质和高敬业度的员工。**西门子公司还鼓励终生学习，把员工的学习与发展作为一项发展战略来看待，在招聘富有潜力的人才的同时，也为这些人才提供发展的机会和空间。**（**通用性文字**）

【和龙观点】一塌糊涂。

◆ 用友大学

用友大学是为战略性地加强公司人力资源管理，规模化、专业化、持续化培训用友干部和专业人才的独立内部培训机构。它的**使命**是：**建设公司的组织能力，支撑业务，发展员工。**"**学以致用，信而益友**"是其**校训**。

为此，用友大学提出实行"**上连战略、下接绩效**"的人才培养理念，坚持基于任务导向、面向差距、紧贴业务的实战型思路，有针对、有逻辑、系统化持续培养人才。企业培训分为三个层级：**事务级、业务级、战略级**。

用友大学认为，人才培养是个系统化的工程，必须统筹利用人力资源的综合手段，系统化解决问题。企业人才的体系化培养方案设计，应面向组织和绩效设计，而非仅仅面向岗位和技能。在有逻辑、系统地持续培养人才过程中，用友大学总结出了**八个关键步骤**：梳理核心任务、分析能力现状、与标杆对比、确立培训目标、绘制学习地图、课程开发、培训实施、效果评估。（**执行层，缺跟踪与迭代**）

首先，精品课程内容要面向差距紧贴业务。课程开发并非从建立庞杂的课程体系入手，而是要面向差距，紧贴业务。

其次，设立了精品课程的"五行"标准。用友大学对"精品课程"的理解是：自主研发且内容形式有独创性，专属逻辑。课程开发过程中奉行"**五行**"**标准**：目标、内容、形式、过程、逻辑。

全员参与行动学习，也是最显著的特色。用友大学在2010年导入行动学习，倡导"**问题是课程大纲，学员是讲师，讲师是催化师**"，让学员在**兴趣中参与，在行动中融入，在对比中反思，在总结中收获**。

【**和龙观点**】"上连战略、下接绩效"现在基本成为共识，其实是伪命题。

◆ 软银学院

2010年，孙正义就宣布建立软银学院，希望能够打造孙正义2.0，为软银日后的交接与发展奠定良好基础。

软银学院有点像是"以孙正义为中心"的商学院，学员们每月在软银东京总部聚集一到两次，进行商业主题的棋盘游戏。赢得比赛的学员有机会和孙正义见面。

软银学院建立之初，共计4000人报名，最后接收的学院数量仅在300人左右——甚至比普林斯顿或东京大学的招收比率更为苛刻。进入学院后，也并非就此一帆风顺，表现不佳的倒数20%将被劝退，来为新鲜学员腾出空间。

目前软银学院的学员包括公司内部的资深员工，也包括公司外的成功企业家，表现良好的学员或将受聘于软银，或将获得来自软银的投资，更有甚者，也有可能被孙正义选中，成为日本软银未来的接班人。

目前企业大学的普遍现象是：

1. 浑然不知：企业根本没有意识到企业大学和培训中心有什么不同，索性就直接将原来的培训中心更名企业大学，可是培训的内容、方式都丝毫没有改变，企业却又浑然不觉，自得其乐，直到企业大学在危机中触礁。

2. 挂羊头卖狗肉：部分企业面临着上市、融资等形势，为了提高企业的知名度和信誉度，于是建起了企业大学。这一类型的企业至少还知道企业大学不同于传统的培训中心，但在实际操作中却没有给予企业大学以任何实质性的改变，这种做法很有几分"挂羊头卖狗肉"的嫌疑。

3. 空中楼阁：这一类企业的做法听起来很滑稽，它们连完善的培训中心、培训体系都没有，可公司经营得还不错，改善办公环境时建起了几幢大楼，空闲下来一幢大楼实在没什么用处，于是赶时髦挂起了"企业大学"的牌子。大楼再好看，里面终归没有实质性的东西。企业大学也需要拥有精良的物理设施，但其关键在于利用这些优良的物理设置建构一种持续的学习过程，内容永远比形式更胜一筹。

4. 冲动：公司的高层管理层看到了别人企业大学的欣欣向荣，一时冲动决定建立企业大学。他们也许知道企业大学和培训中心的区别，但却没有全面考虑甚至完全疏忽掉了企业的现状。接下来，人力资源部在执行过程中发现了很多难以解决的问题，高层的"冲动"造成了企业大学的失误。

5. 骑虎难下：相比前面的类型，此类型的企业主观上对企业大学的认识和做法还不错，知道了企业大学的关键，而且原有的培训中心体系也还很完备。可是，问题在于并没有摸准"如何有效建立企业大学"这根脉，在实际操作中问题一一浮现，企业发现自己心有余而力不足，却又骑虎难下。

其实归根结底是三个核心问题：

1. 缺乏相对的独立性，没有自己的战略和文化定位，沦为企业的附属品，相当于培训部，高级一点的就是培训中心；

2. 缺乏合理的课程体系；

3. 学员的进阶缺乏相应的证明。

◆ 企业大学 VS 商学院

过去的十年，是中国的商学院迅猛发展的十年，也是中国企业探讨设立大学的十年。企业不断输送骨干人才到商学院充电，也尝试设立自己的大学以整合培训资源，提升员工素质，有针对性地培养专项技能。

早在 2009 年，美国企业大学的数量就已超过了传统商学院的数量，据预测，中国企业大学数量也将于 2017 年至 2019 年超过传统商学院，而根据目前的发展趋势，这一时期的到来可能比预计的更早。

人们普遍认为，企业更接近实践，而商学院只是荟萃理论而已。商学院为满足不同背景学员的需求而研究更具共性的课题不同，企业大学往往具有很强的针对性和时效性，直接面对企业当下的具体课题。

企业大学认为：为什么要掏钱让高管去商学院，去学那些与公司没有直接关系的东西？

商学院则认为：企业大学只是教授公司自己的宣传材料，并不能提供雇员想要的、广为承认的资格。

◆ 企业大学核心功能是赋能，解决能力问题

任正非说过，华为大学一定要办得不像大学，因为我们的学员都接受过正规教育。你们的特色就是**训战结合**，给学员赋予专业**作战能力**。整个公司第一是要奋斗，第二要有学会掌握去奋斗的办法，光有干劲没有能力是不行的。学习，训练，要把所有的学习训练简化。

企业大学建设体系

战略	方向	千年大计，万世基业
	路径	百年树人
	商业模式	1 有用，研发能力 2 公司提供启动资金，后期自主经营，谁受益谁付费 3 移动互联，降本增效
文化	愿景	把企业打造成学习型组织
	使命	学习成就未来
	核心价值观	学习力是第一竞争力
	价值体系	实战：学以致用 系统：一条龙解决方案
执行	课程体系	实战：听得懂、记得住，用得上，讲得明，传得远。 系统：横向+纵向，交叉组合应用 　　横向专业领域：设计、营销、财务…… 　　纵向管理层级：基层—中层—高层 前瞻：战略研讨会、领导力、私董会
	师资队伍	听得懂、记得住，用得上，讲得明，传得远。 学院派、实战派、公司派 外聘专家 内部培养：从群众中来，到群众中去
	认证体系	九段认证体系

企业大学要做得像军校，这样才有执行力！

我们来看看一些好的企业大学在如何做。

◆ 华为大学

华为大学要为华为主航道业务培育和输送人才,特色是**训战结合**,最终就是要作战胜利。

华为大学本质是对已经受过正规教育的人再教育,再教育应该跟职能有关系,不再是与基础有关系。企业需要员工从事这个工作,就给员工赋能,赋能不是全面赋能。

华为大学的赋能要支撑公司文化、管理平台和关键业务能力尤其是战略预备队的建设。

华为大学主要以赋能为中心,华大的教学就是要和"客户需求"相结合,这个客户就是片联需要培养作战队伍。

◆ 长安汽车大学

以"打造长安**黄埔军校**,培养汽车精英人才"为宗旨,长安汽车大学在公司人才队伍培养和学习型组织构建过程中扮演着重要的角色。

长安汽车大学将自己定位为企业的**战略**发源中心、**文化**传播中心、领导力塑造中心和知识分享中心,按不同的专业设立了七大学院:领导力学院、战略研究学院、技术学院、精益制造学院、供应链学院、营销学院、通用管理学院。

在着眼于中高层管理人员的领导力和专业力培训、核心关键岗位人员的标准化实做培训及专业管理、技术人员能力认证培训的基础上,长安汽车大学同时兼顾**产业链上下游供应商**、经销商和服务商的人员培训,形成了金字塔式课程体系和常青藤式师资体系。

金字塔式课程体系:覆盖公司各专业领域、价值链上下游的知识管理和课程开发体系,使企业大学的职能逐渐由传统的事务专家型向业务伙伴和员工发展顾问型转变。

常青藤式师资体系:致力于打造一支熟悉公司文化和战略,具有丰富实践和管理经验的培训师队伍,为鼓励和培养内部骨干员工加入到培训师队伍中,大学制定了培训师任职资格标准,打通了培训师的职业发展通道,且定期举行 TTT 培训。

长安汽车大学还注重不断完善培训管理流程,构建培训认证体系及培训管理信息化平台,保证公司各业务领域培训工作高效平稳地运行。

【和龙观点】:在现阶段来讲,已经做得足够优秀了,但是长期来看不够高远。较低的定位让其沦为企业的一个附属部门,不过是培训部门的高级版而已,没有相对的独立性,没有把企业大学摆到应有的高度,成为卓越企业大学的可能性较低。

◆ 惠普商学院

早在 1999 年，很多中国企业都对学习惠普之道（HP Way）兴趣盎然，这样的需求直接催生了惠普商学院的成立。

惠普商学院的培训资源与惠普内部的人力资源部门共享，也就是说，惠普商学院培养经理人的方法，实际上也是惠普自己内部培养经理人的一些宝贵经验。授课讲师全部是惠普的高层管理者，或者曾在惠普做过高管的经理人，这是惠普商学院与众不同的一大特色。

在运营上，惠普商学院是**自负盈亏**的业务部门。它所隶属的教育培训事业部是作为**利润中心**存在的。市场化运作让商学院不得不认真研究客户需求，提供有价值的产品和服务，进而成为中国惠普**向服务转型**的重要战略之一。可以说，惠普商学院的创办原因和运作模式在全世界都是**独一无二**的。

在过去一年里，惠普商学院对课程体系进行了一次全面升级，除了原有课程内容、话题、案例的更新，还在课程体系和结构上动了脑筋，创新性地提出了**"组织级MBA"**（Organizational Maturity of Business Administration）的解决方案。惠普销售之道是另一大创新亮点。

惠普商学院的服务与解决方案经过多年沉淀、调整及创新已形成成熟的套路及实施方法论，已为超过 100 家国内各行业顶级企业提供了人才管理方面的培训，咨询及辅导服务，举办中高层管理人员企业内训班近 500 期，培养具有实战管理能力的毕业生近两万名，国内 500 强企业中有 80% 是其客户。

【和龙观点】想法很好，目标高远，方向路径商业模式、愿景使命核心价值观不明确。能力和梦想之间还有一段相当长的距离，需要继续努力。

◆ 雅居乐地产管理学院

雅居乐地产管理学院以**"学习卓越、加速成长"**为核心理念，所有的事情都是围绕这八个字来执行。学习卓越有三个方面：一是复制企业内部的最佳实践；二是汲取行业的最佳实践；三是引进全球的最佳实践。加速成长也有三个方面：一是加速内部人才的成长；二是加速组织经验的成长；三是加速企业业绩的成长。

根据不同的员工有不同的导向：一是以员工的发展为导向；二是以快速胜任为导向；三是以解决问题为导向；四是以全国文化为导向。

雅居乐地产管理学院的整个学习体系可概括为 A、B、C 三个方向

"A": 加速 Accelerate 分公司成长；

"B": 今天的 Better，明天的 Best；

"C": 传承文化 Cluture，推动变革 Change。

◆ 和君商学院

和君商学院是和君咨询发起的商学院，为学员提供下列培训和服务：商学研修、实战训练、咨询见习、就业和职业生涯指导、管理才能训练、职业境界修炼等。教学内容聚焦于企业管理和投资投行领域，由"管理+产业+资本+国势"四个知识板块构成，特色是把知识学习与实战应用紧密地结合起来。同时，和君咨询把长期积累的知识、经验、案例、心得和境界倾囊相授。

1. 为和君选拔、培训和孵化高级咨询及投行人才；
2. 为和君客户物色、培训和输送管理干部和投融资人才；
3. 为和君客户设计和实施经理集训和员工培训。

培养目标

1. 职业走向：和君咨询以培养职业高手为宗旨，学员职业走向为管理咨询师、投资银行家、证券投资家、企业管理者、商学思想家、商业作家……

2. 职业高手：五岳归来不看山，黄山归来不看岳；会当凌绝顶，一览众山小！

◆ 湖畔大学

湖畔大学前身为马云名下私人会所江南会，由马云、冯仑、郭广昌、史玉柱、沈国军、钱颖一、蔡洪滨、邵晓锋八名企业家和著名学者等共同发起创办，位于杭州西湖鹆鹚湾附近。坚持公益性和非营利性，旨在培养拥有新商业文明时代企业家精神的新一代企业家，目标学员主要为创业者。2015 年 3 月第一批 30 名学员开课，由马云主讲。

湖畔大学立志为创业者传道授业，并将遵循

公益心态、商业手法的原则，专注于培养拥有新商业文明时代企业家精神的新一代企业家，主张坚守底线、完善社会，坚持公益性和非营利性。

从湖畔大学招生简章看，申请湖畔大学需具备两个条件：一是具有连续3年以上创业经验的企业决策人。二是**相信企业家精神，坚守底线，完善社会**。

马云说：**"湖畔将专门研究失败。""MBA是没用的**，经商就像打仗，跟上战场一模一样，很多人上战场就被打死了，剩下的都是活的。讲白了，企业追求的不是成功，而是不失败。"

【和龙观点】简单地把兵法与管理对应，兵法要素间的关系没理清，现代管理要素间的关系也没说清楚，这是目前探索东西方智慧融合的有识之士所面临的普遍问题。道天地将法是一个微观层面的执行系统，此处的"道"是执行系统的理念，属于文化的执行层。"天地"是执行系统的天，是客观环境；"将"是执行的人为因素；"法"是执行系统。

"湖畔将专门研究失败"是值得肯定的。但说"MBA是没用的"有待商榷，武林高手飞花摘叶亦可伤人，关键是怎么用。

湖畔大学仍在探索阶段，还有待于时间的检验。

陕西宏府·宏盛实业在西安耕耘多年，面对市场竞争的日趋激烈，人才流动性大、整体学习进度缓慢、深感人才的培养速度跟不上企业发展的需要，我们为其度身定制的一套管理培训辅导系统，为宏盛实业从粗放管理向规范管理进阶源源不断的输送和培养人才。

还有很多企业对建设自己的企业大学高度重视，比如我们提供过服务的很多地产公司都在办自己的企业大学：康桥地产（康桥商学院）、远东置业（远东大学）、金科地产（金科商学院）、华夏幸福基业（华夏幸福大学）等。

但是**大家注意到万科有没有企业大学**？没有吧？但万科注重学习吗？重视产业链的整合交流吗？比那些办企业大学的还重视吧。**万科本身就是大学**，真正的学习型组织。**企业大学的最高境界：企业即大学**。

不管企业大学建设得怎么样，**学习力是第一竞争力，培养人才的能力才是第一领导力**。把企业建设成学习型组织，和龙商学院助你实现基业长青的愿景！当你的企业大学成为你的核心竞争力时，就实现了基业长青。

可是我们办企业大学这么累，费力，费时，为什么人家办得轻松？借助E+，移动互联网的在线教育降本增效。

6 "E+"时代，学习随时随地

> 云课堂、MOOC学院、宅客学院等在线学习模式兴起；企业大学+E转型成为必然，培养人才也要降本增效、超越时空、寓教于乐，提升学习体验。

在移动互联时代，培训形式可能发生很大变化，不再是传统的上课面授形式。新的流程转变为寻求痛点需求、开发尖叫产品、挖掘草根明星、活动运营吸引粉丝关注、学员互动众筹众创内容、设计促学与话题传播活动、统计分析学习大数据。其在自身角色定位、课程内容、师资定义与挖掘、学习运营等都发生了巨大变化。在互联网渗透一切的时代，企业学习也必须要充分适应环境，否则就会被淘汰。

云课堂、MOOC学院、宅客学院等在线学习模式兴起。
"互联网+"时代下企业大学的发展趋势

1. 突破时空限制，随时随地学习和分享；
2. 大幅提升培训管理、人才开发的能力和效率；
3. 以客户需求为导向，不断优化价值链，重整生态系统；
4. 大数据将推进企业大学生态系统的日益智能化；
5. 充分挖掘个体创造能力，既是学员又是老师。

学习应该变得更"非结构化""自助服务化"，让学习者有机会探索自身的需求和偏好，并找到最适合自己的学习模式。 最终，学习会变成一种双向的过程，学员在学习知识技能的同时，通过论坛、聊天室、博客、维基以及播客等方式贡献自己的知识，让组织的学习资源不断壮大。同时，它将是每个学员可以自主搜寻、客制化的灵活体系：你可以根据你的角色、工作需求以及期望，决定自己的学习路径。

我们来看看一些知名的在线学习平台：

◆ **宅客学院**

"宅客学院"，宅在家里就可以完成的职业培训？宅客学院其实是一个在线学习平台，可以进行在线学习，测评，直播，答疑等基本功能，同时提供在线实训就业服务等功能。宅客学院不仅仅是一个在线学习的平台，它的更强大在于它的社交性。用户可以在这个平台的社区论坛和企业的工程师（尤其是IT

行业的技术大牛）进行一个直接有效的互动。

◆ 平安大学的移动学习平台："知鸟"

现在，平安人只需使用自己的 UM 账号及密码，即可登陆"知鸟"的移动平台，选择自己需要或者感兴趣的课程，不受时间、地点的限制开展学习，真正实现快捷、方便的获取新鲜的专业知识。"三人行，必有我师"，依托强大的移动平台，平安人还可以实现在线交流、分享经验，形成互相学习的良好氛围。

中国平安的 O2O 混合式培训，支持多样化教学需求，提升系统化学习体验，以资源平台为基础，在线学习和移动学习为核心的三大技术平台，满足各层级人员的个性化学习需求。"知鸟"旨在帮助员工随时随地进行高效主动学习。"知鸟"至今已上线了近 28000 门移动课程，课件总播放量超过 3860 万余次。

◆ 华为大学在线学习

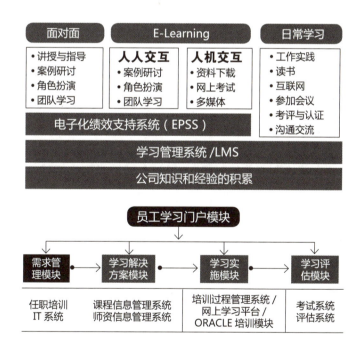

华为大学在员工培训体系中有一套独特的 IT 系统，这套系统将每位员工的培训划分成一个单独模块，让学员在系统里面就能完成培训需求制定、学习方案解决、在线学习、培训系统管理和培训评估等一系列的任务，在国内企业大学可以说一种创新的应用型培训系统。

◆ 京东大学的互联网培训思维

京东商城，拥有 6 万员工，其中 8 成是基层蓝领员工。如何培训这样的员工群体？移动互联网时代，如何利用互联网思维开创人才培养新模式？需要逐步回答以下问题：

第一，是不是一定要培养人？
第二，是不是一定要开发课程？
第三，是不是一定要上课培训？
第四，如何让学习变得简单、快乐？

能否用互联网思维来解决上述难题？答案是肯定的。和传统培训相比，在减少一半费用、一半时间的前提下，保证培训质量不变。他们做到了。

少花钱　　培训如何少花钱？"京东 TALK"，利用内部资源集体创作专业脱口秀。另外，"京东 TV"采用视频的方式传播，不仅省钱，而且有效。

节省时间　　时间成本是互联网比较关注的，开发"满血复活"课，将市场上 3 天的课压缩到 2.5 小时。对于管理者，与其培训，不如考试。"饥饿游戏"过关考试，将 2 天的培训变成 30 分钟的考试。

心甘情愿　　如何让学员自发地学习？自发地交作业？"京东年级"体现员工的学习和成长，员工如果想升级，需要获得足够多的积分。

【和龙观点】子曰：知之者不如好之者，好之者不如乐之者。所以"心甘情愿"应排第一，是前提，其次"少花钱"，"节省时间"。保护与培养学习兴趣是第一要务，其他都是这句话的注解。

◆ 淘宝大学

淘宝大学是阿里巴巴集团旗下核心教育培训部门。淘宝大学以帮助网商成长为己任，历经 7 年的积累和沉淀，通过分析电商行业脉动，立足网商成长所需，整合阿里集团内外及行业内优势资源，2014 年淘宝大学已成为一个线上线下多元化、全方位的电商学习平台。

在线课程

淘宝大学官网是阿里巴巴集团对外唯一的电子商务在线培训服务平台，也是淘宝大学为网商打造的 24 小时电商加油站，无论是淘宝掌柜、电商从业者还是电商企业主，都可以通过在线学习平台学到一线实战卖家分享的各类干货内容。

线下培训

淘宝大学线下培训注重深度挖掘各阶段网商的瓶颈、问题，在发展中逐渐形成了针对未来网商（学生、电商求职者）的"电商创业系列课程"；针对在职网商（淘宝、天猫平台的网商为主）的"电商精英""电商经理人"课程和针对网商企业主（TOP 网商、传统转型电商企业）的"网商 MBA"这三位一体的课程体系。

◆ 奇虎 360 学院

360 学院致力于完善奇虎 360 的人才培养体系，提升员工综合素质，为用户创造更大价值。360 学院下设前台和后台组织，共计 **16 人**。除技术、产品类培训外，专项培养项目共 10 个，包括新员工项目、核心骨干员工项目、中层经理人项目、中高层经理人项目、职业化提升项目等。

2011~2012 年，学院平均年度预算为 600 万元/年，各部门用于文化和学习的经费约 540 万元，即企业培训费用占企业年度盈利的 0.03%（360 在 2011 年利润总额 3.99 亿元），人均培训经费 2000 元/年。

鉴于互联网企业快速变化的特点，360 的**培训**更多是针对企业的业务问题尤其是业务需求而开展，在 360 的公司运营和发展中起到至关重要的支持作用，**成为公司人才发展战略的制定者和落地者**、公司合格新员工的输出库、公司管理人才的培养孵化阵地。

【和龙点评】"新员工项目、核心骨干员工项目、中层经理人项目、中高层经理人项目、职业化提升项目"搭建了员工进阶的阶梯。但目前来讲在仍然在扮演一个培训部门的角色。

◆ 腾讯学院

腾讯视员工为公司的第一财富，从成立至今，腾讯学院的结构日趋完善，课程资源日渐丰富，讲师队伍越发壮大，一切发展均以成为"员工成长顾问、业务发展伙伴、企业变革助手"为**愿景**，以"成为互联网行业最受尊敬的企业大学"为**目标**。

每位腾讯人从入职第一天起，就可以选择自己的成长通道：对于想往**专业通道**发展的员工，学院会为其提供一系列的专业课程和项目；想往**管理方向**发展的员工，学院为其提供一系列管理类课程和项目。

新人培训、职业培训、领导力培训三大体系及各经典项目、专业的 e-Learning 系统、完善的讲师管理体系共同构成了腾讯学院完善的培训体系，为每一位爱学习的腾讯人提供了优质的资源。同时，腾讯学院还注重不断丰富和完善培训资源，用多样化的学习方式**吸引**员工学习并促使员工**学以致用**。

为建设良好的学习氛围，腾讯学院积极邀请公司高管参与分享，充分利用"教师节"等机会鼓励、吸引更多员工参与到知识分享中来，力争把腾讯建设成真正的学习型组织。（不给力的使命）

【和龙点评】把专业和管理分开，非常不错。但"员工成长顾问、业务发展伙伴、企业变革助手"这个愿景像核心价值观。"成为互联网行业最受尊敬的企业大学"的目标更像愿景。"力争把腾讯建设成真正的学习型组织"这个使命不太给力，我们说使命要解决生死问题。

企业大学"E+"转型成为必然，培养人才也要降本增效、超越时空、寓教于乐，提升学习体验。

7 "E+"商学院,定制你自己的企业大学

> 移动互联时代,海量的碎片知识扑面而来,如何建立系统的学习系统?在虚拟的学习场景中,学习实战案例?如何建立拥抱未来的学习型组织?E+和龙商学院定制属于你的企业大学!

每个追求卓越的公司都应该有自己的企业大学或者商学院,可以自己办企业大学是每个企业家的梦想。

但是从零开始办企业大学面临诸多难题:

头痛医头,脚痛医脚,没有系统解决方案。

很容易办成培训中心。

面子工程,政绩工程,建成了就放在一边不再过问。

缺乏优秀讲师。

培训手段单一,缺乏技巧。

如何结合企业的战略举行培训规划?

如何保证企业大学的成长与可持续性?

如何给业务部门提供创新性、针对性的解决方案?

……

除了自己建设,还可以借助社会上的专业力量。比如某地产就借助一著名大学创办了自己的商学院。

但是,这些专业机构,偏于学院派,不能有效积累企业实际案例实施培训,课程缺乏针对性。还不能做到为企业量身打造系统的企业大学解决方案。

在移动互联时代,海量的碎片知识扑面而来,如何建立系统的学习系统?在虚拟的学习场景中,学习实战案例?如何建立拥抱未来的学习型组织?

系统 VS 碎片 —— 利用碎片化的时间,学习系统的知识。

实战 VS 虚拟 —— 在虚拟的空间,学习实战案例。

前瞻 VS 过去 —— 运用系统的模型,分析现在和过去的案例,展望未来的发展趋势。

让你的企业大学的战略定位,文化理念以及执行系统更协同也更鲜明。为你制定系统化流程。所需课程,和龙商学院也可以为你定制。为什么我们可以?

1. 实战 —— 至今,我们已为50多家地产企业的精细管理提供咨询辅导服务,为上百

家房地产企业提供顾问服务,为上千家房地产企业的中高管提供培训服务。

2. 系统 —— 中体西用,将东方智慧与西方现代管理无缝对接,我们研发了企业管理的系统解决方案:"和龙三元"系统。

3. 前瞻 —— 我们发现市场竞争路线"龙争虎斗三部曲",并归纳出企业管理的进阶路线"化龙三跃"。我们的管理系统为企业精细化管理升级搭好台阶,埋下奠基石。

和龙商学院能为你定制你自己的企业大学!

后记

回想匆匆那年,填报高考志愿时,只填了两个热门专业:计算机应用和企业管理,结果这两个专业都没要我,被分到冷清的工业与民用建筑专业。没想到毕业的时候,这个专业倒火了。

【管理的梦想】虽然没有进入管理专业,但管理的梦想在继续。大学期间阅读了大量管理方面的书籍和企业家、管理大师的传记,同时对周易产生了浓厚的兴趣。参加工作以后,我曾两次拜访唐明邦教授,那时候萌生出一个想法:《周易》是中华五千年智慧的结晶,对于现代企业管理有什么启迪呢?

【管理的实践】从设计到设计管理、从成本管理再到项目管理、从公司高管到到管理咨询专家,20多年来,房地产行业的各个层级,各个专业,每个坑我都淌了一遍。在这条路上,有很多感悟和收获,但更多的是伤疤、痛苦和遗憾。感谢中信地产、光大地产、雅居乐地产、和君咨询等公司,是他们给了我成长的机会,让我不断的磨炼,不断的试错,积累了丰富的实践经验。

【管理的思考】在清华总裁班的学习和管理咨询服务的过程中,我接触到许许多多的房地产企业,打开了视野,并对中国房地产行业现状有了整体的感性认识:管理相当粗放,做得比较好的企业也只是初步规范而已。

(2012年深圳住交会,作者受邀《品牌管理》主题分享)

同时，通过在厦大 EMBA 的学习，进一步夯实现代企业管理的理论基础。在消化与吸收之后，初心不改，我尝试将东方智慧与西方现代管理结合，在实战、系统、前瞻的三原则指导下，最终创立了和龙管理应用系统。

（2015年北京）

感谢于百忙之中为本书作序和推荐的毛大庆博士、董藩教授、戴亦一院长、唐明邦教授、姜新国老师、彭锐博士、张健总裁、解浩然博士、刘东院长、陈晟院长、段东会长、段宏斌先生、段烨研究员、吴光明董事长、吴仕岩董事长、许焕升总监、印岚董事长、杨振总经理。

感谢：颐和集团、中铁建集团、宝天集团、吉林筑石、宏府宏盛实业等 60 多家地产企业对我们的信任，邀请我们为其提供精细管理咨询辅导服务。

感谢：保利置业、首创置业、蓝光地产、金融街集团、旗滨集团等上百家地产企业对我们的信任，邀请我们为其提供精细管理顾问服务。

感谢：富力地产、招商华侨城、希望地产、金科地产、融科智地、中南控股、华夏幸福基业、南国置业、鲁能青岛、美的置业、五洲国际、希望地产、首开集团、冠鲁集团、香港环球石材等上千家房地产企业对我们的信任，邀请我们为其中高管提供培训服务。

感谢著名书法家段辉平先生（广东省书画家协会副主席、广东书画艺术研究会副会长）为本书题写书名。

感谢我的家人以及为本书的组稿和编辑付出汗水的团队伙伴们：超哥、范多多、大奔、朱奇、静静、大罗、曦曦、毛大师、晓芬、甘哥、腾腾、远远。

感谢读者对我们的信任，在百忙中抽出时间来共同思考——纷繁复杂的现实背后的管理逻辑与管理智慧。

由于时间仓促、水平有限，疏漏之处在所难免，敬请广大读者加入微信书友会，对不足之处予以批评指正，为本书的迭代版提供您的宝贵建议。